从现在起，中国共产党的中心任务就是团结带领全国各族人民全面建成社会主义现代化强国、实现第二个百年奋斗目标，以中国式现代化全面推进中华民族伟大复兴。

在新中国成立特别是改革开放以来长期探索和实践基础上，经过十八大以来在理论和实践上的创新突破，我们党成功推进和拓展了中国式现代化。

中国式现代化，是中国共产党领导的社会主义现代化，既有各国现代化的共同特征，更有基于自己国情的中国特色。

——中国式现代化是人口规模巨大的现代化。

——中国式现代化是全体人民共同富裕的现代化。

——中国式现代化是物质文明和精神文明相协调的现代化。

——中国式现代化是人与自然和谐共生的现代化。

——中国式现代化是走和平发展道路的现代化。

中国式现代化的本质要求是：坚持中国共产党领导坚持中国特色社会主义，实现高质量发展，发展全过程人民民主，丰富人民精神世界，实现全体人民共同富裕，促进人与自然和谐共生，推动构建人类命运共同体，创造人类文明新形态。

全面建成社会主义现代化强国，总的战略安排是分两步走：从二〇二〇年到二〇三五年基本实现社会主义现代化；从二〇三五年到本世纪中叶把我国建成富强民主文明和谐美丽的社会主义现代化强国。

——习近平

《高举中国特色社会主义伟大旗帜　为全面建设社会主义现代化国家而团结奋斗——在中国共产党第二十次全国代表大会上的报告》

（2022年10月16日）

推进中国式现代化研究

Chinese Path to Modernization

梁昊光 等◎著

人民出版社

序　言

擘画中国式现代化的宏伟蓝图

　　伟大时代孕育伟大思想,伟大实践创造伟大理论。中国特色社会主义进入新时代,以习近平同志为核心的党中央对"什么是中国式现代化、如何实现中国式现代化"等重大课题进行了深入思考,提出一系列具有原创性贡献的新理念新思想新战略,实现了中国式现代化理论与实践的新发展。深化中国式现代化理论研究,需要深刻认识中国式现代化发展实践的独特创造,不断挖掘中国式现代化在不同领域的实践路径,为理论构建提供经验支持。

　　中国式现代化是中国共产党领导的社会主义现代化。历史和实践充分表明,在中国式现代化的探索、实践、突破过程中,中国共产党始终是开创者、领导者和建构者,中国式现代化的重大成果,正是我们党领导全国各族人民在长期探索和实践中取得的。党的二十大报告从九个方面明确了中国式现代化的本质要求,"坚持中国共产党领导"居于首位,充分表明党的领导直接关系中国式现代化的根本方向、前途命运、最终成败。习近平总书记强调,"坚持党的全面领导是坚持和发展中国特色社会主义的必由之路,中国特色社会主义是实现中华民族伟大复兴的必由之路"①。

---

① 习近平:《新时代党和人民奋进的必由之路》,《求是》2023 年第 5 期。

经济高质量发展是高质量发展的核心和关键,也是推进中国式现代化的重要基础。党的二十大报告指出,"没有坚实的物质技术基础,就不可能全面建成社会主义现代化强国""高质量发展是全面建设社会主义现代化国家的首要任务"。新征程上,经济高质量发展表现为区域、产业、社会等各方面发展具有内在协调性,表现为全面开放、内外联动是发展的必由路径,表现为发展成果由全体人民共享。因此,经济高质量发展不仅是建立现代化经济体系,加快推进经济现代化的内在要求,也是促进全体人民共同富裕,使中国式现代化向着更高目标、更高水平迈进的逻辑必然。

以人民为中心的现代化是中国式现代化与西方现代化的本质区别。西方发达资本主义国家的现代化在发展的过程中,都伴随着社会内部不同程度的贫富两极分化、政治动荡、精神空虚、社会分裂和生态恶化等问题。中国式现代化则以鲜明的社会主义属性,追求高质量发展、全过程人民民主、人民精神世界丰富、全体人民共同富裕、人与自然和谐共生、人类命运共同体等本质要求,创造了人类文明新形态,丰富了人类社会走向现代化的路径与选择。中国的社会现代化从人口与健康、教育与就业、休闲与福利、环境与安全等方面协同推进,实现健康现代化、教育现代化、社会服务现代化、社会治理现代化和生活质量现代化,最终实现社会现代化水平位居世界前列,成为具有中国特色的社会主义现代化强国,为人类对更好社会制度的探索提供了中国方案。

中国式现代化是人与自然和谐共生的现代化。人类文明的发展史,也是一部人与自然的关系史。几千年来,中华民族尊重自然、保护自然,倡导"天人合一"是中华文明的鲜明特色①。经过多年的现代生态环境保

---

① 中华人民共和国国务院新闻办公室:《新时代的中国绿色发展》,《人民日报》2023 年 1 月 20 日。

护探索和实践,中国在绿色发展以及人与自然和谐共生方面已经积累了大量的理论基础和丰富的实践经验。党的十八大以来,在习近平新时代中国特色社会主义思想指引下,中国坚持绿水青山就是金山银山的理念,坚定不移走生态优先、绿色发展之路,促进经济社会发展全面绿色转型,建设人与自然和谐共生的现代化,创造了举世瞩目的生态奇迹和绿色发展奇迹,美丽中国建设迈出重大步伐。

　　中国式现代化是物质文明和精神文明相协调的现代化。文化现代化是一个综合性、开放性和包容性的概念,其目标是推动文化的进步和发展,进而实现人的全面发展和国家地位的提升。习近平总书记在党的二十大报告中强调要"推进文化自信自强,铸就社会主义文化新辉煌",阐明了中国特色社会主义文化与全面建设社会主义现代化国家的关系,将文化自信自强作为中国式现代化的必然选择与应有之义,推动文化转化为促进经济社会发展的强大力量。全面建设社会主义文化强国,既要遵循世界文化现代化的共同特征,更要基于中国国情,坚持中国特色社会主义文化发展道路。激发全民族文化创新创造活力,繁荣发展社会主义文化事业和文化产业,不断丰富人民精神文化生活,促进国民素质和社会文明程度达到新高度,显著增强国家文化软实力,充分发挥文化引领风尚、教育人民、服务社会、推动发展的作用①。

　　人民至上是推进中国式现代化的客观要求和根本指向。人民立场是马克思主义政党的根本政治立场,人民至上是实现社会主义生产目的的本质要求。经过40多年的艰辛探索,中国特色社会主义实践已经为人的发展拓展出了新的维度,搭建起了新的发展空间。党的十八大以来,以习近平同志为核心的党中央立足我国经济社会发展的新问题、新现象,始

---

① 黄坤明:《推进社会主义文化强国建设》,《人民日报》2020年11月23日。

终将人民群众放在首位,注重在发展中坚持人民至上。党的二十大报告指出,维护人民根本利益,增进民生福祉,不断实现发展为了人民、发展依靠人民、发展成果由人民共享,让现代化建设成果更多更公平惠及全体人民。这是对马克思主义"人的全面发展"理论的继承和发展,是习近平新时代中国特色社会主义思想的重要内容。这充分表明,中国特色社会主义新时代,必将是人的发展获得极大进步的新时代,必将为人的自由全面发展开辟出更加广阔的新前景,也是实现中华民族伟大复兴的根本之所在。

城市现代化是中国式现代化的必经之路和重要任务。城市是我国经济社会发展的主要空间载体。城市现代化不仅起着区域发展的主导和枢纽作用,同时城市现代化进程也对整个国家或地区的现代化进程起着决定性的推动作用。改革开放以来,我国经历了世界历史上规模最大、速度最快的城市化进程。特别是党的十八大以来,我国不断开展城市工作,重点推进城市治理体系和治理能力现代化,持续推动以人为核心的新型城镇化建设。在全面建设社会主义现代化国家新征程上,我国城市已进入从高速发展到高质量发展的战略转型期。未来要贯彻新发展理念,坚持"以人民为中心",在建设现代化城市进程中,重点加快城市战略转型,建设智慧型城市;提高城市生产率,建设创新型城市;提高生活质量,建设宜居型城市。

中国式现代化是走和平发展道路的现代化。当今时代的一个主要特征就是高度相互依赖性,突出体现在发展的相互依赖性、风险与挑战的相互依存性与议题的相互交融性。然而,现有全球治理体系无法反映国际政治经济发展的现实和有效应对当前人类面临的共同挑战,全球治理失灵的现象屡屡发生。习近平总书记自提出人类命运共同体理念以来,随着"一带一路"倡议等全球合作理念与实践而不断丰富,逐渐为国际社会所认同,成为推动全球治理体系变革、构建新型国际关系和国际新秩序的共同价值规范。党的二十大报告中深刻阐释了中国式现代化的特征和本质要求,强调中国式现代化不走战争、殖民、掠夺的老路,而是坚持走和平发展道路,推动构建人类命运共同体。这既揭示了中国式现代化对传统西方现代化模式的历史性超越,也为以中国式现代化推动构建人类命运共同体提供了重要遵循。在中国式现代化新征程上,合作共赢的共同发展之路、文明互鉴的和平发展之路、协调推进的全面发展之路、兼收并蓄的自主发展之路,继续为全球生态和谐、国际和平事业、变革全球治理、构建全球公平正义的新秩序贡献中国智慧和中国方案。

大道之行,壮阔无垠。中国式现代化的宏伟蓝图,承载了新时代新征程中国共产党的使命任务,是新的历史条件下推进社会主义现代化建设、加快民族复兴历史进程的顶层设计,对指导党和国家事业在新征程上夺取新的更大胜利、顺利实现第二个百年奋斗目标具有重要意义。

中国科学院中国现代化研究中心 20 多年来为现代化建设进行了全面、深刻的研究,出版了相关理论著作 50 多部,对世界现代化理论、中国式现代化建设发展作出了开拓性的理论创新。此次,出版《推进中国式现代化研究》,具有特别的意义,为 2035 年基本实现社会主义现代化提供智力贡献! 推进中国式现代化研究的结论就是要实现社会主义现代化和中华民族伟大复兴的伟大目标,要更加紧密地团结在以习近平同志为核心的党中央周围,坚定历史自信,增强历史主动,步履坚定沿着中国式现代化这条强国建设、民族复兴的唯一正确道路阔步前进!

目　　录

第一章　中国共产党领导的现代化

党的二十大报告指出："在新中国成立特别是改革开放以来长期探索和实践基础上,经过十八大以来在理论和实践上的创新突破,我们党成功推进和拓展了中国式现代化。"①作为历史过程的中国式现代化,是中国共产党充分发扬历史主动精神的实践探索过程,是不断总结经验教训进行理论总结和理论创新的过程。党的二十大报告关于中国式现代化的重要论断表明,正是这种实践探索和理论创新的互动过程,正是我们党这种高度的理论自觉和理论自信,推动着中国式现代化在实践上的不断发展和理论上的不断完善。

现代化是世界各国的普遍追求。在中国共产党的领导下,坚持和发展中国特色社会主义,创造了中国式现代化新道路,为人类探索现代化道路作出了新贡献。与世界其他各国相比,中国式现代化既借鉴了其他国家现代化发展的优秀经验,又拥有自己鲜明的特征和独特的优势。其中,党的领导是中国式现代化最本质的特征和最大优势。在党的集中统一领导下,我国在航空航天、国家重大工程、抗震救灾、全面建成小康社会等领域取得了举世瞩目的成绩,解决了中国式现代化发展过程中的许多难题,

---

① 习近平:《高举中国特色社会主义伟大旗帜　为全面建设社会主义现代化国家而团结奋斗——在中国共产党第二十次全国代表大会上的报告》,人民出版社2022年版,第22页。

充分发挥了党总揽全局、协调各方的优势①。党坚持实事求是,在充分了解中国国情,了解世界其他现代化模式的前提下,选择了符合中国国情和人民意愿的中国式现代化模式,为在 21 世纪中叶建成社会主义现代化强国打下了坚实的基础。

西方发达国家无一例外地启动和完成了现代化进程。但在西方现代化理论研究范式中,政党很少被作为推进现代化的一个影响因子。西方现代化主要有政府主导型、市场主导型、社会主导型等不同模式。西方发达国家的现代化几乎都是用资本主义方式完成的,是建立在对外殖民血腥掠夺、对内残酷剥削人民的原始积累基础上的。② 可以说,西方现代化模式并不具备"普适性"且不符合中国基本国情,中国急需找到属于自己的通向现代化进程的新道路和新模式。在社会主义建设的过程中,中国共产党带领全国人民探索出了一条符合中国国情具有中国特色的中国式现代化道路。中国式现代化的出现有效消解了西方资本主义现代化单一模式的话语霸权,从根本上创造了人类文明新形态。

第一节　中国共产党肩负实现中华民族伟大复兴的历史使命

习近平总书记在党的二十大报告中强调,从现在起,中国共产党的中心任务就是团结带领全国各族人民全面建成社会主义现代化强国、实现

① 刘勇、章钊铭:《中国式现代化的特点、优势及进路》,《新疆师范大学学报(哲学社会科学版)》2022 年第 6 期。

② 秦宣:《中国式现代化是中国共产党领导的社会主义现代化》,《教学与研究》2022 年第 10 期。

第二个百年奋斗目标,以中国式现代化全面推进中华民族伟大复兴。①
建成社会主义现代化强国、实现中华民族伟大复兴,是中国共产党和中国
人民孜孜以求的伟大梦想,一代代人为之奋斗不息。肩负起以中国式现
代化全面推进中华民族伟大复兴的使命任务,必须坚持和加强党的全面
领导,坚决维护党中央权威和集中统一领导,把党的领导落实到党和国家
事业各领域各方面各环节,使党始终成为风雨来袭时全体人民最可靠的
主心骨②。

中国共产党自 1921 年成立起,就始终以民族复兴为己任,开启了对
民族复兴道路和现代化道路的百年探索。中国共产党在带领人民夺取民
族复兴的伟大实践中,在实现站起来到富起来再到强起来的过程中,在不
断的斗争与奋进中,完成了自己纲领所设立的一系列目标。这些目标的
实现与党的全面领导相互连接。正是在党的全面领导、科学决策、正确实
践的过程中,不断夯实了党的执政基础,强化了党执政领导权,在历经新
民主主义革命、社会主义革命与建设、改革开放新时期以及新时代四个历
史阶段后,取得今天如此伟大的成绩。③

一、中国共产党对民族复兴道路的探索

实现中华民族伟大复兴是近代以来中国人民的历史使命。中国共产
党一经成立,就把实现共产主义作为党的最高理想和最终目标,义无反顾

---

① 习近平:《高举中国特色社会主义伟大旗帜　为全面建设社会主义现代化国家而团结
奋斗——在中国共产党第二十次全国代表大会上的报告》,人民出版社 2022 年版,第 21 页。
② 新华社评论员:《牢牢把握以中国式现代化推进中华民族伟大复兴的使命任务》,《新
华每日电讯》2022 年 10 月 21 日。
③ 罗佳:《加强党的全面领导的逻辑解读——学习党的十九届六中全会精神》,《中共太
原市委党校学报》2022 年第 4 期。

肩负起实现中华民族伟大复兴的历史使命,团结带领人民进行了艰苦卓绝的斗争,谱写了气吞山河的壮丽史诗。①

（一）新民主主义革命时期的民族复兴道路

以毛泽东同志为主要代表的中国共产党人在运用马列主义解决中国革命问题的过程中,创造性地提出了新民主主义理论,并且在新民主主义理论指导下,领导中国人民推翻了帝国主义、封建主义、官僚资本主义三座大山,建立了独立自主的新中国。民族复兴的首要条件就是对外推翻帝国主义侵略压迫、实现民族独立,对内推翻封建主义和官僚资本主义统治、实现人民解放,进而在内外两个方面奠定实现民族复兴的政治条件。

中国共产党团结带领中国人民找到了一条农村包围城市、武装夺取政权的正确革命道路,于 1949 年取得新民主主义革命胜利,成立了人民当家作主的中华人民共和国,实现了民族独立、人民解放,实现了中国从几千年封建专制政治向人民民主政治的伟大飞跃,实现了中国高度统一和各民族空前团结。这为实现中华民族伟大复兴扫除了阶级、制度和社会条件的障碍。从此,中华民族伟大复兴开启了新纪元。② 在新民主主义革命时期,中国共产党对社会主要矛盾的精准把握与有效解决是革命成功的前提。

（二）社会主义革命和建设时期的民族复兴道路

党的十九大报告指出:"我们党深刻认识到,实现中华民族伟大复

---

① 习近平:《决胜全面建成小康社会 夺取新时代中国特色社会主义伟大胜利——在中国共产党第十九次全国代表大会上的报告》,人民出版社 2017 年版,第 13 页。
② 贺新元:《中华民族伟大复兴主题的百年历程与逻辑进路》,《马克思主义研究》2021年第 10 期。

兴,必须建立符合我国实际的先进社会制度。我们党团结带领人民完成社会主义革命,确立社会主义基本制度,推进社会主义建设,完成了中华民族有史以来最为广泛而深刻的社会变革,为当代中国一切发展进步奠定了根本政治前提和制度基础,实现了中华民族由近代不断衰落到根本扭转命运、持续走向繁荣富强的伟大飞跃。"①

在社会主义革命时期,我们党团结带领人民通过社会主义革命和建设,开启由新民主主义社会向社会主义社会的历史性转变。完成社会主义革命,将新中国成立在社会主义制度的稳固基础之上,并逐步建立起独立的比较完整的工业体系和国民经济体系,实现了中华民族由近代不断衰落到根本扭转命运、持续走向繁荣富强的伟大飞跃。从此,中华民族在社会主义条件下走上了实现伟大复兴的壮阔道路。

在新民主主义革命胜利之时,面对满目疮痍、百业待兴的新中国,我们党在短短三年时间里,通过土地改革的民主革命方式,充分发动和调动各方面阶级阶层的力量,不仅基本解决了人民大众与"帝国主义、封建主义及其走狗国民党反动派残余"之间的矛盾,而且很快地恢复了国民经济和巩固了新生的人民民主政权。之后,旧的主要矛盾转变为新的主要矛盾。我们党对新的社会矛盾作出了新的科学判断,即"在打倒地主阶级和官僚资产阶级以后,中国内部的主要矛盾即是工人阶级与民族资产阶级的矛盾,故不应再将民族资产阶级称为中间阶级"。② 这时,无产阶级同资产阶级之间的矛盾已经上升为社会的主要矛盾,并且这对矛盾在各个领域的斗争日益激烈。党解决矛盾的目标自然由消灭封建主义转向消灭资本主义。1953 年,中国共产党"不失时机地"提出社会主义过渡时

---

① 习近平:《决胜全面建成小康社会　夺取新时代中国特色社会主义伟大胜利——在中国共产党第十九次全国代表大会上的报告》,人民出版社 2017 年版,第 14 页。

② 《毛泽东文集》第六卷,人民出版社 1999 年版,第 231 页。

期的总路线,其核心内涵是"一化三改",即搞工业化,对农业、手工业和资本主义工商业进行社会主义改造。党通过"三大改造"的方式着力解决无产阶级同资产阶级的矛盾。和平改造的社会主义革命道路的完成,在经济、政治、文化等各个方面为当代中国的一切发展"奠定了根本政治前提和制度基础"。

在党的八大报告中明确提出:"我们国内的主要矛盾,已经是人民对于建立先进的工业国的要求同落后的农业国的现实之间的矛盾,已经是人民对于经济文化迅速发展的需要同当前经济文化不能满足人民需要的状况之间的矛盾。"①对社会主要矛盾的正确判断,为党和国家的社会主义建设事业指明了发展方向。为解决这一矛盾,党的工作重心实现了战略转移,全面开启了以经济建设为中心的社会主义建设。

(三)改革开放和社会主义现代化建设新时期的民族复兴道路

改革开放40多年,为实现历史使命提供了思想、物质前提。1978年年底召开的党的十一届三中全会结束了十年内乱后的两年徘徊期,果断放弃了阶级斗争为纲的错误理论,将国家的工作重心转到经济建设为中心上来。改革开放以来,中国共产党带领全国人民发动了一场史无前例的改革,从农村到城市、从沿海到内陆、从点到线到面,开启了全方位的改革开放。改革开放40多年我们取得的成就为全球所公认,成为全球第二大经济体。在中国特色社会主义伟大实践中,党与时俱进地提出了邓小平理论、"三个代表"重要思想、科学发展观、习近平新时代中国特色社会主义思想,为中国共产党实现中华民族伟大复兴提供了重要思想前提。

实现中华民族伟大复兴,既要有强大的物质保障,又要有充满活力的

---

① 《建国以来重要文献选编》第九册,中央文献出版社1994年版,第341页。

体制保证。我们党团结带领人民进行改革开放"第二次革命",大力破除阻碍民族发展与复兴的一切思想和体制障碍,从家庭联产承包责任制的实行、乡镇企业异军突起、取消农业税牧业税特产税到建设社会主义新农村,从建设深圳、珠海等经济特区到成功应对 2008 年国际金融危机,从"引进来"到"走出去",从封闭半封闭到全方位开放的历史性转变,从搞好国营大中小企业、发展个体私营经济到深化国企改革,从单一公有制到公有制为主体、多种所有制经济共同发展和坚持"两个毫不动摇",从高度集中的传统计划经济体制到充满活力的前无古人的社会主义市场经济体制,从经济体制改革到全面改革,我们党探索并成功并辟出一条中国特色社会主义道路。历史充分证明,改革开放是实现中华民族伟大复兴的关键一招,中国特色社会主义是实现中华民族伟大复兴的必由之路。

改革开放以来,我们党领导全国人民毫不动摇坚持以"一个中心、两个基本点"为主要内容的社会主义初级阶段的基本路线,找到了中国特色社会主义是实现中华民族伟大复兴的必由之路,并在坚持和发展这条道路的进程中实现了中华民族从站起来向富起来的伟大飞跃。富起来的中国,比历史上任何时期都更接近、更有信心和能力实现中华民族伟大复兴的目标。

(四)中国特色社会主义新时代的民族复兴道路

中国特色社会主义进入新时代,我国社会主要矛盾由人民日益增长的物质文化需要与落后的社会生产之间的矛盾转变为人民日益增长的美好生活需要和不平衡不充分的发展之间的矛盾。我国稳定解决了十几亿人的温饱问题,已经全面建成小康社会,人民美好生活需要日益广泛,不仅对物质文化生活提出了更高要求,而且对民主、法治、公平、正义、安全、环境等方面的要求日益增长。

新时代,以习近平同志为核心的党中央把马克思主义基本原理同中国具体实际相结合、同中华优秀传统文化相结合,团结带领人民统揽"四个伟大",统筹推进"五位一体"总体布局、协调推进"四个全面"战略布局,坚持和完善中国特色社会主义制度、推进国家治理体系和治理能力现代化,坚持依规治党、形成比较完善的党内法规体系,战胜一系列重大风险挑战,全面建成小康社会,实现第一个百年奋斗目标,并作出了实现第二个百年奋斗目标的战略安排。党的十八大以来,党和国家事业取得全方位、开创性历史成就,发生深层次、根本性历史变革,中华民族迎来了从富起来到强起来的伟大飞跃,实现中华民族伟大复兴进入了不可逆转的历史进程。历史再一次以铁一般的事实证明,只有坚持和发展中国特色社会主义才能实现中华民族伟大复兴。

二、中国共产党对现代化道路的探索

中国共产党诞生于近代以来中国式现代化的各种尝试均告失败之后,受命于艰难推进中国式现代化进程的危难之时,自成立起就自觉承担起实现中国式现代化的历史任务,逐步发展壮大成熟为中国式现代化的坚强领导核心。从这个意义上说,中国共产党的成立不仅是开天辟地的大事,而且是中国式现代化的一个转折点,也是中国式现代化的一个重要里程碑。

从历史进程来讲,百年来,中国共产党领导的中国式现代化历经探索民族独立、人民解放的救国之路(1921—1949年),实现从工业化到四个现代化的兴国之路(1949—1978年),开创中国式现代化发展的富国之路(1978—2012年)以及开辟全面建设社会主义现代化的强国之路(2012年以来)四个阶段。

（一）中国式现代化的救国阶段

1921—1949 年,中国共产党登上历史舞台,并成为实现中国式现代化的关键力量。中国式现代化自中国共产党成立后才真正步入正确轨道。中国共产党诞生于主权危机与政权危机相互交织的 20 世纪 20 年代初,残酷严峻的历史现实决定了其从成立之日起便作为现代化建设的政治主体肩负起领导中国人民进行反帝反封建斗争的崇高历史使命,在回应"改造中国"的历史主题中力求破解因内在分裂而造成的国家积贫积弱与民生凋敝难题,清除阻碍现代化建设的旧制度和统治。[①] 这一时期,中国共产党对现代化的探索主要表现在以革命推动现代化,以新民主主义革命实现了国家独立和民族解放,这是中国追寻现代化的必由之路。

20 世纪 20 年代,中国共产党人对"现代化"概念的认知还较为模糊。1922 年 7 月,党的二大通过了"为共产主义而奋斗的最高纲领和民主革命的最低纲领",表明中国共产党人在探索中国革命和社会发展战略上的总体设计,在对中国国情的把握和中国革命问题深化的基础上推进了中国共产党的革命事业。1924—1927 年,声势浩大的国民大革命的爆发,严重打击了帝国主义的在华势力和北洋军阀的独裁统治,后因国民党右派势力的叛变使这一崭新的政治进程重回旧日的地方割据状态,中国现代化进程仍未跳脱出旧世界的无序斗争。

20 世纪 30 年代,在知识阶层中兴起有关"全盘西化"与"中国本位文化"的争论,初步形成了"现代化"的基本概念,并用"现代化"取代"西化"概念,助推了中国共产党对现代化思想的关注。以毛泽东同志为主要代表的中国共产党人在残酷险恶的战争环境和与"左"倾错误进行斗争的艰难探索中成功开辟出一条体现"中国革命逻辑"的"农村

---

① 吕瑶:《中国式现代化的出场逻辑、历史进程及价值意蕴——兼论中国共产党对民族复兴道路的探索》,《理论月刊》2022 年第 4 期。

包围城市，武装夺取政权"的崭新革命道路，推动中国革命逐步走向复兴。在抗日战争和解放战争中，中国共产党带领亿万民众进行艰苦卓绝的斗争，反对一切阻碍中国现代化发展的反革命势力，取得新民主主义革命的胜利，为新中国的现代化事业奠定了重要基础。1949年3月，毛泽东同志在党的七届二中全会上的报告中指出，引导农业经济和手工业经济"向着现代化和集体化的方向发展"，对国家建设目标的设想是"由落后的农业国变成了先进的工业国"①，并提出了以工业化带动工业、农业等各领域的现代化发展模式，为未来国家现代化建设规划了初步蓝图。

(二)中国式现代化的兴国阶段

中国共产党领导的现代化建设之路是以工业化战略布局拉开序幕的，为了避免再次陷入被动挨打的局面，中国共产党人提出了要把实现工业化作为开启中国式现代化的首要战略目标，把中国由落后的农业国变为富强的工业国。随着国民经济的恢复发展，中国共产党逐渐冲破了唯工业化的思维束缚，领导制订"一五"计划，开启了通过不断编制和实施"五年计划/规划"以持续推动各领域发展的现代化之路，指出国民经济体系除了工业外，还包括农业、商业、科技、文化教育、国防等各个方面。1959年年底至1960年年初，毛泽东同志进一步指出："建设社会主义，原来要求是工业现代化，农业现代化，科学文化现代化，现在要加上国防现代化。"②此时，基于对我国国防形势的分析和判断，"四个现代化"的思想首次被较为完整地提出。1964年，周恩来同志向全国人民正式宣布："要

---

① 《建党以来重要文献选编(1921—1949)》第二十六册，中央文献出版社2011年版，第166页。
② 《毛泽东文集》第八卷，人民出版社1999年版，第116页。

在不太长的历史时期内,把我国建设成为一个具有现代农业、现代工业、现代国防和现代科学技术的社会主义强国。"至此,基于现代化规律认知基础上的"四个现代化"思想得到正式确立。

社会主义革命和建设时期,中国共产党通过"改造"的方式奠基了社会主义的制度基础,以工业化推动现代化的发展,迎接共和国大规模、有计划的经济建设高潮。中国共产党虽受历史条件以及主观认识的局限,但在吸取苏联经验教训的基础上,开始系统地谋划在社会主义计划经济体制基础上建设现代化的具体发展方向,特别是围绕如何适合中国发展特点建设社会主义现代化进行了小懈探索,并在全面调动劳动人民积极性的基础上进行了轰轰烈烈的社会主义建设,有力地推动了"四个现代化"发展进程。①

（三）中国式现代化的富国阶段

1978 年 12 月,党的十一届三中全会开启了改革开放的崭新征程,作为改革开放总设计师邓小平同志在深刻思考"建设一个什么样的社会主义,怎样建设社会主义"历史课题中明确提出要"走一条中国特色社会主义道路"。党的十一届三中全会后,以邓小平同志为主要代表的中国共产党人为探索民族复兴道路接续奋斗,在科学研判我国国情和准确把握时代发展任务的基础上,创造性地借用"小康"这一富有传统社会理想色彩和凸显中华民族特色的概念来表达"中国式现代化"。1982 年,党的十二大报告不仅提出了"走自己的路,建设有中国特色的社会主义"的科学论断,而且首次把邓小平同志所设计的"从一九八一年到本世纪末的二十年,我国经济建设的战略目标,是在不断提高经济效益的

---

① 高布权、王梦瑶:《中国共产党现代化思想的百年实践、重大成就和历史经验》,《福建江夏学院学报》2022 年第 3 期。

前提下,力争使全国工农业的总产值翻两番"并"达到小康水平"①,作为全党、全国人民的战略目标被确定下来。1987 年,党的十三大确认了邓小平同志所提出的"三步走"发展战略,即"到下个世纪中叶,人均国民生产总值达到中等发达国家水平,人民生活比较富裕,基本实现现代化"②。

进入 21 世纪,随着中国共产党"现代化"观念的深化,"小康社会"建设的内涵、标准、阶段及目标随之发生变化,小康诉求开始从单向要求向全面发展转变,其战略意蕴也发生多维拓展。党的十七大在"五位一体"总体布局的基础上进一步拓展和丰富现代化建设的总目标,将"全面建成小康社会"的内涵广延至以民生为重点的社会建设领域,这标志着中国共产党对包括经济、政治、文化、社会、生态"五位一体"的总体布局,建设富强民主文明和谐美丽的社会主义现代化强国的探索迈上了新的台阶,中华民族也实现了"从站起来到富起来的伟大飞跃"。总之,"中国式现代化"正是在新旧融汇中获得新生,从"三步走"到"新三步走",从以经济建设为中心到"五位一体"的总体布局,正是沿着现代化发展目标总体谋划、循序渐进、接力向前的过程。③

（四）中国式现代化的强国阶段

进入新时代,面对世界百年未有之大变局和国内广泛而深刻社会变革的新形势,以习近平同志为核心的党中央在客观总结社会主义现代化

---

① 中共中央文献研究室编:《改革开放三十年重要文献选编》上,中央文献出版社 2008 年版,第 306 页。

② 中共中央文献研究室编:《改革开放三十年重要文献选编》上,中央文献出版社 2008 年版,第 478 页。

③ 吕瑶:《中国式现代化的出场逻辑、历史进程及价值意蕴——兼论中国共产党对民族复兴道路的探索》,《理论月刊》2022 年第 4 期。

建设的历史经验、正确研判中国特色社会主义进入新时代的历史方位的前提下，进一步回答了"建设什么样的社会主义现代化强国、怎样建设社会主义现代化强国"①等一系列重大问题，极大地丰富和发展了中国共产党现代化思想。至此，"社会主义现代化"的内涵更加科学完备，布局更加系统合理，路径更加清晰现实，成效更加突出。

2012 年，党的十八大报告将中国特色社会主义建设战略任务明确为"五位一体"总体布局，即经济建设、政治建设、文化建设、社会建设、生态文明建设，并把实现中国特色社会主义现代化和中华民族伟大复兴作为明确的任务书。党的十九大报告中习近平总书记以新发展理念为引领，继续坚持科学规划、系统推进的原则，向全党全社会提出要"全面建设社会主义现代化国家"的宏伟目标，强调要实施自主创新发展战略，并将原定的基本实现现代化战略目标的时间由 21 世纪中叶提前至 2035 年，首次对小康社会全面建成后的三十年奋斗目标进行阶段性划分，作出分两个阶段推进现代化进程的战略安排，即前十五年的目标是在统筹推进"五位一体"总体布局前提下基本实现社会主义现代化（2020 — 2035年）；后十五年的目标是在各项建设全面提升的基础上力求把我国建成富强民主文明和谐美丽的社会主义现代化强国（2035 — 2050 年），"两个十五年"目标的提出正是中国共产党人在充分认识当前经济发展客观实际基础上作出的全方位战略部署。

习近平总书记在党的十九届五中全会上进一步梳理了"中国式现代化"的五个基本特征，即"人口规模巨大的现代化""全体人民共同富裕的现代化""物质文明和精神文明相协调的现代化""人与自然和谐共生的现代化""走和平发展道路的现代化"。② 其中，既体现了社会主义现代化

---

① 《习近平关于社会主义精神文明建设论述摘编》，中央文献出版社 2022 年版，第 60 页。
② 《习近平著作选读》第二卷，人民出版社 2023 年版，第 401 页。

在新时代的话语体系和价值视角,也表明了中国共产党对社会主义现代化建设规律的深刻把握、现代化时代内涵深刻解析以及对未来现代化道路的深刻思考。2021年7月,习近平总书记在庆祝建党100周年大会上强调:"我们坚持和发展中国特色社会主义,创造了中国式现代化新道路,创造了人类文明新形态。"①特别是党郑重提出了全面实现社会主义现代化强国目标,标志着中国共产党对社会主义现代化内涵及其规律的认识达到了一个历史新高度,这也充分显示了中国共产党对社会主义现代化事业无比自信的驾驭能力。

三、以中国式现代化全面推进中华民族伟大复兴

中国式现代化发展贯穿于中国共产党人探寻民族复兴道路的百年历史征程。实现民族复兴是近代以来中华民族最伟大的梦想,现代化则是其中的应有之义和必经之路。中国共产党从登上历史舞台那一刻起,就致力于走出一条非西方的现代化道路,在这个基础上实现中华民族伟大复兴。② 中国式现代化顺利推进了第一个百年奋斗目标的实现,为第二个百年奋斗目标的实现打下了坚实基础。从性质上看,中国式现代化保证了中华民族伟大复兴不会走入邪路、老路、死路、绝路。习近平总书记在"7·26"讲话中指出:"我们推进的现代化,是中国共产党领导的社会主义现代化,必须坚持以中国式现代化推进中华民族伟大复兴,既不走封闭僵化的老路,也不走改旗易帜的邪路,坚持把国家和民族发展放在自己力量的基点上、把中国发展进步的命运牢牢掌

---

① 《习近平著作选读》第二卷,人民出版社2023年版,第483页。

② 辛向阳:《中国式现代化何以能够推进中华民族伟大复兴》,《世界社会主义研究》2022年第7期。

握在自己手中。"①这深刻指明了中国式现代化的本质,就是中国共产党领导的社会主义现代化。中国共产党追求社会主义现代化的意志坚定、战略清晰、路径明确。中国共产党在制订计划和规划时,始终紧紧围绕着社会主义现代化进行部署,从第一个五年计划到第十四个五年规划,一以贯之的主题是把我国建设成为社会主义现代化国家。每一个五年计划和规划的完成,极大地推进了社会主义现代化国家的进程,从而为中华民族伟大复兴奠定了坚实的基础。

民族复兴有着多元化的衡量条件和考察标准,要求国家呈现出一种整体性的发展状态。但无论从何种条件与标准来考察,现代化都是民族复兴的内核与支撑。现代化建设与民族复兴有着共同的目标。从内涵上看,中国式现代化提供了实现中华民族伟大复兴的动力。②习近平总书记指出,实现民族复兴的梦想以及建成社会主义现代化强国的追求,本质上都是要"实现国家富强、民族振兴、人民幸福"③,二者在内涵上具有一致性。例如,实现共同富裕的现代化不仅防止了西方那种以资本为中心、导致两极分化的局面,而且为中华民族伟大复兴提供了澎湃动力。

（一）现代化建设为中华民族伟大复兴提供坚实基础

以较小的代价实现最大的目标包括四个方面的含义:成本较小的现代化的资金积累,这个积累既没有进行血与火那样的殖民扩张,也没有对

---

①　《习近平在省部级主要领导干部"学习习近平总书记重要讲话精神,迎接党的二十大"专题研讨班上发表重要讲话强调:高举中国特色社会主义伟大旗帜　奋力谱写全面建设社会主义现代化国家崭新篇章》,《人民日报》2022 年 7 月 28 日。

②　王锡森:《中国共产党与中国现代化:历史脉络、特质内涵及时代价值》,《辽宁行政学院学报》2021 年第 5 期。

③　《习近平谈治国理政》第一卷,外文出版社 2018 年版,第 240 页。

国内人民进行残酷盘剥，而是靠全国人民用自己的辛勤劳动、艰苦奋斗积累起来的资金来实现的；成本较小的现代化道路探索，这个探索尽管也在一段时间内走了一段弯路，也付出了一定代价，但1978年改革开放之后，这条道路越走越宽广，成为实现中华民族伟大复兴的必由之路；成本较小的资源消耗，这个资源消耗不仅使我们用世界上人均占有相对较少的耕地养活了世界上第二多的人口，而且在40多年中用人均消耗资源相对不是特别高的成本取得了巨大的经济社会发展成就；成本较小的制度运行管理，既保证了经济快速、较高质量的发展，又保持了世界上最长时期的社会稳定。①

（二）现代化建设推动民族复兴的理想不断成为现实

现代化建设的深入持续释放出巨大的发展活力，使中国的综合国力和国际影响力不断提升。当前，中国已经成为世界第二大经济体，建立起了最为完备的现代工业体系，完成了脱贫攻坚的伟大壮举，连续多年不断提高对世界经济发展的贡献率。中国已经形成了比较成熟、定型的社会主义民主法治制度，在社会生产生活的各个层面、各个领域，通过各种途径最大限度地保障人民当家作主的权利。中国逐渐实现了文化生活的现代化，从相对封闭落后的国家转变为开放自信的文化大国，文化产业迅速发展，公共文化服务水平持续提高，中华优秀传统文化、革命文化和社会主义先进文化交相辉映，国际范围内的文化影响力和文化软实力持续增强。中国不断提高民生福祉，建立起了世界上规模最大的社会保障体系，取得了脱贫攻坚战的决定性胜利，历史性地消除了绝对贫困。中国基本实现了现代化与生态环境的良性互动，建立起人与自然和谐共生的生态

---

① 辛向阳：《中国式现代化何以能够推进中华民族伟大复兴》，《世界社会主义研究》2022年第7期。

现代化新格局,引领着全球绿色增长与发展。这些成就构成了我们实现中华民族伟大复兴的雄厚底气和基础,同时也是我们接近实现中华民族伟大复兴的主要标志。①

（三）现代化建设为实现民族复兴提供了精神驱动

中国从现代化的落后者、追随者转变为现代化的引领者,使新时代的中国人坚定了对自身发展道路、理论、制度、文化的自信心,以旺盛的斗志和昂扬的精神投入新的征程中。肩负起以中国式现代化全面推进中华民族伟大复兴的使命任务,必须坚持和加强党的全面领导,坚决维护党中央权威和集中统一领导,把党的领导落实到党和国家事业各领域各方面各环节,使党始终成为风雨来袭时全体人民最可靠的主心骨;坚持中国特色社会主义道路,既不走封闭僵化的老路,也不走改旗易帜的邪路;坚持以人民为中心的发展思想,不断实现发展为了人民、发展依靠人民、发展成果由人民共享,让现代化建设成果更多更公平惠及全体人民;坚持深化改革开放,不断彰显中国特色社会主义制度优势,不断增强社会主义现代化建设的动力和活力,把我国制度优势更好转化为国家治理效能;坚持发扬斗争精神,增强全党全国各族人民的志气、骨气、底气,不信邪、不怕鬼、不怕压,知难而进、迎难而上,统筹发展和安全,全力战胜前进道路上各种困难和挑战,依靠顽强斗争打开事业发展新天地。②

---

① 王锡森:《中国共产党与中国现代化:历史脉络、特质内涵及时代价值》,《辽宁行政学院学报》2021 年第 5 期。
② 习近平:《高举中国特色社会主义伟大旗帜　为全面建设社会主义现代化国家而团结奋斗——在中国共产党第二十次全国代表大会上的报告》,人民出版社 2022 年版,第 26—27 页。

第二节　全面加强党的领导是实现
现代化的根本制度保障

党的领导是中国特色社会主义最本质特征和最大优势。作为先进的马克思主义政党，勇于自我革命和全面从严管党治党是党最鲜明的品格，也是保障治国理政的长久之策，中国式现代化以中国共产党为领导核心，具有无可比拟的优势。中国共产党一经诞生，就把为中国人民谋幸福、为中华民族谋复兴确立为自己的初心使命。因此，中国式现代化是坚持以人民为中心的发展思想的现代化，把增进人民福祉、促进人的全面发展、朝着共同富裕方向稳步前进作为经济发展的出发点和落脚点，不断增强人民群众获得感、幸福感、安全感。中国式现代化道路是中国共产党在百年征程的不懈追求和持续探索中领导中国人民成功走出来的，而之所以能开辟实现中华民族伟大复兴的正确道路，关键在于我们党坚持把马克思主义基本原理同中国具体实际相结合、同中华优秀传统文化相结合，深化了中国共产党对执政规律、社会主义建设规律和人类社会发展规律的认识理解，以其取得的伟大历史成就坚定了推进中华民族伟大复兴的历史自信。①

中国式现代化诠释了共产党执政规律。建设长期执政的马克思主义政党是新时代党面对的重大课题，作为先进的马克思主义执政党，党坚持马克思主义基本原理，牢记共产党人没有自己的特殊利益，始终代表无产阶级和最广大人民群众的利益，真正做到了是人民的政党、为人民服务的

---

① 林进平：《中国式现代化是推进中华民族伟大复兴的必由之路》，《中山大学学报（社会科学版）》2022 年第 3 期。

政党,筑牢了党的执政根基。此外,面对执政、改革开放、市场经济和外部环境等一系列考验,党勇于自我革命,加强执政能力建设,锻造过硬的思想和本领,全面引领中国式现代化。

中国共产党领导地位的获得虽是其长期奋斗的必然结果,但人民群众对其的支持与拥护是党掌权用权的基础。中国共产党自成立之初,就始终坚持群众路线,借助于多次人民群众革命运动的发动,实现了新民主主义革命胜利的目标。可以说,党同人民群众血脉相连的关系必将长期不变,始终如一。百年来,中国共产党始终不忘初心、牢记使命,为改善人民群众生活出台与制定了一系列惠民政策。可以说,中国共产党执政理念的出发点来自人民,同时党始终把人民群众的反馈视作其政策调整与更新的关键依仗。为此,坚持与加强党的全面领导,势必将为维护全国各族人民权益提供保障,也为实现中国式现代化提供根本制度保障。①

一、实现中国式现代化的制度保障

制度是定国安邦的根本,也是现代化的根本。中国共产党选择了社会主义道路,中国选择了社会主义,社会主义也选择了中国,社会主义与中国相结合,塑造了中国式现代化的制度优势。社会主义革命和建设确立了中国式现代化的方向。新民主主义革命的胜利,确立了中国共产党的执政地位。中华人民共和国成立后,党和政府推进农业、手工业、资本主义工商业的社会主义改造,随着"三大改造"的完成,社会主义制度在中国成为现实,随后进行的一系列社会主义建设,确立了中国式现代化的发展方向,即社会主义现代化。方向决定道路,社会主义的前进方向决定

---

① 罗佳:《加强党的全面领导的逻辑解读——学习党的十九届六中全会精神》,《中共太原市委党校学报》2022 年第 4 期。

了中国的现代化一定要走中国式道路;道路决定命运,走中国式现代化道路决定了中国现代化的进程和结果。在社会主义制度的指引下,中国式现代化将焕发新的活力。

中国共产党在百年现代化探索中始终高度重视制度建设,从最初的《中国共产党纲领》到《共同纲领》,从社会主义过渡时期的总路线到社会主义建设的基本路线、社会主义初级阶段基本路线,从来没有离开对每一个阶段现代化思想的总结和概括,也没有离开对现代化实践的指引。邓小平同志多次强调,领导制度、组织制度问题更带有根本性、全局性、稳定性和长期性。[①] 对于中国共产党现代化思想形成与发展历程来说,现代化制度载体的功能是不可替代的。每当理论界对现代化思想热议,中国共产党总是能及时把准性质和方向,每当中国共产党领导人形成了现代化思想集体智慧结晶,党的路线方针和政策总是能及时转化为行动方案。可以说,中国共产党已经形成了现代化思想与制度的良性互动机制。党的十八大以来,以习近平同志为核心的党中央从总揽全局的战略高度重视现代化的制度建设,已经系统搭建起了保障现代化发展的"四梁八柱"。党的十九届四中全会首次以中央全会的形式专门研究国家制度和治理问题,第一次系统地描绘出中国特色社会主义制度的图谱,在制度建设历史上具有里程碑的作用。习近平总书记指出:"新时代谋划全面深化改革,必须以坚持和完善中国特色社会主义制度、推进国家治理体系和治理能力现代化为主轴,深刻把握我国发展要求和时代潮流,把制度建设和治理能力建设摆到更加突出的位置。"[②]这从根本意义上反映了社会主义现代化思想和实践发展的必然要求,也揭示了现代化思想的逻辑承接。新时代中国特色社会主义,不只是表现出足够的制度自觉和制度自信,同

---

① 《邓小平文选》第二卷,人民出版社1994年版,第333页。
② 《习近平谈治国理政》第三卷,外文出版社2020年版,第112页。

时也展现出超强的制度理性和制度能力,这也是社会主义现代化建设成功的基本经验和根本真谛。当然,中国特色社会主义制度体系并不是僵硬、故步自封的,也不是一蹴而就的,而是随着时代发展变化不断进行自我革新和完善,如此才能实现制度的现代化和现代化的制度的有机统一。制度的现代化是一种现代政治文明的标志,更是国家现代化进程中的一个重要标志。在迈向富强、民主、文明、和谐、美丽的社会主义现代化强国新的历史征程中,更需要牢牢把握制度建设的中枢环节,加强现代化的制度体系和能力建设,从而让制度的现代化更好地激发现代化思想,让制度现代化更好地保障社会主义现代化行动。①

二、实现中国式现代化的法治保障

依法治国是社会主义现代化的应有之义。历史地看,中国的现代化征程并不顺利。近代以来,我们一直追求现代化,但封建专制制度始终是现代化发展的最大障碍和阻力,因为封建专制制度是人治的社会,臣民人微言轻;新中国成立以后,制度优势逐步凸显。党的十一届三中全会以后开始注重制度的根本性、全局性、稳定性、长期性的特点,并于党的十五大提出依法治国方略,使中国法治化进程大大提升。21 世纪以来,中国共产党把党和国家工作纳入法治化轨道,推进党的领导的制度化和法治化,使法律成为捍卫民众权利落实的真正武器。新时代我们又提出全面依法治国方略,保障了国家治理体系的系统性、规范性、协调性、稳定性,进一步体现了中国式现代化进程中的制度优势和治理优势。可见,在中国,依法治国也是现代化进程的经验总结,并在整体上推进了中国式

---

① 　高布权、王梦瑶:《中国共产党现代化思想的百年实践、重大成就和历史经验》,《福建江夏学院学报》2022 年第 3 期。

现代化进程。①

依法治国是中国共产党领导人民治理国家的基本方略。现代化社会的最基本要求是制度化、法治化。全面依法治国是运用现代社会法治建设规律、结合我国实际提出的重大战略任务，构建法治化的现代化道路。正如习近平总书记所指出的，凡属重大改革都要于法有据。在整个改革过程中，都要高度重视运用法治思维和法治方式②。法治化既是检验一个社会成熟程度的衡量尺度，也是推进一个社会定型的基本方式。全面依法治国是实现社会公平正义的有力保障。法律是治国之重器，法治是国家治理体系和治理能力的重要依托，必须在法治轨道上推进国家治理现代化。既要依靠宪法和法律体系凝聚各族人民的共识，又要运用法治的力量维护社会发展与稳定；既要打击法治领域的不正之风，又要保护社会文明和谐；既要约束公权力，又要保护人民合法权益；既要坚持依法治国，又要发挥法治在政治文明建设中的作用，还要发挥德治在精神文明建设中的作用，坚持依法治国和以德治国相结合，才能为建设法治中国开辟康庄大道，才能为"两个一百年"奋斗目标的达成、为中华民族伟大复兴中国梦的实现提供最坚实的法治保障。

习近平总书记指出："全面依法治国是国家治理的一场深刻革命，关系党执政兴国，关系人民幸福安康，关系党和国家长治久安。必须更好发挥法治固根本、稳预期、利长远的保障作用，在法治轨道上全面建设社会主义现代化国家。"③因此，一要完善以宪法为核心的中国特色社会主义法律体系。二要扎实推进依法行政，加快法治政府建设。这是依法治国

———————————

① 于学强、延玥：《中国式现代化进程与中国共产党的历史贡献》，《中共宁波市委党校学报》2022 年第 5 期。

② 《习近平关于全面深化改革论述摘编》，中央文献出版社 2014 年版，第 153 页。

③ 习近平：《高举中国特色社会主义伟大旗帜　为全面建设社会主义现代化国家而团结奋斗——在中国共产党第二十次全国代表大会上的报告》，人民出版社 2022 年版，第 40 页。

的重点任务和主体工程。三要深化司法体制综合配套改革,全面准确落实司法责任制,确保严格公正司法。四要加快法治社会建设,形成覆盖城乡的现代公共法律服务体系,推进多层次多领域依法治理,提升社会治理法治化水平。[①]

中国特色社会主义进入新时代以来,在习近平法治思想指引下,党领导人民在新时代成功走出了一条中国式法治现代化新道路。其"新"集中体现为习近平总书记提出并科学阐述的"全面依法治国新理念新思想新战略"[②],最鲜明的特征是坚定不移走中国特色社会主义法治道路,筑法治之基、行法治之力、积法治之势,为全面建设社会主义现代化国家、实现中华民族伟大复兴提供良法善治。具体而言,就是坚持党对全面依法治国的领导,坚持以人民为中心,坚持中国特色社会主义法治道路,坚持依宪治国、依宪执政,坚持在法治轨道上推进国家治理体系和治理能力现代化,坚持建设中国特色社会主义法治体系,坚持依法治国、依法执政、依法行政共同推进,法治国家、法治政府、法治社会一体建设,坚持全面推进科学立法、严格执法、公正司法、全民守法,坚持统筹推进国内法治和涉外法治,坚持建设德才兼备的高素质法治工作队伍,坚持抓住领导干部这个"关键少数"。[③]

三、实现中国式现代化的社会保障

中国式现代化在社会保障领域的科学内涵指在坚持以人民为中心的

---

①　韩保江、李志斌:《中国式现代化:特征、挑战与路径》,《管理世界》2022年第11期。

②　《习近平全面依法治国新理念新思想新战略十论》,新华社客户端,https://baijiahao.baidu.com/s? id=1651953275076704630&wfr=spider&for=pc。

③　张文显:《论中国式法治现代化新道路》,《中国法学》2022年第1期。

发展思想的基础上,充分考虑中国人口规模巨大的特征,通过高质量发展来实现全体人民共同富裕,从而确保全体人民同步共享改革开放带来的红利。实现全体人民共同富裕是中国式现代化在社会文明建设中的本质要求,它是以社会主义为价值导向的中国式现代化道路的价值旨归。具体而言,党的十八大以来,以习近平同志为核心的党中央把逐步实现全体人民共同富裕摆在更加重要的位置上,举全国之力,作出战略安排,实施有效举措,不断缩小城乡间发展差距、地区间发展差距和居民收入差距,让发展成果更多更公平地惠及全体人民,持续推进共同富裕,坚决防止西方资本主义现代化过程中两极分化问题的重演,并旨在以共建共享的方式实现共同富裕、社会和谐和人的全面发展①。

社会保障作为国家对不确定性及风险事件进行管控的基础性制度安排,它通过政府责任所搭建的"桥梁",实现不同收入的代际之间、群体之间和地区之间的互助共济。党的十八大以来,在党中央集中统一领导下,政府认识到互助共济是公共性保障计划的核心,在强调个体差异的补充性保障计划中充分尊重市场的定价机制。明确了在社会保障顶层设计中公共性保障计划更应强化现收现付制,补充性保障计划则应强化基金制。社会保障中政府责任实现清晰的界定,使有限的财政资金能够精准定位目标人群,从而提高资金的使用效率,使从无效率和低效率领域转移过来的公共财政在社会保障领域发挥最大的效用,促进供需两端的结构性升级,进而提升社会保障资源的运作效率。

我国坚持以高质量发展引领社会保障的举措有效地实现了经济与社会的均衡发展。西方国家在现代化的道路建设过程中发展出一套"统一保险"和"普惠服务"并行的福利建设路径并长时期被视为各国社会福利

---

① 韩保江、李志斌:《中国式现代化:特征、挑战与路径》,《管理世界》2022年第11期。

建设的范本,但事实上这种福利建设模式不但基于其有限的人口规模、长期的财富积累和不公正的贸易红利而无法向人口众多的发展中国家扩展,而且在实践中这种制度通常也在激烈的政党斗争中无法为困难群体提供兜底保障,一个典型的证据是美国在 2012 年的贫困率达 15.0%,贫困人口总数达 4650 万人。更为重要的是,这种社会保障制度会随着福利刚性特征而给国家财政带来严重的负担,仅 2010 年欧洲主要国家公共社会保障支出占财政总支出的比重达到了 46.3%—58.5%,英国、法国、希腊、西班牙、葡萄牙等国的公共财政赤字率约为 7.6%—15.8%,欧洲国家普遍面临的财政赤字及由此引发的主权债务危机预示着发展中国家难以有效借鉴这种"看似完美"但又弊病丛生的社会保障制度。而长期以来我国民生福祉建设重视采取发展型社会政策取向,这种以生产主义、就业优先、保障适度为原则的政策方针在满足底线公平的基础上深刻嵌入了社会主义市场经济体制中,为绝大多数民众提供了基础且有质量的养老服务、医疗服务、住房保障、兜底保障等,这有利于蹄疾步稳地拓展发展中国家的社会保障边陲。

我国高标准建设了全世界规模最大的社会保障体系、教育体系和医疗卫生体系。自 20 世纪 80 年代中期开始,通过系统性地构建义务教育制度(1986 年)、城镇最低生活保障制度(1997 年)、城镇职工基本养老保险制度(1997 年)、城镇职工基本医疗保险制度(1998 年)、住房公积金制度(1998 年)、农村居民基本医疗保险制度(2003 年)、农村最低生活保障制度(2007 年)、城镇居民基本医疗保险制度(2007 年)、农村居民基本养老保险制度(2009 年)和城镇居民基本养老保险制度(2011 年)等一系列富有成效的民生福祉政策,我国至 2011 年已经基本形成了覆盖广泛、框架齐全、结构合理的综合保障框架。党的十八大以来,我国不但进一步全面合并了城乡居民两类社会保险制度,整合了机关事业单位养老保险制度和城镇职工养老保险制度,推动了"8+1"社会救助体系的完善,实现了适度普惠型社会福利的扩面提质,而且在普惠托育服务、普惠性学前教育、婴幼儿保健服务、残疾人两项补贴、护理保险、高龄老人津贴、保障性住房建设、托底性社会政策、基本公共卫生服务均等化等各领域也取得了令人瞩目的成就。截至 2021 年年底,我国基本医疗保险和基本养老保险的参保人数已经分别达到了 13.6 亿人,全国城乡低保和特困人员救助供养人口总数约为 4649.6 万人,学前教育毛入园率和九年义务教育巩固率分别达到了 88.1%和 95.4%。

四、实现中国式现代化的思想保障

中国共产党以马克思主义为指导,马克思主义科学理论指导是中国共产党鲜明的政治品格和强大的政治优势,特别是中国共产党人将马克思主义同中国具体实际相结合,形成中国化的马克思主义,为中国式现代化提供了思想保障和理论优势。[①]

党的十八大以来,对中国式现代化的认识进一步深化。党中央、国务院大力倡导、推动实施中华优秀传统文化传承发展工程,推动马克思主义与中华文化相结合,使中华优秀传统文化进入了一个复兴阶段。作为这一时期马克思主义中国化新飞跃重要成果的习近平新时代中国特色社会主义思想,是"中华文化和中国精神的时代精华",成为引领中国式现代化的精神力量和行动指南。

马克思主义的现代化思想不是教条,需要与时俱进地予以创新发展。从新民主主义革命时期中国现代化事业的艰难探索,到社会主义革命和

---

① 张佳雨:《党的十九大以来关于"中国式现代化"的研究述评》,《中共成都市委党校学报》2023 年第 3 期。

建设时期现代化事业的曲折发展,再到改革开放和社会主义现代化建设新时期现代化探索的创新性突破,最后到中国特色社会主义新时代现代化事业的巨大跃进,党对现代化的百年探索历程充分证明了马克思主义为中国式现代化的开辟、推进和不断升华提供了强大的理论支撑。党的十八大以来形成的社会主义现代化建设的系列理论成果,为中国式现代化提供了核心理论来源,从多个方面回答了"什么是社会主义现代化强国,怎样建设社会主义现代化强国"这一重大课题。第一,丰富了中国式现代化建设的内涵,首次提出国家治理现代化并将其作为中国式现代化建设的重要组成部分,为推进中国式现代化奠定了制度基础和能力保障。第二,调整了社会主义现代化的阶段性目标任务,较原定计划提前 15 年完成阶段性任务,充分展示了实现中国式现代化的雄心壮志和勃勃生机,彰显了中国式现代化充满发展活力的自信与优势。第三,优化了中国式现代化的战略策略和工作部署,在新时代坚持"十个明确",在十三个方面取得突出成就,统筹推进"五位一体"总体布局、协调推进"四个全面"战略布局,奋力谱写全面建成社会主义现代化强国的新篇章。①

党的十九届四中全会提出了坚持和完善中国特色社会主义制度、推进国家治理体系和治理能力现代化的总体目标,形成了制度体系建设的十三个"坚持和完善",深刻回答了什么是新时代中国特色社会主义,如何健全和完善新时代中国特色社会主义制度的时代命题,进一步厘清了在党的领导下全面建成社会主义现代化强国的制度框架和治理形态。这十三个"坚持和完善",既是党的基本方略的创新实践,又是落实"四个全面"战略布局的具体要求。

马克思主义的终极理想是实现人的解放、达到个人自由全面发展。

---

① 刘勇、钊铭:《中国式现代化的特点、优势及进路》,《新疆师范大学学报(哲学社会科学版)》2022 年第 3 期。

个人自由而全面发展作为共产主义社会的本质特征,这种本质特征自然地将社会主义现代化建设与资本主义现代化建设区别开来。中国特色社会主义道路也以实现个人自由全面发展为最高价值取向,中国特色社会主义现代化建设致力于促进人的全面发展。作为世界现代化进程中的后进国家,中国式现代化的独特之处在于坚持唯物史观的基本原理,而不是历史宿命论、目的论的抽象成果,始终强调"历史是人民创造的",不断超越现行资本逻辑主导下的全球治理体系的剥削本质,并在坚持马克思主义和科学社会主义基础上探索一条符合中国国情和彰显中国特色的新型现代化之路。① 正如马克思所说,"他们的需要即他们的本性"②。在社会主义现代化建设的各个历史时期,我们都在时刻强调我们的价值追求,"全心全意为人民服务""人民当家作主""以人为本""以人民为中心"等党的思想政策的提出充分说明了中国共产党一直将促进人的全面发展作为现代化建设的价值追求。总的来说,人的全面发展是中国式现代化建设的核心价值追求,在中国式现代化进程中起到引领发展方向的作用。

在基础方面,当经济社会发展到一定水平后,明确社会主要矛盾已经转化为人民日益增长的美好生活需要和不平衡不充分的发展之间的矛盾。在环境方面,研判当今世界正经历百年未有之大变局,既面临隐性的"黑天鹅""灰犀牛"等不稳定性不确定性事件,又面临显性的保护主义、单边主义、霸权主义等事实,以及新一轮科技革命和产业变革深入发展等重大机遇。在理念方面,以高质量发展为主题,提出创新、协调、绿色、开放、共享的新发展理念,并将新发展理念贯穿中国式现代化全过程。在路

---

① 吕瑶:《中国式现代化的出场逻辑、历史进程及价值意蕴——兼论中国共产党对民族复兴道路的探索》,《理论月刊》2022 年第 4 期。
② 《马克思恩格斯全集》第 3 卷,人民出版社 1960 年版,第 514 页。

径方面,要继续全面深化改革,不断推进制度、体制、机制改革创新,为中国式现代化提供动力和保障。①

五、实现中国式现代化的人才和科技保障

党的十八大以来,党和国家把教育、科技、人才工作摆在优先发展的战略位置,坚定不移实施科教兴国战略,在推动高等教育发展、加快推进科技自立自强、夯实创新发展人才基础等方面取得了显著成就。十年来,我国高校获得了60%以上的国家科技三大奖励,全国60%以上的基础研究以及80%以上的国家自然科学基金项目,高等教育事业取得了历史性成就,为实现中国式现代化提供了强大的科技保障和人才支撑。

党的十九届五中全会强调"坚持创新在我国现代化建设全局中的核心地位",提出"把科技自立自强作为国家发展的战略支撑"。② 科技创新是提高国家综合实力和国际竞争力的决定性力量,世界基本实现现代化的国家均将科技创新战略上升为国家战略。党的二十大报告首次将科教兴国、人才强国、创新驱动发展三大战略放在一起集中论述,将教育、科技、人才作为整体进行统一部署,突出了教育、科技、人才在全面建设社会主义现代化国家中的基础性与战略性支撑地位,进一步理顺了教育强国、科技强国、人才强国之间的内在联系,对于全面建设社会主义现代化国家、全面推进中华民族伟大复兴具有重要的理论和现实意义。③

科技创新新型举国体制作为举国体制在新时代的新发展,需要继承

---

① 张占斌、王学凯:《中国式现代化:特征、优势、难点及对策》,《新疆师范大学学报(哲学社会科学版)》2022年第6期。
② 《习近平谈治国理政》第四卷,外文出版社2022年版,第197页。
③ 张炜、王良:《实施科教兴国战略　强化中国式现代化建设科技支撑和人才保障》,《北京教育(高教)》2023年第1期。

集中力量办大事的制度优势,更好地发挥政府重大科技创新组织者和市场激励的协同作用,响应国家科技力量构成和利益诉求、科技创新边界融合和集成化趋势、国家发展与安全等内外条件变化的时代要求①,围绕关键核心技术攻关需求,围绕统筹布局和配置国家战略资源、提高科技攻关组织化与协同化水平、强化科技攻关基础能力保障、激发举国体制活力与效率等方面,赋予新的内涵:一是构建纵向和横向政策组合体系,推动重点领域资源一体化统筹配置;二是面向关系国家战略的重大科学和工程创新的任务与目标,发展壮大一批政产学研用创新联合体;三是完善国家创新生态系统,提高公共科技基础设施供给保障,大力培育发展国家创新机构,形成关键核心技术攻关长效机制;四是合理调整政府作用,推动举国体制与市场机制深入融合,更多利用市场竞争的激励和约束作用激发科技人才及团队的创造性。

创新能力不强成为制约我国现代化进程的重要因素。一方面,由于科技创新能力不强,科技对经济社会发展的支撑能力不足,导致我国经济发展动力不足。另一方面,我国虽然具有全球最完整、规模最大的工业体系和强大的生产能力,但是技术对外依存度高,一旦遭遇"断供",就会产生"卡脖子"问题,对产业循环形成"瓶颈"制约,生产就会受到严重影响。因此,创新能力不足导致我国经济发展动力不足和经济安全两大问题,制约我国现代化进程。只有推动科学技术创新,才能更好地为中国式现代化提供动力支撑和安全保障。从世界发展史来看,实现了现代化的西方发达国家都是创新型国家。只有依靠创新驱动,依靠科技支撑,才能推动产业结构优化升级,实现现代化,成为发达经济体。

从经济安全来看,强化科技创新是解决我国"卡脖子"难题、畅通经

---

① 刘戒骄、方莹莹、王文娜:《科技创新新型举国体制:实践逻辑与关键要义》,《北京工业大学学报(社会科学版)》2021年第5期。

济循环的重要途径。创新活动有其自身规律,不是单纯依靠多投入就能提高创新能力,必须建立有助于释放创新活力的体制机制才行。我国科技创新体制改革的关键是"建立以企业为主体、市场为导向、产学研深度融合的技术创新体系"。只有建立这样的创新体制,才能更好推动创新资源向富有创新活力、充满创新意愿、急需创新资源的创新主体配置,使创新资源得到高效合理的利用,从而实现依靠创新驱动的内涵型发展。[1]

第三节　中国共产党使中国实现现代化具有切实的可能

中国现代化成绩的取得离不开中国共产党的领导。百年来,在几代中国人的共同努力下,中国从新中国成立前后的"落后于时代"到改革开放新时期的"赶上时代",再到新时代"引领时代";从积贫积弱迈向繁荣富强,成为世界第二大经济体;从传统农业大国成长为制造业世界第一的工业大国;从传统的自给自足的自然经济发展成为现代的社会主义市场经济;从封闭半封闭社会转变为全面开放的社会。百年来,中国人民在中国共产党的领导下,用几十年时间走完了西方发达国家用几百年走过的现代化历程,创造了举世瞩目的发展奇迹。可以说,没有中国共产党的坚强领导,就没有中国现代化的辉煌成就。[2]

百年来中国现代化的实践证明,中国现代化进程的根本改变是在中国共产党成立之后,尤其在新中国成立之后。中国共产党是中国现代化

---

[1]　刘宗涛:《推进中国式现代化的价值遵循与现实依托》,《科学社会主义》2022年第5期。
[2]　秦宣:《中国式现代化是中国共产党领导的社会主义现代化》,《教学与研究》2022年第10期。

的最高政治领导力量,中国共产党的领导是中国特色社会主义最本质的特征,也是中国式现代化的最本质特征。

一、坚持和加强党的全面领导

马克思、恩格斯在《共产党宣言》中阐述了无产阶级政党领导的逻辑理路:资本主义社会化大生产带来生产力大解放的同时,把生产资料聚集到少数资产阶级手中,造成生产社会化与生产资料私有制之间的矛盾,严重阻碍了社会生产力的发展。这种矛盾的存在也造成了资本主义的现代化是存在缺陷的现代化,是少数人获利而多数人被剥削的现代化,这种现代化的实现不利于社会的长远发展。而我们要实现的现代化,是中国式的现代化,是全体人民共同富裕的现代化,是社会主义的现代化。要想实现中国式现代化,首先要解决资本主义现代化道路中存在的矛盾,要破解这个矛盾,社会生产更需要统一的组织与协调、高度统一的指挥。从这个意义来说,马克思主义政党的领导具有全局性和全面性特点。

中国共产党是一个以马克思主义为行动指南、实现共产主义为崇高使命的政党,自成立起就自觉为中国人民谋幸福、为中华民族谋复兴。要完成这些艰巨的任务,必须凝聚起中华民族共同意志,把广大人民组织起来,这就要求党必须成为中国革命斗争和人民群众的组织者、领导者和引领者。此后,我们党自觉加强对革命、建设和改革的统一领导,形成了坚持和加强党的全面领导的优良传统。

坚持中国共产党领导是全面建设社会主义现代化国家的根本保证,"新的征程上,我们必须坚持党的全面领导,不断完善党的领导,增强'四个意识'、坚定'四个自信'、做到'两个维护',牢记'国之大者',不断提高党科学执政、民主执政、依法执政水平,充分发挥党总揽全局、协调各方的领导核心作用"①。

（一）维护党中央权威和集中统一领导

党中央权威是全党思想上统一、行动上步调一致的重要基础,抓住了党中央权威,就保证了我们党强大的组织力、行动力和战斗力,也就保证了党的领导方向的正确性、关键环节的先导性和成效的预见性,从根本上防止党的领导偏离方向、党的领导弱化以及党的建设缺失。将维护党中央权威和集中统一领导摆在坚持和加强党的全面领导的首位并不意味着党的领导的其他方面的缺失或弱化,党的领导要通过各个方面得以强化,党的领导功能也要通过各个方面的建设进行释放。在结构意义上,党中央是党的组织体系的战略枢纽,是党的领导系统工程的结构中轴;在功能意义上,党中央是全党的"大脑",负责确定党的长远发展战略目标、制定党的路线方针政策以及部署改革发展稳定的重大任务,并组织总体实施。这里体现的基本逻辑就是将党中央权威同党和国家事业有机统一起来,以维护党中央权威,保证党的事业顺利进行。

因此,应树立源头思维、首要思维,明确党的领导系统的层级与要素以及每个层级在其中发挥的特有领导功能,教育引导党员干部从政治的高度来考量党的领导的首要任务,自觉维护以习近平同志为核心的党中央权威,确保党的领导坚强有力。

（二）加强党的领导制度体系建设

邓小平同志指出:"领导制度、组织制度问题更带有根本性、全局性、稳定性和长期性。"②我们必须及时将坚持和加强党的全面领导的实践经

① 韩保江、李志斌:《中国式现代化:特征、挑战与路径》,《管理世界》2022 年第 11 期。
② 《邓小平文选》第二卷,人民出版社 1994 年版,第 333 页。

验及时提炼升华为制度规定。第一,重视党的领导制度体系的系统设计。推动党的领导法治化进程,除了遵循国家法律和党内一般法规之外,还要制定和完善党的领导的法规制度。一方面,制定党的领导的总体性法规,全面规定党的领导性质、地位、作用、内容、方式、原则,制定党委和党组领导、基层党组织领导等不同层次的领导制度,制定党对人大、政府、政协等不同领域实施领导的制度。另一方面,推动党的领导法规与外部的宪法、法律、组织法、政协与群团的规章、国企章程、党的组织、党自身建设等方面法规制度的相互衔接,增强党的领导制度体系的科学性协调性。

第二,完善党的领导制度体系的重点内容。坚持思想建党与制度治党相统一,健全不忘初心、牢记使命制度,推动全党永不懈怠地坚定理想信念、践行党的宗旨,明确党的领导的内生动力;坚持加强领导与提高能力相统一,既健全维护党中央权威和集中统一领导制度,也完善提高党的执政能力和领导水平制度,改进党的领导方式,明确党的领导本领要求;坚持民主与集中相统一,既加强健全民主集中制各项制度,也完善党的全面领导制度,明确党的领导核心地位;坚持为人民执政与靠人民执政相统一,细化为人民服务制度,把密切联系群众的做法和经验制度化,明确党的领导的根本目的。

第三,健全党的领导制度体系的执行机制。党的领导制度体系的生命力在于执行。要注重制度执行的思想引领,增强制度教育的针对性,强化党的领导制度体系的执行意识;抓住制度执行的重点,解决制度执行的难题,提高党的领导制度体系执行的效率;抓住党员干部这个制度执行主体,带头尊崇和执行党的领导制度体系,发挥党员干部的示范表率作用;明确制度执行的具体责任,健全制度执行的问责机制,维护党的领导制度体系权威。

（三）坚持全面从严治党，以党的自我革命引领社会革命

习近平总书记指出："全面从严治党，核心是加强党的领导。"①这表明党的领导和全面从严治党之间存在内在关联，党的坚强领导离不开党的建设的有力保障。管党治党是马克思主义政党始终保持强大领导力的重要法宝。新民主主义革命时期，我们党创造了思想建党原则，形成了大抓思想政治工作的鲜明导向，确立了"支部建在连上"原则，加强了以密切联系群众为核心内容的作风建设，切实加强党的纪律建设，为加强以毛泽东同志为核心的党中央集中统一领导奠定了基础。新中国成立后，我们党高度重视党的建设，开展一系列整党整风运动，强化党员干部的理论教育，整顿软弱涣散基层党组织，建立健全党的纪检监察体制，为全面加强党对社会主义革命和建设的领导提供了重要保障。改革开放以来，我们党着力推进党的建设制度改革，优化党的思想建设、组织建设和作风建设，深入开展反腐败斗争，在推进党的建设新的伟大工程中锻造了党的领导。进入新时代，党中央把全面从严治党作为党的建设的鲜明主题，以党的政治建设为统领，以作风建设和反腐败斗争为抓手，突出"四个意识"并使之与党的其他方面的建设有机结合起来，强化了党中央权威和集中统一领导。

建党百年来党的领导启示我们：要建设社会主义现代化强国，完成民族复兴的各项任务必须坚持和加强党的全面领导，坚持和加强党的全面领导必须全面从严治党、全面加强党的建设。可以说，党的建设是党的领导的阵地，为坚持和加强党的全面领导提供物质载体、精神动力和实践空间。因此，新时代要坚持和加强党的全面领导，必须推进全面从严治党向纵深发展。

---

① 《习近平关于全面从严治党论述摘编》（2021年版），中央文献出版社2021年版，第11页。

经过党的十八大以来全面从严治党，我们解决了党内许多突出问题，但在全面建设社会主义现代化国家过程中，不仅党面临的执政考验、改革开放考验、市场经济考验、外部环境考验将长期存在，而且精神懈怠危险、能力不足危险、脱离群众危险、消极腐败危险也将长期存在。因此，必须加快完善党的自我革命制度规范体系。一要坚持制度治党、依规治党，以党章为根本，以民主集中制为核心，完善党内法规体系，形成坚持真理、修正错误、发现问题、纠正偏差的机制。二要健全党统一领导、全面覆盖、权威高效的监督体系，完善权力监督机制。三要落实全面从严治党政治责任，用好问责利器。①

二、坚持依规治党引领推进法治中国建设

2012年以来，以习近平同志为核心的党中央提出"四个全面"战略布局，确立了新时代中央领导集体治国理政的总体框架。其中，全面建设社会主义现代化国家是奋斗目标，全面深化改革是发展动力，全面依法治国是制度依托，全面从严治党是根本保障。正因处于核心地位、起着关键作用，所以全面从严治党能否落实到位从根本上影响着现代化目标的实现情况。国家法治体系适用于国家法律制度领域，党内法规体系适用于管党治党的党内制度领域，这也是为什么在党的十八届四中全会后强调依法治国与依规治党的统筹推进与一体化建设，再到后来提出依法治国与依规治党的有机统一。

纵观百年来党内法规发展历程可以看到，党内法规的法治化趋向越来越明显。从最初的建章立制、规范重构到体系完备，党内法规由管党治

---

① 韩保江、李志斌：《中国式现代化：特征、挑战与路径》，《管理世界》2022年第11期。

党的政党自身建设制度,扩展至党的领导制度规范(坚持党的领导被写入宪法总纲),进而宪法确认了中国共产党的领导地位和执政权,从而保障了党的依法执政、治国理政。依规治党与依法治国是中国共产党治国理政的"车之两轮、鸟之双翼",依规治党与依法治国的统筹推进、有机统一并没有消弭党内法规与国家法律的界限,而是把二者共同纳入中国特色社会主义法治体系之中。对此,习近平总书记明确指出:"坚持以法治的理念、法治的体制、法治的程序开展工作,改进党的领导方式和执政方式,推进依法执政制度化、规范化、程序化。"①依规治党与依法治国的有机统一共同实现于法治中国这一场域之中,也为党内法规体系化提供了制度保障,因为党内法规体系的法治化与国家法律的法治化是并行的法治模式。②

然而,作为全面从严治党众多方法中最重要的一种,依规治党是党的制度建设发展到现代治理阶段的产物,是对传统制度管党的重大改良和升级,是提高党建科学化水平的制胜法宝,是全面从严治党的根本保证。因此,只有通过依规治党的引领,才能有效破除阻碍改革和法治的各种藩篱,切实推进全面深化改革和全面依法治国的进程,从而为中国式现代化新道路扫清和克服各种障碍与困难。

新时代坚持全面从严治党,全面加强党的建设,要深化对全面从严治党规律的认识,要深入把握和科学运用全面从严治党规律。"要注重把继承传统和改革创新结合起来,把总结自身经验和借鉴世界其他政党经验结合起来,增强全面从严治党的系统性、预见性、创造性、实效性,使全面从严治党的一切努力都集中到增强党自我净化、自我完善、自我革新、

---

① 《习近平著作选读》第一卷,人民出版社 2023 年版,第 304 页。
② 王立峰:《中国共产党党内法规体系的百年实践与法治经验》,《中共天津市委党校学报》2021 年第 5 期。

自我提高能力上来,集中到提高党的领导能力和执政能力、保持和发展党的先进性和纯洁性上来。"①

在法治中国情境下,党内法规体系化需要从三个方面实现。第一,以党章为本,构建"1+4"的党内法规体系结构,形成分工明确的组织法规体系、领导法规体系、自身建设法规体系、监督保障法规体系。第二,规范党内法规的制定程序,完善党内法规的制定、修改、解释、备案、清理等程序,使党内法规能够适应时代发展需要不断地修正,实现党内法规体系的更新造血功能。第三,党内法规体系的构建要符合法治的标准,即合理设定党章、准则、条例、规定、办法、规则、细则的适用主体、适用领域、适用对象;优化党内法规的篇、章、节、条、款、项、目的体例设计;保证规范用语表述科学,合理创设义务权利、规范职权职责,增强党内法规的执行力。②

民主集中制是马克思主义政党的根本组织原则,集体领导制度是无产阶级政党领导的最高原则,是民主集中制原则在党的领导工作中的具体体现,是党内政治生活的基本准则。事实证明,要实现现代化就必须切实坚持民主集中制和集体领导制度,保证党的决策科学化。在此基础上,还要通过加强民主法治建设使党在宪法和法律规定的范围内活动,任何一级党组织和领导人均不能有超出法律之上的权力。③ 坚持党总揽全局、协调各方的领导核心作用,除了要善于通过党和国家机关中的党组织和党员干部贯彻党的路线方针政策,贯彻党委的重大决策和工作部署外,还要坚持依法治国基本方略和依法执政基本方式,支持国家权力机关、行

---

① 刘志明:《更加自觉地坚持党的领导》,《马克思主义研究》2018 年第 10 期。

② 王立峰:《中国共产党党内法规体系的百年实践与法治经验》,《中共天津市委党校学报》2021 年第 5 期。

③ 任志江、林超、汤希:《从新民主主义工业化道路到中国式现代化新道路——中国共产党对现代化道路的百年探索》,《经济问题》2022 年第 2 期。

政机关、审判机关、监察机关依照宪法和法律独立负责、协调一致地开展工作。[①]

中国共产党是使命型政党，使命型政党这一角色定位要求中国共产党只能不断自我革新、不断完善，而这构成了中国共产党不忘初心、牢记使命的内生动力。这种强烈的自我革命意识不仅渗透于管党治党实践之中，而且内化于依规治党的制度建设领域。换言之，中国共产党的长期执政、不断调适不仅需要先进的马克思列宁主义作为行动指南，更需要制度治党实践的不断创新与发展。中国共产党长期执政的核心机制在于中国共产党的自我革命精神。党的初心和使命是党的性质宗旨、理想信念、奋斗目标的集中体现，越是长期执政，越不能忘记党的初心使命，越不能丧失自我革命精神。自我革命对制度管党治党的基本要求就是实现党内法规体系的法治化，这既是党内制度体系的法治目标，也是执政党自我革命的制度要求。使命型政党的政治属性提升了党内法规体系建设的战略高度，即"治国必先治党、治党务必从严、从严必依法度"，党内法规体系的法治化是立党强党的根本保障，构成了中国共产党科学执政、民主执政、依法执政的制度基石，也是实现中国式现代化的有力保障。[②]

三、坚持以人民为中心的发展思想，维护广大人民群众的根本利益

纵观中国共产党的百年现代化思想发展历程，无论是顺境还是逆境，中国共产党总是把现代化的伟大事业与人民群众紧密联系在一起。中国

---

① 刘志明：《更加自觉地坚持党的领导》，《马克思主义研究》2018 年第 10 期。
② 王立峰：《中国共产党党内法规体系的百年实践与法治经验》，《中共天津市委党校学报》2021 年第 5 期。

现代化需要通过人民群众的"合力"才能实现,中国式现代化是以人民为主体的现代化。为此,中国式现代化的根本信念就是必须取信于民,赢得人民群众的广泛认可和积极参与。①习近平总书记更明确地指出:"人民是我们党执政的最深厚基础和最大底气。"②因此,中国式现代化必须走群众路线,这正是中国共产党的优良作风和政治优势。人民当家作主是社会主义现代化的内在约定,也是实现中国式现代化的价值依归。共同富裕是中国式现代化的重要特征,要坚持"以人民为中心"的发展思想,扎实推动共同富裕。

（一）加快推进共同富裕

一是不断提高发展的平衡性、协调性、包容性。要提高区域发展的平衡性、协调性、包容性,实施区域重大战略和区域协调发展战略,健全转移支付制度,健全区域战略统筹、市场一体化发展、区域合作互助、区际利益补偿等机制。要提高行业发展的平衡性、协调性、包容性,加快电网、电信、铁路、石油、天然气等自然垄断行业改革,加强和改进房地产、互联网寡头等反垄断和反不正当竞争执法,推动金融、房地产同实体经济协调发展。要提高企业发展的平衡性、协调性、包容性,支持不同规模、不同性质企业发展,构建新型亲清政商关系。

二是着力扩大中等收入群体规模。中国式现代化要形成中间大、两头小的"橄榄型"分配结构,即中等收入群体比重较大,高收入和低收入群体比重较小。目前,我国中等收入群体的规模为 4 亿多人,相较"橄榄型"分配结构仍存在一定差距,要重点和精准培育中等收入群体,要精准

① 高布权、王梦瑶:《中国共产党现代化思想的百年实践、重大成就和历史经验》,《福建江夏学院学报》2022 年第 3 期。
② 《习近平著作选读》第二卷,人民出版社 2023 年版,第 407 页。

施策,推动更多低收入人群迈入中等收入行列。

三是促进基本公共服务均等化。低收入群体是促进共同富裕的重点帮扶保障人群,要以低收入群体为重点,从教育、养老、医疗、社会救助、住房等多个方面综合持续发力,促进基本公共服务均等化,让全体公民充分享有基本公共服务,不断提升人民群众的获得感、幸福感、安全感。

四是促进全体人民共同富裕。要夯实全面建成小康社会根基,建立健全巩固拓展脱贫攻坚成果的长效机制,聚力做好脱贫地区巩固拓展脱贫攻坚成果同乡村振兴的有效衔接工作,健全农村低收入人口常态化帮扶机制,着力提升脱贫地区整体发展水平。要全面推进乡村振兴战略,加快农业产业化发展,盘活农村资产。要加强农村基础设施和公共服务体系建设,将强化主体责任与精准把控相结合,将外在参与和内生发展相结合,不断改善农村人居环境。①

(二)保障人民当家作主

自新中国成立以来,我们党不断开拓民主的渠道和创新民主的形式,让人民当家作主在应然与实然层面形成最大的同心圆,使中国特色社会主义民主以前所未有的优势和效能彰显出来。正如习近平总书记指出的,"民主不是装饰品,不是用来做摆设的,而是要用来解决人民要解决的问题的"②。选举民主与协商民主作为典型的民主样态,前者"以投票为中心",后者则"以对话为中心",二者各有优势与短板。推进社会主义现代化的建设,是为了继承发展和推进人类政治文明,"发展全过程人民民主"。为此,一方面要通过创新性民主选举原则赋予其选举民主更加真

---

① 张占斌、王学凯:《中国式现代化:特征、优势、难点及对策》,《新疆师范大学学报(哲学社会科学版)》2022 年第 6 期。

② 《习近平著作选读》第一卷,人民出版社 2023 年版,第 273 页。

实的内涵;另一方面是立足中国,坚持"众人拾柴火焰高",注重通过各种形式的协商,充分发挥统一战线的功能与作用,更有效地调动和发挥最广大民众和团体的智慧。

选举权作为最基本的政治权利,其落实过程往往与监督权、罢免权密切相关。列宁认为:"只有承认和实行选举人对代表的罢免权,才能被认为是真正民主的和确实代表人民意志的机关",实行罢免权的实质是要"使人民的代表真正服从人民"。① 中国特色社会主义坚守科学社会主义原则,也要发挥人民的监督与罢免作用,"人民的眼睛是雪亮的,人民是无所不在的监督力量"②。中国现代化必然要以人民当家作主作为价值依归落实好人民的选举权,实现政治权力主体权为民授与权为民用的良性互动,最终将人民至上的价值本位在政治实践中凸显出来,在人民群众作为评阅人的时代答卷中体现出来。③

四、坚持全面协调发展,强化科技战略支撑

建设现代化经济体系,一是必须突出"创新发展"要求,加快建设"创新引领、协同发展"的现代产业体系,实现实体经济、科技创新、现代金融、人力资源协调发展,使科技创新在实体经济发展中的贡献份额不断提高。二是必须突出"协调发展"要求,加快建立"彰显优势、协调联动"的城乡区域发展体系,实现区域良性互动、城乡融合发展、陆海统筹整体优化,充分发挥区域禀赋优势。我国已经形成区域重大战略、区域协调发展

① 《列宁全集》第三十三卷,人民出版社 2017 年版,第 106 页。
② 《论坚持人民当家作主》,中央文献出版社 2021 年版,第 77 页。
③ 于学强、延玥:《中国式现代化进程与中国共产党的历史贡献》,《中共宁波市委党校学报》2022 年第 5 期。

战略、主体功能区战略为一体的区域发展战略,也形成了新型城镇化战略、乡村振兴战略为一体的城乡发展战略,要将重大国家战略落到实处。①

（一）实现创新发展

统筹实施科教兴国和创新驱动发展战略,着力破解"卡脖子"问题。要全面加强对科技创新的部署,充分发挥新型举国体制和"揭榜挂帅"机制的"双重作用",充分调动政府、企业、社会、科研机构和科研人才等多重积极性和创造性,形成国家创新合力,加快克服重要领域"卡脖子"技术,确保产业链供应链优化安全可控。② 继续深化科技体制改革。一方面,要健全新型举国体制,强化国家战略科技力量,加强科技基础能力建设,优化配置创新资源。另一方面,深化科技评价改革,加大多元化科技投入,加强知识产权法制保障,形成支持全面创新的基础制度。

提升企业创新能力。企业在创新中占主体地位,要弘扬企业家创新精神,从财政、金融、产业、人才等多个视角综合施策,引导各类创新要素向企业集聚,为企业营造良好的创新环境。构建创新联合体,由大型企业牵头,依托产业链建立包括大中小微型企业在内的创新联合体,推进产学研政金深度融合。鼓励"专精特新"企业发展,建立"专精特新"企业培育和扶持机制,引导"专精特新"企业做精、做细。

激发人才创新活力。完善人才发展体制机制,建立人才培育、人才引进、人才使用的全方位政策体系,营造尊重劳动、尊重知识、尊重人才、尊重创造的社会氛围。加强知识产权保护,在科技成果转化中充分给予人

---

① 张占斌、王学凯:《中国式现代化:特征、优势、难点及对策》,《新疆师范大学学报(哲学社会科学版)》2022 年第 6 期。

② 韩保江、李志斌:《中国式现代化:特征、挑战与路径》,《管理世界》2022 年第 11 期。

才相应的激励和保障,建立体现知识、技术等创新要素价值的收益分配机制。

(二)实现协调发展

一是落实区域发展战略。从传统区域发展战略看,要继续推动东北振兴战略,推进西部大开发,促进中部快速崛起,鼓励东部地区引领现代化建设,同时,建立东部、中部、西部、东北地区互帮互助机制、区际利益补偿机制,支持发达地区与老少边穷地区建立定向扶助机制。从新兴区域发展战略看,要推进京津冀协同发展、长江经济带发展、粤港澳大湾区建设、长三角一体化发展、黄河流域生态保护和高质量发展,寻找新的增长点、建立新的增长极、打造新的创新平台,切实发挥引领区域发展的作用。

二是完善以人为核心的新型城镇化战略。实施城市更新行动,对于老城区,要加强城镇老旧小区改造和社区建设;对于新城区,要统筹城市规划、建设、管理,建立生态美好、功能完善、人口适中的城市居住地。推进城市群建设,可充分吸取世界有益经验,促进中心城市和卫星城市、大城市和中小城市以及小城镇的协调发展。推进以县城为重要载体的城镇化建设,科学把握功能定位,遵循大城市周边县城、专业功能县城、农产品主产区县城、重点生态功能区县城、人口流失县城等划分标准,分类引导县城发展方向。

三是实施乡村振兴战略。以一二三产业融合发展为路径,着力构建现代乡村产业体系、现代农业经营体系,推进乡村产业智慧化、绿色化、现代化。实施乡村建设行动,从水、电、路、气、通信等硬件基础设施,到医疗卫生、养老健康、基本公共服务等软件配套设施,实行全面建设和提升行动。深化农村改革,深化土地所有权、承包权、经营权的"三权分置"改革,深化宅基地所有权、资格权、使用权的"三权分置"改革,深化农村集体产权制度改革。[①]

五、坚持改革全球治理体系,提高国际话语权

(一)推动完善全球治理体系

世界百年未有之大变局中,中国式现代化的发展离不开全球治理体系的完善和治理效能的提升。一方面,进入 21 世纪,中国越来越多地参与全球治理,承担越来越多的国际责任,履行发展中大国的国际义务,向全世界彰显中国担当。中国践行共商、共建、共享的全球治理观,弘扬全人类共同价值,坚持真正的多边主义,坚定维护以联合国为核心的国际体系和以国际法为基础的国际秩序,在推进全球治理中贡献中国智慧。另一方面,中国在改革和完善全球治理的过程中面临巨大阻力。个别国家将发展议题政治化、边缘化,搞单边主义、极端利己主义,实施脱钩、断供、极限施压和极限制裁等行径,以意识形态划线挑动对立对抗,人为制造分裂和对抗,进一步拉大南北差距。这些不利因素不仅严重阻碍全球治理,也对中国式现代化的发展造成一定困扰。

从党领导探索现代化道路的百年历程中不难看出,哪一个时期的国际环境较为缓和,这个时期国内的现代化建设效果也会相对较好。古今中外的历史反复证明,和平、和睦、和谐的外部环境是任何一个国家得以健康发展的必要条件。因此,在新时代的新征程中要高举和平、发展、合作、共赢的旗帜,在谦虚谨慎、虚怀若谷的工作态度和开明开放、包容仁和的方针政策下积极构建人类命运共同体,为新时代全面建设社会主义现

---

① 张占斌、王学凯:《中国式现代化:特征、优势、难点及对策》,《新疆师范大学学报(哲学社会科学版)》2022 年第 6 期。

代化国家创造良好的国际环境。

中国继续推进对外开放,应该超越意识形态差异,推动文明交流互鉴,发展与世界一切国家的友好关系,尽可能避免引发与西方发达国家的集体对抗。当前社会主义与资本主义两种制度在意识形态和价值观上的差异与斗争有扩大和激化趋势。中国虽然在综合国力上有了很大提升,但是西方资本主义发达国家在整体实力上依然占据很大优势,激化矛盾甚至引发对抗不是明智之举,有可能让中国陷入孤立的危险处境,从而延缓中国式现代化进程。中国可以更好发挥中华文化的积极作用,弘扬"求同存异、和而不同"的处世之道,以开放、包容、和善的姿态,积极推动中华文明与其他文明交流互鉴,超越意识形态差异,实施务实灵活的对外政策,善于化解矛盾、弥合分歧,才能使中国对外开放的大门越开越大。

在危机中寻新机,在挑战中提效能。中国式现代化在改革和完善全球治理过程中要在以下几个方面持续推进以提升治理效能。第一,凝聚发展新共识。以"坚持发展优先、以人民为中心、普惠包容、创新驱动、人与自然和谐共生、行动导向"为主要内容的全球发展倡议,对于实现联合国 2030 年可持续发展议程的目标具有非常重要的作用。国际社会要形成发展共识,为形成全球发展共同体而不懈奋斗。中国式现代化的发展为南北合作和南南合作提供了良好的契机与平台,不断完善全球治理体系,推动各国携手建设人类命运共同体。第二,形成发展新合力。国际社会齐心协力,共同合作解决全人类挑战,就能办成大事和长久之事。中国式现代化倡导构建全球伙伴关系,任何国家都享有平等发展的权利,推动构建人类命运共同体,坚持走和平发展道路,打破"国强必霸"的传统定势,汇聚更多向往公正合理的人类光明前景的国际社会发展力量。第三,培育发展新动能。科技是第一生产力,创新是引领发展的第一动力,新一轮科技革命正在全球范围内兴起,科技引领人类社会发展进步的作用愈加明显。中国式现代化致力于推进科技创新和技术转型,推动现代产业发展,弥合数字鸿沟,以科技进步完善全球治理体系①。

(二)完善中国式现代化发展模式,提升全球治理话语权

在"一球两制"长期共存、资本主义向社会主义过渡的阶段,中国式现代化将继续发展,在世界历史进程中完善人类现代化发展模式。

第一,中国式现代化在物质层面将更为先进。当前,第四次工业革命正在全球范围内展开,利用信息化技术促进产业变革拉开了新一轮科技革命、产业革命的大幕,虽然中国在人工智能、5G 技术、高速铁路等一大批领域处于世界领先水平,但仍存在部分"卡脖子"短板,受制于西方国家。进一步提升中国式现代化水平,必须在"卡脖子"科技清单上做文章,攻坚克难,早日实现创新突破。

第二,中国式现代化在制度层面将更加优越。制度关系党和国家事业发展的根本性、全局性、稳定性和长期性,在全面建设社会主义现代化强国进程中,坚持和完善中国特色社会主义制度、推进国家治理体系和治理能力现代化,进一步发挥和扩大中国特色社会主义制度优越性,事关中国式现代化的发展。

第三,中国式现代化在人的全面发展层面将愈发成熟。全面建成社会主义现代化强国,不仅要实现全体人民共同富裕,还要促进人与自然和谐共生,不断满足人民群众对美好生活的向往与追求,朝着共产主义远大理想不断前行。中国式现代化在物质、制度、人的发展三方面的推进,为世界人民走出经济复苏发展疲力、为发展中国家人民实现更好发展、完善

---

① 刘勇、章钊铭:《中国式现代化的特点、优势及进路》,《新疆师范大学学报(哲学社会科学版)》2022 年第 6 期。

全球治理体系,推动构建人类命运共同体贡献更大的中国力量和更优的中国智慧,向全人类彰显了中国式现代化的实际行动和具体成就,在国际舞台提升中国式现代化的话语权,为其他发展中国家提供可资借鉴的现代化发展经验,将引领世界现代化的新进程,创造人类美好蓝图。

第二章 经济高质量发展的现代化

经济现代化是现代化的重要组成部分。党的二十大报告指出,"发展是党执政兴国的第一要务。没有坚实的物质技术基础,就不可能全面建成社会主义现代化强国"。① 二十届中央财经委员会第一次会议上强调,加快建设以实体经济为支撑的现代化产业体系,关系我们在未来发展和国际竞争中赢得战略主动。足以证明,加强以现代化产业体系为核心的经济高质量发展必将成为实现"两步走"战略的关键环节,也是实现中国式现代化的重要前提。

第一节 中国经济现代化的阶段特点和潜力

一、中国经济现代化的阶段特点

改革开放之后,中国经济迅猛发展,连续多年保持高速增长,创造了"中国奇迹"。2010 年,中国经济总量达到 5.8 万亿美元,超过日本,成为全球第二大经济体。党的十八大之后,中国经济进入新发展阶段,中国经

---

① 习近平:《高举中国特色社会主义伟大旗帜 为全面建设社会主义现代化国家而团结奋斗——在中国共产党第二十次全国代表大会上的报告》,人民出版社 2022 年版,第 28 页。

济增长动力也逐渐由以牺牲环境为代价的粗放型经济发展方式转向"绿水青山就是金山银山"的生态友好型和高效集约的经济发展方式。

（一）中国经济现代化进入新阶段

中国经济结构进入以服务业为主导的时代。1985 年以来,中国农业增加值占 GDP 的比例逐步下降,从 1985 年的 27.9%下降到 2022 年的7.3%。与此相反,服务业增加值占 GDP 的比例开始上升,从 1985 年的29.4%上升到 2022 年的 52.8%。第二产业增加值经历了先上升后下降的过程,由 1985 年的 42.7%上升到 2005 年的 47.0%,到 2022 年下降为39.9%（见图 2-1）。2012 年,中国服务业增加值比例为 45.5%,工业增加值比例为 45.4%,中国服务业增加值比例首次超过工业增加值比例,具有历史性转折意义。

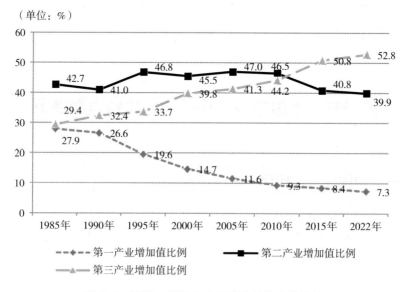

（单位：%）

图 2-1　1985—2022 年中国产业结构变化趋势

资料来源:《中国统计年鉴 2022》,中国统计出版社 2022 年版;世界银行数据库,https://data.worldbank.org.cn/country/china? view＝chart。

总体上看,我国城镇化率与工业化率有很大的相关性。2011 年城镇化率达到 50.51%,首次超过 50%,2022 年中国城镇化率达到了 63.56%。从这一点看,我国工业化阶段已经进入了工业化中后期或者说后工业化时期。

关于中国工业化水平的测度有很多成果研究,黄群慧(2019)利用人均 GDP、人口城市化率、三次产业产值比例、制造业增加值占总商品增加值比例、第一产业就业占总体就业比重五个指标并赋予不同权重,并以发达国家在不同工业化阶段的这个五个指标的经验数值作为参考对照标准,认为中国工业化水平已经进入工业化后期。[①] 尹虹潘(2019)采用模拟工业化进程中三次产业结构次第演进规律特征的思路,采用新设计的工业化测度模型,认为 2017 年中国工业化率已经完成的进度达到了 67.92%[②],如果把工业化阶段平均分为初期、中期、后期三个阶段,那么中国目前大致迈进工业化后期的门槛,处于中期与后期之间的转换过渡时期。

(二)创新驱动正成为中国经济现代化的重要特征

在过去几十年中,中国经济高速增长的动力很大程度上来自廉价而充足的劳动力,释放了前所未有的巨大人口红利。同时,大量廉价的土地资源、矿产资源和生态资源也对我国经济高速发展起到了巨大支撑作用。另外,资本投入的大幅增加,也直接成为推动当时经济发展的重要驱动力。但是近年来国内资本对经济增长贡献出现严重波动,而引进外资也出现下滑。原有的经济发展的驱动要素都面临着动力下降的趋势。

2012 年,党的十八大明确提出"科技创新是提高社会生产力和综合

---

① 黄群慧:《中国工业化进程与产业政策》,《中国经济报告》2019 年第 1 期。
② 尹虹潘:《中国工业化水平的重新测度》,《经济学家》2019 年第 3 期。

国力的战略支撑,必须摆在国家发展全局的核心位置"。① 2015 年 3 月,《中共中央、国务院关于深化体制机制改革加快实施创新驱动发展战略的若干意见》指出,面对全球新一轮科技革命与产业变革的重大机遇和挑战,面对经济发展新常态下的趋势变化和特点,面对实现"两个一百年"奋斗目标的历史任务和要求,必须深化体制机制改革,加快实施创新驱动发展战略。

2022 年,党的二十大报告进一步要求加快实施创新驱动发展战略,并将科教兴国战略提到了前所未有的高度,提出了"教育、科技、人才是全面建设社会主义现代化国家的基础性、战略性支撑","深入实施科教兴国战略、人才强国战略、创新驱动发展战略,开辟发展新领域新赛道,不断塑造发展新动能新优势"等。② 这意味着我国加强创新驱动的决心和对科技创新的重视。在新型举国体制的牵引下,我国必然能够突破一些关键核心技术发展瓶颈,也必然会在关键共性技术、前沿引领技术、现代工程技术和颠覆性技术方面取得重大突破,真正冲破西方国家的技术封锁圈。

我国科技进步对经济增长的贡献率从 2012 年的 52.2% 提高到 2022 年的 60% 以上。我国全社会研发投入从 2012 年的 1.03 万亿元增长到 2022 年的 3.09 万亿元,研发投入强度从 1.91% 增长到 2.55%。③ 在基础研究和原始创新方面我国取得了重大成就,比如在外尔费米子、量子通信、铁基超导、多功能诱导干细胞等基础和应用研究领域取得一批重大原创成果。我国也突破了一系列重大技术和工程,移动通信实现从"2G 跟

---

① 《十八大以来重要文献选编》上,中央文献出版社 2014 年版,第 17 页。
② 习近平:《高举中国特色社会主义伟大旗帜 为全面建设社会主义现代化国家而团结奋斗——在中国共产党第二十次全国代表大会上的报告》,人民出版社 2022 年版,第 33 页。
③ 万劲波:《开启新时代科技强国建设新征程》,《瞭望》2023 年 4 月 3 日。

随""3G 突破""4G 并行"到"5G 引领"的跨越式发展,神舟飞船与天宫空间实验室在太空交会翱翔,北斗导航卫星实现全球组网,"蛟龙"号载人潜水器、"海斗号"无人潜水器分别创造最大载人和无人下潜深度纪录,第四代隐形战斗机和大型水面舰艇相继服役,火星探测任务"天问一号"开启火星之旅(潘教峰,2021)。世界知识产权组织发布的《2022 年全球创新指数报告》数据显示,我国创新指数从 2012 年的第 34 位上升到2022 年的第 11 位。党的二十大也明确指出,我国已经进入创新型国家行列。未来,创新驱动不仅是国家战略,也将是中国经济现代化的重要特征。

(三)数字经济已成为中国经济现代化的新引擎

数字经济规模不断增加,占 GDP 比重不断提升。根据《中国数字经济发展报告(2022 年)》显示,2016 年我国数字经济规模为 22.6 万亿元,占 GDP 比重为 30.2%,2021 年我国数字经济规模达到 45.5 万亿元,占GDP 比重达到 39.8%,2016—2021 年我国数字经济规模提高了近 1 倍,占 GDP 比重提高了近 10 个百分点。由此可以看出,数字经济作为国民经济的"稳定器""加速器"不言而喻。未来,随着产业数字化的加速提升以及数字产业化的加速发展,数字经济在国民经济中的占比将进一步增加,已无疑成为中国经济现代化的新引擎。

数据作为新兴要素已经受到社会各界的重视。数字经济的底层要素是数据,数据能够带来大量的信息,进而能够探索出一些人和物的行为特征。比如,当我们在互联网上经常搜索或关注某些信息时,一些相关的广告就会不断向我们推送,这些网站就是通过大数据分析到了我们的需求,从而达到精准推销的目的。2020 年 4 月 9 日,《中共中央、国务院关于构建更加完善的要素市场化配置体制机制的意见》正式公布,将数据作为与土地、资本、劳动力和技术并重的五大要素。这意味着,中央政府已经充分意识到数据作为要素的重要性。数据作为新兴要素必将会在数字经济时代发挥巨大作用。

产业数字化已经成为我国产业升级的主要趋势。随着新一代科技革命和产业变革的到来,以大数据、物联网、人工智能、5G、区块链为代表的新一代信息技术加速发展,这些技术也不断推动产业向数字化发展。《中华人民共和国国民经济和社会发展第十四个五年规划和2035年远景目标纲要》中,单独将"加快数字化发展,建设数字中国"作为一章,提出要促进数字技术与实体经济深度融合,赋能传统产业转型升级,壮大经济发展新引擎。这次全球新冠疫情的暴发迫使一些实体产业数字化进程加速提升。比如,一些餐饮行业在疫情时代逐渐加入美团、饿了么等线上平台,这样既减少了线下聚集引起的感染风险,还使营业能够保持基本正常运转。远程医疗也正在逐渐得到推广;教育产业更是掀起了在线教学的潮流;在线办公,在线会议已成为一种潮流;等等。

数字产业化正稳步推进。数字产业化在我国还处于起步阶段,它主要是人工智能、大数据、区块链等新一代信息技术的市场化开发利用。为保证在数字产业化时代脱颖而出,很多地方开始大力发展数字产业化。比如,河南省安阳市在"十四五"时期,就布局了新一代人工智能产业,主要是加强人工智能领域数字图像处理、语音识别、智能判断决策等核心应用技术,重点发展智能网联汽车、智能机器人、智能无人机、智能计算设备等关键智能产品。同时,也积极推进5G低介电电子布、高端显示盖板玻璃、国产芯片高端计算机整机制造等,打造出一批特色鲜明、产城融合、绿色生态的电子信息产业园区。新基建的逐步完善,我国数字产业化必然会迎来跨越式发展。

二、中国经济现代化发展的潜力

中国经济发展无论是经济效率还是经济质量都已经取得了巨大进步，但距离基本实现现代化和建成社会主义现代化强国的宏伟目标仍有很大差距，这也是我国经济发展的潜力所在。

（一）中国城市发展潜力

尽管中国已经是世界第二大经济体，但 2022 年中国人均 GDP 为12720 美元，远低于 49430 美元的高收入国家值。2022 年中国城镇化率为 63.56%，而高收入国家的城镇化率达到 81.36%，也说明中国要实现经济现代化达到高收入国家水平，城镇化还会有很大的提升空间。世界前沿国家最大城市人口比例达到 23.97%，高收入国家也达到 19.43%，中国最大城市人口比例为 3.18%。然而，由于中国城市人口众多，若都达到发达国家水平，大城市病必然会非常严重，这里可以从城市人口规模的角度衡量现代化水平。

（二）中国产业发展潜力

2022 年，我国三次产业结构为 7.30%：39.92%：52.78%，世界前沿国家的三次产业结构比例为 1.27%：22.9%：75.83%。中国第一产业增加值为 7.30%，高于前沿国家大约 6 个百分点，也高于世界平均值近 3个百分点，说明中国农业结构比例还有升级的空间。但鉴于中国人口众多，出于国家安全考虑，中国农业比例不应该过低，提高农业劳动生产率将是未来的主要方向。中国第三产业增加值比例约为前沿国家平均水平的 70%，约为世界平均值的 78%，服务业还有很大的提升空间，特别是生产性服务业以及与制造业相融合的服务业将是未来的发展重点。

当前实体经济备受各国重视,以美国为代表的国家都在想方设法改变过去虚拟经济主导的经济模式,也是为了防止金融危机带来的灾难式影响,正积极引导制造业回流,寻求"再工业化"道路。德国也推出了工业4.0,进一步夯实在全国制造业的领先优势。2022年中国制造业增加值占GDP的比例为27.7%,为前沿国家的1.92倍,是世界平均值的1.71倍。未来中国应进一步夯实制造业基础优势,继续深入实施"中国制造2025"战略,加快推进制造业向高质量发展,尽快将我国由制造业大国发展成为制造业强国,这也是中国制造业继续提升的潜力所在。

2022年,我国第一产业、第二产业和第三产业劳动生产率分别为5609美元、27436美元和21527美元。我国第一产业劳动生产率约为世界前沿国家的9%,为世界平均值的1.39倍。我国第二产业劳动生产率与世界前沿国家相比也很低,仅为25%,还达不到世界平均水平。第三产业劳动生产率与世界前沿国家相比也很低,仅为25%,为世界平均值的0.66倍,说明我国服务业仍停留在零售、餐饮、商贸物流等劳动密集型为主的发展阶段,未来研发设计产业、科技服务业产业、文化创意产业等高附加值的服务业将是我国经济发展的重点。

世界银行调查数据显示,2022年我国物流绩效指数为3.70,世界前沿国家的物流绩效指数为3.96,高收入国家的物流绩效指数为3.56。我国物流绩效指数低于世界前沿国家,但却高于高收入国家平均水平。这说明,我国物流近年来取得了较大改观,特别是随着高铁覆盖了我国所有地市级城市、高速公路大幅度发展之后,物流便捷度明显提升。影响我国物流进一步提高的原因是物流成本占GDP的比例仍较高,在15%左右,而发达国家一般在8%—10%左右,未来,我国要建设交通强国,必须要在提高物流效率的基础上进一步降低交通运输成本,也是我国未来的物流潜力所在。

(三)中国科研发展潜力

2022 年,我国高技术产品出口占制造业出口比例为 30.0%,高于世界前沿国家平均水平(20.7%)和世界平均值(20.2%)。很多学者认为,这与我国高技术产品的涵盖范围较广有直接关系,比如苹果手机在我国组装成品后出口到国外就算是高技术产品。但其实,在我国的制造业环节仅仅是将零部件进行了组装,并且这种组装产生的附加值非常低。

2020 年,我国研发经费支出比例占 GDP 比例为 2.40%,世界前沿国家的研发经费支出占 GDP 比例为 2.91%。这说明,近年来我国十分重视研发投入,也正在积极推进创新型国家建设,但我国基础研究和原始创新仍比较薄弱,并且科技成果与产业化之间的壁垒仍没有真正打通,所以科研成果无法有效转化为现实生产力。党的二十大报告指出:"以国家战略需求为导向,集聚力量进行原创性引领性科技攻关,坚决打赢关键核心技术攻坚战。加快实施一批具有战略性全局性前瞻性的国家重大科技项目,增强自主创新能力。"这就要求我们在增加研发投入的同时,突破一批关键共性技术、前沿引领技术、现代工程技术、颠覆性技术,强化技术储备。

2022 年,我国可再生能源消耗占最终能源消耗总量比例为 14.8%,世界前沿国家平均值为 20.6%,世界平均值为 19.8%。这个指标有阶段性,不发达国家的该指标也比较高,因为工业产业不发达所以能源消耗就低,而一些发达国家的该指标也很高,比如瑞典和丹麦两个国家均超过了50%,这与他们国家的水利资源丰富有很大关系。但总体来说,可再生能源的使用就是未来重要发展趋势,特别是在全球气候变暖的情况下,尽量降低化石能源的使用量,而应大力发展太阳能、风能、水能、生物质能、地热能等可再生能源。就我国而言,我国已经向全球庄严承诺在 2030 年达到碳达峰,在 2060 年达到碳中和,所以我国的可再生能源将成为重要发展方向。2022 年,世界前沿国家单位能源使用创造 GDP 为 12.3 美元/千克油当量,高收入国家为 10.2 美元/千克油当量,我国仅为世界前沿国家平均水平的 43%,约为世界平均值的 64%,说明我国能源使用效率还有待进一步提升。

(四)中国金融资本发展潜力

金融资本是经济发展的血液,也是经济现代化的实现要素。银行不良贷款占总贷款比例,又称为不良贷款率,主要反映金融风险情况,不良贷款率高,说明金融机构收回贷款的风险大;不良贷款率低,说明金融机构收回贷款的风险小,但只要不良贷款率控制在一定范围内,金融系统就是安全的。2021 年,我国银行不良贷款占总贷款比例为 1.73%,世界前沿国家银行不良贷款占总贷款比例为 1.22%,我国的不良贷款率约为前沿国家平均水平的 1.42 倍,说明我国在金融贷款风险方面的控制还有很大潜力。广义货币又被称为 M_2,广义货币占 GDP 比例实际衡量的是在全部经济交易中,以货币为媒介进行交易所占的比重。M_2 不仅反映现实的购买力,还反映潜在的购买力,其数据也是央行评估货币政策的因素之一。但 M_2/GDP 必须控制在一定范围内才不会发生通货膨胀。2021 年,我国广义货币占 GDP 比例为 216%,高于世界前沿国家大约 70 个百分点,说明我国在通货膨胀方面的控制仍有很大的提升空间。总储蓄占GDP 比例反映一个国家居民的储蓄倾向,中国就是一个高储蓄率的国家,多年来,中国的总储蓄占 GDP 比例都在 40% 以上,2022 年高于世界前沿大约 17 个百分点。未来,在国内国际双循环经济体系下,扩大内需是推进国内大循环的重要手段,因此,通过各种政策措施适当引导人们进行积极消费,降低总储蓄率。

（五）中国对外贸易发展潜力

经济贸易反映一个国家与其他国家发生经济往来的密切程度。2022年我国商品和服务出口占 GDP 比例仅为 20.7%,服务贸易出口更低,仅为 4.62%,两个指标都远低于高收入国家,也低于世界平均值,这说明我国在服务出口方面仍是短板。长期以来,中国将重点聚焦于制造业和出口导向型经济,服务业相对滞后,部分政策和制度限制也间接影响了服务业的发展,包括市场准入限制、外资限制、行业管制等。未来在实现中国经济现代化的过程中,必须要进一步丰富我国服务内容,大力发展一些影视业、文化创意产业、咨询服务业、科技服务业等,在国际服务贸易市场上发出中国声音。

第二节　实现高质量发展是中国
经济现代化的必由之路

党的二十大报告提出"高质量发展是全面建设社会主义现代化国家的首要任务"[1]。未来,高质量发展必然是我国社会主义现代化建设的主题。高质量发展的内容涉及方方面面,主要包括建设现代化产业体系、促进区域协调发展、全面推进乡村振兴以及高水平对外开放等。

---

[1]　习近平:《高举中国特色社会主义伟大旗帜　为全面建设社会主义现代化国家而团结奋斗——在中国共产党第二十次全国代表大会上的报告》,人民出版社 2022 年版,第 28 页。

一、建设现代化产业体系

（一）加快推进新型工业化进程

新型工业化道路是 2002 年党的十六大报告提出来的,也是基于粗放式发展的工业化道路提出来的,主要是想通过信息化或者高技术手段促进工业升级发展,探索出一条"三低一高"的工业化道路,就是低污染、低排放、低能耗、高效益的道路。

党的二十大报告两次提及新型工业化,即"基本实现新型工业化、信息化、城镇化、农业现代化""坚持把发展经济的着力点放在实体经济上,推进新型工业化,加快建设制造强国、质量强国、航天强国、交通强国、网络强国、数字中国"。[①] 由此可以判断,新型工业化仍是未来发展的重点。

新型工业化战略之所以如此重要,与我国当前的工业效率、工业技术、工业发展质量不高有很大关系。2019 年,我国工业劳动生产率仅为美国的 24%,为世界前沿国家平均值的 25%,还达不到世界平均值。这也意味着,到基本实现现代化甚至全面建成社会主义现代化强国这段时期,继续强化工业发展,加强制造业强国建设仍是我国产业发展的重点。

随着大数据、人工智能、物联网、5G、区块链等新一代信息技术的飞速发展,新型工业化的方向也必将是工业化与新一代信息技术的深度融合,深入推进工业向绿色化、先进性、高端化、集约化、智能化方向发展。

制造业是新型工业化的重点,也是立国之本、强国之基、兴国之器。制造业也是当前全球各国角逐的重点。很多发达国家已经意识到实体经济的重要性,特别是近年来连续不断的经济危机,使各国都意识到虚拟经

---

① 习近平:《高举中国特色社会主义伟大旗帜　为全面建设社会主义现代化国家而团结奋斗——在中国共产党第二十次全国代表大会上的报告》,人民出版社 2022 年版,第 24、30 页。

济无法根本提升一个国家的综合竞争力,并且还存在很大的风险性,甚至危及国家安全。以美国、德国、日本为代表的发达国家都制定了"再工业化"战略,德国提出了"工业4.0",旨在利用物联信息系统将生产中的供应、制造、销售信息数据化、智慧化,最后达到有效、快速、个性化的产品供应。美国于2012年启动了"先进制造业国家战略计划",也就是再工业化战略,主要是改变过去制造业空心化的局面,再次实现在新的制造业中的复兴。日本提出了《日本再生战略》《综合创新战略》《产业技术愿景2020》以及日本"社会5.0"等,着重发展人工智能产业。欧盟发布《欧洲新产业战略》和《工业5.0:迈向可持续、以人为本且富有韧性的欧洲工业》等。这些制造业战略并不是传统工业的再发展,而是在新一轮科技革命和产业变革背景下对高端制造业、先进制造业的领地抢占。中国在制造业的关键核心环节往往受制于人,比如芯片、发动机等核心零部件都是"卡脖子"所在。中国制造业必须进一步夯实"中国制造2025"战略,加快突破装备制造业的"卡脖子"技术环节,推动我国实现产业基础现代化和产业链的高级化。

制造业发展的另一个趋势表现为制造业与服务业加速深度融合,即制造业开始由生产型向生产服务型转变。根据微笑曲线,制造业真正高附加值的环节处于微笑曲线两端,即前端的设计研发环节和后端的品牌营销环节。目前,我国制造业在这两端都是薄弱环节。未来服务型制造业发展的重点应向两端延伸,在制造业前端,应加强研发设计、创意开发、技术研发、成果转化等环节,提高产品的科技含量,在制造业后端,应加强检验检测、品牌推广、标准制定、售后服务等内容,提高产品附加值。同时,还要借助工业互联网快速兴起和发展的历史契机,加速定制化生产服务,推动生产方式向柔性、智能、精细化转变,比如京东集团就提出了"用户直连制造(C2M)智能工厂",通过人工智能、5G、物联网和云计算,将消费者个性化和多元化需求快速传导到生产端,根据需求决定生产。三一重工从 2016 年至 2021 年先后推出了客户关系管理(CRM)、三一客户云、智慧服务系统等一系列数字系统,实时感知设备运行状态,快速响应客户需求等。未来可重点发展创新设计、定制化服务、供应链管理、网络化协同制造、服务外包、智能服务、金融支持服务、信息增值服务、系统解决方案、全生命周期管理 10 种服务型制造典型模式。①

(二)推动战略性新兴产业融合集群发展

战略性新兴产业是我国制造业发展的前沿,也是全球各国竞争角逐的重点。2010 年 9 月,国务院常务会议审议并原则通过了《国务院关于加快培育和发展战略性新兴产业的决定》。战略性新兴产业的概念正式在政府文件中出现,也引起了各级政府的高度重视。战略性新兴产业主要指建立在重大前沿科技突破基础上,代表未来科技和产业发展新方向,尚处于成长期但潜力巨大的产业,战略性新兴产业也是对经济社会具有全局带动和重大引领作用的产业。战略性新兴产业包含的领域直到 2012 年 5 月在《"十二五"国家战略性新兴产业发展规划》中正式确定下来,即节能环保、新一代信息技术、生物产业、高端装备制造、新能源,新材料、新能源汽车。

"十四五"国民经济社会发展规划纲要,在七大战略性新兴产业的基础上,又将航空航天、海洋装备列入战略性新兴产业范畴,并强调要加快关键核心技术创新应用,培育产业发展新动能,明确到 2025 年战略性新兴产业增加值占 GDP 比重超过 17%。在此基础上,还进一步提出要前瞻谋划类脑智能、量子信息、基因技术、未来网络、深海空天开

---

① 郑瑛琨:《促进先进制造业和现代服务业融合发展》,《黑龙江日报》2019 年 3 月 28 日。

发、氢能与储能等前沿科技和产业变革领域。这些产业代表了前沿引领技术,哪国突破了这些关键技术,哪国就有可能占领这个产业的制高点。

党的二十大报告提出"推动战略性新兴产业融合集群发展,构建新一代信息技术、人工智能、生物技术、新能源、新材料、高端装备、绿色环保等一批新的增长引擎"。① 这也意味着,战略性新兴产业融合集群发展将是未来的重要方向。国家战略性新兴产业集群创建在过去几年起到了显著的引领和导向作用,未来可以继续以推动战略性新兴产业融合集群发展为主攻方向,加快构建一批新的增长引擎,着力提升产业链供应链韧性和安全水平,为建设现代化产业体系、推动高质量发展提供强大动力源。同时,我国应该继续发挥新型举国体制优势,充分发挥国家实验室、国家重点实验室、国家工程研究中心、国家技术创新中心等创新平台,加快突破一批原创性引领性技术,推进产业基础高级化和产业链现代化。

进一步加强科技成果转化,打破科技与产业之间的壁垒。目前,我国已经建立了河南国家生物育种产业创新中心、天津国家先进计算产业创新中心、银川国家智能制造产业创新中心、广州国家先进高分子材料产业创新中心、四川成都国家精准医学产业创新中心、江西赣州国家重要先进制造与现代化中药产业创新中心等国家产业创新中心。未来,可以进一步探索发展一批综合性国家产业创新中心。单项产业创新中心主要聚焦于某一个关键领域进行产业创新,单一产业容易受外界因素影响而具有脆弱性和不稳定性,而综合性国家产业创新中心则能够构建起较完整的产业链,稳定性强,抗风险能力高,有利于提升产业链现代化水平,落实党

---

① 习近平:《高举中国特色社会主义伟大旗帜　为全面建设社会主义现代化国家而团结奋斗——在中国共产党第二十次全国代表大会上的报告》,人民出版社 2022 年版,第 30 页。

的二十大报告提出的"推动创新链产业链资金链人才链深度融合"①。同时,综合性国家产业创新中心不仅进行基础研究、科技研发,更注重创新成果的高效系统转化。

(三)大力推动数字经济发展

数字经济已成为当前经济发展的趋势,为引导数字经济健康发展,国务院出台了《"十四五"数字经济发展规划》,指出"数字经济是继农业经济、工业经济之后的主要经济形态,是以数据资源为关键要素,以现代信息网络为主要载体,以信息通信技术融合应用、全要素数字化转型为重要推动力,促进公平与效率更加统一的新经济形态",并对基础设施、产业发展、公共服务、数字治理等各个方面进行了规划引导。从当前来看,数字经济已经成为我国经济复苏的重要动力。这里重点从产业数字化和数字产业化两个方面论述如何推进数字经济发展。

产业数字化是产业升级的重要方向。产业数字化主要是以数据为关键要素,以价值释放为核心,以数据赋能为主线,对产业链上下游的全要素进行数字化升级、转型和再造的过程,是推动数字经济发展的主要手段。② 数字经济与实体经济的融合发展已经在生产生活中成为趋势,在线教育、在线购物、在线办公、在线医疗、定制化生产开始走进我们的生活。在农业数字化方面,重点建设一批农业物联网应用示范基地,发展数字田园、智慧养殖、数字种业等高端农业;鼓励以智慧农业云平台、农产品物联网等应用为基础推动传统农业向智慧农业的跨越,开拓农产品线上线下销售渠道,加快农村、农业方面智慧物流发展、农电商产业等发展。

---

① 习近平:《高举中国特色社会主义伟大旗帜 为全面建设社会主义现代化国家而团结奋斗——在中国共产党第二十次全国代表大会上的报告》,人民出版社 2022 年版,第 36 页。
② 沈建光、金天、龚谨:《产业数字化》,中信出版集团 2021 年版,第 58 页。

在制造业领域,推动"5G+工业互联网"融合创新,培育细分行业、特定领域和产业集群工业互联网平台,打造一批"5G+工业互联网"融合应用场景,构建工业大数据、云服务、工业电商等工业互联网平台服务体系。在服务业方面,重点发展智慧物流、智慧金融、电子商务、电子政务等。

数字产业化主要是将新一代信息技术进行产业化,比如5G产业、人工智能、集成电路产业、软件服务业等。数字产业化仍然是我国发展的短板,也是未来重要的发展方向。重点包括数字基础设施建设,下一代互联网的部署,大型数据中心、人工智能等信息技术基础设施的建设等;新型显示器件等电子信息产业;加强人工智能领域数字图像处理、语音识别、智能判断决策等核心应用技术,积极推动新一代人工智能产业发展;大力加快数据产业,包括数据采集与数据存储以及数据处理产业等。通过加快数字产业化发展,进一步将数字经济和实体经济深度融合,尽快在我国打造形成一批具有国际竞争力的数字产业集群。

二、促进区域协调发展

(一)东西差距缩小,南北差距成为新问题

统筹区域协调发展一直是我国区域发展的重要内容。近年来,在国家的大力推动下,我国区域协调发展取得了明显进步。从2015年到2022年的数据分析可以看出,2015年,我国东部地区占全国GDP的比重为51.6%,西部地区占全国GDP的比重为20.1%,2022年我国东部地区占全国GDP的比重为51%,西部地区占全国GDP的比重为21%。也就是说,西部地区在全国GDP份额中的占比已经开始提高,尤其是四川、重庆、贵州等省份的加速发展,在缩小东西部差距中发挥了重要作用。

近年来,南北差距开始加剧。在互联网经济到来之际,广东、浙江、贵

州等省市抓住了新一代信息技术带来的发展契机,出现了很多互联网平台和高新技术头部企业。比如杭州的阿里巴巴,深圳的华为、腾讯、百度,广州的网易等企业。北方地区虽然有北京、山东等省市在加速发展,但东北地区整体经济总量在下滑,东北地区占全国 GDP 的份额从 2010 年的 9.35% 下降到 2020 年的 5.03%。2012 年南北差距明显加大,2012—2020 年南北经济总量差距从 14 个百分点迅速扩大至 29 个百分点。南北地区差距拉大的原因有很多,比如北方地区没有很好地抓住新一轮信息技术革命的契机,在互联网产业、平台经济、大数据、人工智能产业等领域开始落后于南方地区,传统重工业仍然是北方的主体经济,仍然靠传统的投资驱动为主;在市场化程度方面,南方市场化程度要高于北方地区,资本、人才都加速向南方流动等。

(二)高质量推进区域发展重大战略

区域发展重大战略对于改善区域发展条件、优化区域资源要素配置、带动地区经济发展具有重要作用。比如,自 2000 年实施西部大开发战略以来,我国西部地区在国家政策的大力支持下,已经取得了较快发展。比如,成渝地区取得了突飞猛进的发展,未来很有可能成为全国重要的经济中心和创新中心,贵州省大数据产业已经取得世人瞩目的成绩,近十年贵州经济增速也都处于全国前列,经济总量陆续超越了新疆、黑龙江、吉林、天津、山西、内蒙古 6 个省市区。党的二十大报告对我国四大区域又进一步明确为"推动西部大开发形成新格局,推动东北全面振兴取得新突破,促进中部地区加快崛起,鼓励东部地区加快推进现代化",从中可以看出,在我国全面建设社会主义现代化国家道路上,党中央对东部地区率先实现现代化给予了新的寄托。今后,东部地区应继续发挥沿海优势、开放优势和市场优势等,加快实现现代化。

"一带一路"倡议、京津冀协同发展战略、长江经济带战略、长三角一体化发展战略、黄河流域生态保护和高质量发展战略仍然是中国式现代化进程中重要的区域经济发展引擎,也是我国实现经济高质量发展的重要助推器,未来应深度实施和推进。比如,"一带一路"倡议,应继续加强与共建国家的开放合作,特别是在基础设施、能源等领域进一步加强合作;京津冀协同发展战略,应立足于雄安新区建设,加快疏解北京非首都核心功能,加速构建新的区域发展格局;黄河流域生态保护和高质量发展战略,应继续加强生态环境保护和绿色发展,筑好国家的生态安全屏障,大力建设国家黄河文化公园等,实现黄河文化大发展大繁荣;长江经济带战略,应继续坚持共抓大保护、不搞大开发的战略导向原则,大力发展绿色低碳经济,积极推进长江三角洲城市群、长江中游城市群、成渝城市群的建设,加快构建长江经济带东西双向、陆海统筹的对外开放格局;长三角一体化发展战略,继续发挥以上海为龙头的长江三角洲的创新资源优势,加快推动创新型经济发展,在引领全国高质量发展、建设现代化经济体系中发挥引领带动作用。

城镇群和都市圈的发展也是我国未来发展的重点。与发达国家相比,我国城镇群发展仍然存在质量不高、吸引力不足、经济密度有待提升的问题。"十四五"国民经济社会发展规划中也明确提出:"以促进城市群发展为抓手,全面形成'两横三纵'城镇化战略格局。优化提升京津冀、长三角、珠三角、成渝、长江中游等城市群。"所以,未来我国在建设社会主义现代化进程中,城市群建设仍然是促进城市可持续发展、经济高质量发展的重要举措,也是带动周边区域发展的重要增长动力源。

(三)深度推进以人为核心的新型城镇化战略

2022年,我国常住人口城镇化率达到63.56%,与前沿国家84.63%和高收入国家81.63%的城镇化率相比仍有很大的提升空间。考虑到我国人口规模巨大的特点,我国城镇化率很可能达不到这么高的比重,但即使这样也有很大的发展空间。所以,城镇化仍然是我国推进中国式现代化的重要驱动力。

党的二十大报告提出"推进以人为核心的新型城镇化,加快农业转移人口市民化"。农业人口的市民化是新型城镇化的关键。未来发展重点可以聚集三个方面:一是健全农业转移人口落户制度,根据城市的综合承载能力和发展潜力,全面放开农业转移人口落户城镇制度,满足农业转移人口特别是新生代农业转移人口落户城镇、享有城镇生活待遇的合理预期。二是加快推进农业转移人口享有城镇基本公共服务。完善就业创业机制,加强对农业转移人口职业与技能培训。保障随迁子女平等享受教育权利,实现农业转移人口随迁子女接受义务教育比例全覆盖。健全实际居住人口登记制度,加强对农业转移人口的服务管理,加快解决外来务工人员、城市周边人员和本地农村转移人口三类人员的公共服务享有问题,保障其享受与城市人口同样的公共服务。加快建立有效覆盖农业转移人口的社会保障体系,开展以企业养老保险、基本医疗保险为主要内容的"全民参保计划"。三是建立农业转移人口市民化成本分担机制。探索政府与社会资本合作模式,通过特许经营权、合理定价、财政补贴等公开透明方式,吸引社会资本参与城镇基础设施建设。企业要落实农民工与城镇职工同工同酬制度,加大职工技能培训投入,依法为农民工缴纳职工养老、医疗、工伤、失业、生育等社会保险费用。

三、全面推进乡村振兴

(一)乡村振兴是实现农业农村现代化的重大战略

长期以来,我国城乡二元结构仍然是制约我国乡村发展的重要因素。

城镇居民人均可支配收入与农村居民人均可支配收入之比由 2.99 下降为 2.5,但两者之间的绝对差距却由 2010 年的 12506.7 元增加到了 2021 年的 28481 元。这说明,我国城乡之间的差距仍然十分明显。

中央政府十分重视我国城乡协调发展。破除长期存在的城乡二元结构以及城乡发展隔离局面,关键是要推进城乡要素合理地流动,特别是人才要素、资本要素、技术要素甚至资源要素的自由流动。2003 年 10 月,党的十八届三中全会明确提出统筹城乡发展,位于五个统筹之首,党的十七大报告进一步强调以"统筹城乡发展,推进社会主义新农村建设",强调要加强农业基础地位,建立以工促农、以城带乡长效机制。2012 年 11 月,党的十八大报告明确提出"推动城乡发展一体化",形成以城带乡、城乡一体的新型城乡关系,政策重心依然侧重于城市,以城市带动乡村的发展。2018 年中央"一号文件"《中共中央、国务院关于实施乡村振兴战略的意见》正式提出了城乡融合发展的思想,坚持城乡融合发展,加快形成工农互促、城乡互补、全面融合、共同繁荣的新型工农城乡关系。所以,从城乡统筹、城乡一体化到城乡融合发展,一次比一次更加夯实推动城乡要素流动,也为我国在 2020 年全面建成小康社会起到了重要推动作用。

为完成全面建成小康社会的宏伟目标,2018 年我国开始实施乡村振兴战略。乡村振兴主要是为保证农村实现五大振兴,即产业振兴、人才振兴、文化振兴、生态振兴、组织振兴,以期达到产业兴旺、生态宜居、乡风文明、治理有效、生活富裕的乡村振兴目标。在全面建成小康社会之后,2021 年 1 月中央政府专门成立了国家乡村振兴局。2021 年 4 月又出台了中华人民共和国乡村振兴促进法,主要是通过法律的形式,保障乡村振兴的投入以及农民的相关利益。

（二）乡村振兴是全面建设社会主义现代化国家的重要环节

乡村振兴关系到我国全面建设社会主义现代化国家，而乡村产业振兴是推动乡村振兴的关键。乡村要强，必须找准特色产业，发展才有动力。第一，可通过发展"特色农业+"实现产业链的现代化，主要是充分发挥本地特色农业资源的优势，重点发展附加值高的科技农业，由此延伸到农产品加工业和农业服务业，形成产业链，提高附加值。第二，充分发挥乡村旅游资源，大力发展"乡村旅游+"实现产业链的现代化。随着乡村旅游的迅速发展，近几年围绕乡村旅游提出很多原创性概念和新理论，如游居、野行、居游、诗意栖居、第二居所、轻建设、场景时代等，新概念和新理论的提出使乡村旅游内容丰富化、形式多元化，有效缓解了乡村旅游同质化日益严重的问题。第三，积极发展"乡村更新改造+"实现产业链的现代化。乡村更新改造能够完善农村公共服务设施配套、改善农村生活环境，也是保护和传承文化、加强农村精神文明建设的需要，对于实现产业环境和乡村环境具有双提升作用。

积极推动科技创新助推乡村振兴。科技创新是农业产业兴旺、培育新动能的关键动力。鉴于我国现代设施装备应用不足、农业科技人才不足、科技支撑能力不强等问题，未来我国应继续加强实施一系列创新举措，提升我国农业科技水平，支撑我国农业走绿色高质量发展之路。一是加快突破一批农业和种植业的关键共性技术，特别是在生物育种等方面继续加大创新力度；二是加快农业科技创新型人才的培养，比如支持和鼓励农业科研院校对农业技术人员、新型职业农民、新型农业经营主体负责人、农村实用人才等开展常态化的培训；三是大力培育一批核心技术能力突出、集成创新能力强、引领重要产业发展的创新型农业科技企业，力争使一批企业进入全球百强创新型企业。

（三）继续深化农村土地制度改革

探索建立农村宅基地市场交易制度、分类实施农村宅基地市场交易制度。积极开展具有较高商业价值的城中村和近郊村宅基地制度改革。城中村宅基地制度改革主要通过置换住房、物业和货币等方式进行，其中流转置换的住房既可以就地安置，也可以采取异地安置进行，这两种方式都能提高土地利用效率以达到安置农民群体并节余建设用地指标的目的。近郊村宅基地制度改革主要是在城市规划区范围内通过建设新社区以集聚不同村庄的农民，逐步引导其向城市市民转变，并将农民原宅基地复垦为耕地或用于其他农村的生产生活，复垦的指标可用于全域建设用地统筹开发。

尝试建立集体经营性建设用地市场交易制度。积极探索集体经营性建设用地入市中的政企合作的开发模式。即村集体以土地入股形式参与流转，企业以资金入股，可以弥补村集体融资能力的不足，帮助农村集体经营性土地顺利入市。同时，企业良好的运营管理模式以及相对较大的土地规模都有助于农村集体经营性建设用地开发打开市场，从而大大提高集体经营性建设用地的市场竞争力。在这一过程中，应积极推进集体经营性建设用地确权登记、强化集体经营性建设用地规划管理、构建集体经营性建设用地交易平台，同时还要充分保障农民的权益。

四、推进高水平对外开放

（一）持续推进贸易强国建设

我国正在积极推进"以国内大循环为主体，国内国际双循环相互促进"的新发展格局。积极主动地参与国际循环，构建全方位、多层次、多元化的对外开放格局，是我国一以贯之的发展政策。尽管美国加速推行贸易保护主义、单边主义，全球化进程大大放缓，为我国进一步提高开放水平、发展对外贸易带来了一定挑战。但总体上看,我国在世界经济体中已经成为密不可分的一部分,世界经济离不开中国参与,中国也需要世界经济支撑,全球贸易趋势也不会改变。

2022年我国服务贸易占GDP的比例仅为4.62%,而世界前沿国家和高收入国家分别为29.55%和16.47%,说明我国服务贸易仍存在很大提升空间。这就要求我国必须加快提升服务质量,丰富服务内容和产品,创新服务贸易发展机制,尽快缩短与发达国家的差距。深入落实商务部等24部门印发的《"十四五"服务贸易发展规划》,进一步推进服务贸易创新发展试点开放平台建设,顺应经济社会数字化发展新趋势,打造数字贸易示范区。同时,借助"一带一路"倡议深入实施的有利契机,加大与沿线各国的服务贸易领域合作。

(二)打造国际一流的营商环境

世界银行数据显示,2019年中国营商环境指数为77.3,世界前沿国家平均值为80.4,美国为84.0、英国为83.5、德国为79.7、日本为78.0,中国整体低于发达国家。说明我国营商环境整体有待提升。未来的着力点应从以下几个方面着手。

一是营造规范高效的政务环境。继续深化"放管服"改革,简化审批流程,推行权力清单、责任清单制度。实施重大项目报批容缺审查制度。优化企业开办流程,全面推行"多证合一""证照合一""就近登记""一址多照"等改革。二是营造公平竞争的市场环境。市场环境的公平对于吸引外资具有至关重要的作用,未来应当坚持平等准入、公正监管、开放有序、诚信守法,健全市场体系基础制度。三是营造重信守诺的信用环境。在招商引资、政企合作等活动中严格兑现政府承诺。加强信用信息标准规范、企业信息公开、个人隐私保护、信用服务市场化、个人诚信分、诚信品牌等建设。四是营造严格公正的法治环境。法治环境是企业运营的最大保障，未来应健全公平竞争审查机制，加强反垄断和反不正当竞争执法。在知识经济时代，应大力加强知识产权保护，树立良好的尊重知识价值的营商环境，并让知识产权制度激励创新的作用得到有效发挥等。

（三）深度参与全球产业分工合作

积极主动参与全球产业分工与合作。改革开放之初，我国利用廉价的劳动力成本优势和土地资源优势，主要承担了发达国家产业转移以及参与全球的制造业产品代加工，迅速成长为世界制造业大国。随着我国产业结构的不断升级以及劳动力素质和劳动力成本的不断提高，一方面我国面临要更多地参与全球产业链中高端分工的压力，另一方面我国已经具备了更好地与非洲、亚洲等其他发展中国家合作的更大机会，在全球产业链中也会迎来新的机遇。未来，我国在产业发展方面应练好内功，包括谋划布局一批前沿产业和未来产业，夯实一批具有国际竞争力的制造业，完善一批产业配套体系，真正实现产业基础高级化和产业链现代化，在此基础上，积极寻求参与到更高级别的全球产业分工与合作中。

积极参与全球治理体系改革和建设。中国作为世界第二大经济体，也是全球人口最多的国家，更是一个负责任的大国，应该更加积极主动地参与全球治理体系建设，积极主动地参与全球治理规则制定，在国际舞台上发出更多的中国声音。在这次全球暴发的新冠疫情情况下，中国积极同世界分享防控经验、积极捐献抗疫物资、支援卫生防疫人员等，中国防疫工作也得到了联合国卫生组织的高度认可。未来，中国应在全球气候变化、数据网络安全、贸易规则制定等方面深度参与相关规则制定，积极推动构建相互尊重、公平正义、合作共赢的新型国际关系，为人类命运共同体的建设进一步贡献中国智慧。

第三章　以人民为中心的
社会现代化

社会现代化是人类文明的重要组成部分,过去 300 年,人类社会经历了从农业社会到工业社会再到知识社会的转变,社会生活、社会结构、社会制度和社会观念等发生了巨大变化,人口、健康、教育、就业、社会服务、社会治理等领域也在发生深刻变迁。

本章从世界社会现代化的规律和前沿出发,采用定量与定性相结合的方法,对社会现代化理论、世界社会现代化的趋势与特征等进行分析,对中国社会现代化的历史与现实、阶段与特点、机遇与挑战等进行探讨,在此基础上分析中国社会现代化的路径选择。

中国的社会现代化是以人民为中心的现代化,应以提升国民素养、增进民生福祉和完善社会治理体系为抓手,实现社会治理科学合理、社会服务公平可及、国民素养显著提升、人民生活美好幸福,最终实现社会现代化水平位居世界前列,成为具有中国特色的社会现代化强国。同时值得指出的是,社会现代化是一个复杂而非线性的过程,本章仅提供了社会现代化研究的一种视角。

第一节　中国社会现代化的阶段
特点与主要挑战

一、中国社会现代化的阶段特点

随着我国开启全面建设社会主义现代化国家新征程,我国社会现代化事业已进入新发展阶段。新发展阶段是人的全面发展、全体人民共同富裕取得更为实质性进展的阶段,是实现中华民族伟大复兴的关键阶段。在新发展阶段,中国社会现代化的机遇与风险并存,既有各国社会现代化的一些共同特征,同时,更有基于自己国情的中国特色。

首先,坚持中国共产党的领导,发展全过程人民民主。在新发展阶段,中国的社会现代化不仅要充分加强党的核心领导作用,还需要坚持人民主体地位,坚持共同富裕方向,不断满足人民对美好生活的期盼,促进人的全面发展和社会全面进步;完善共建共治共享的社会治理制度,建设人人有责、人人尽责、人人享有的社会治理共同体。

其次,从注重生活水平向注重生活质量转变。社会现代化的实质是提高社会生产力和生活质量,完成从农业社会向工业、从工业社会向知识社会的转变。从注重生活水平向注重生活质量的转变是新阶段中国社会现代化的重要特征,是社会发展到一定阶段的必然现象。必须不断增进民生福祉,提高人民生活品质,坚持在发展中保障和改善民生,完善社会福利制度,彰显社会公平正义,不断实现人民对美好生活的向往。

再次,从人口大国向人力资源强国转变。社会现代化的重要目标是人的现代化,新发展阶段,社会现代化的国际竞争更加表现为人才的竞争和国民素养的竞争。中国的社会现代化要从健康、体育、文化等多个方面提升国民素养,促进人的全面发展。

最后,面对新科技革命与国际环境不确定性带来的机遇与挑战。当今世界面临百年未有之大变局,新一轮科技革命和产业变革深入发展,国际力量对比深刻调整。在新发展阶段,一方面要抓住新科技革命的战略机遇,推进社会现代化向知识化、智能化、绿色化发展;另一方面要积极面对各种突发事件,从主体赋能、制度创新等入手,推动"韧性治理"方式的建构,提高防范和化解风险的能力。

二、中国社会现代化的主要挑战

中国社会现代化受到世界的广泛关注,中国社会现代化的挑战,不仅来源于内部,也来源于世界社会现代化本身和国际环境。

第一,人口规模的挑战。中国的现代化是人口规模巨大的现代化。目前我国是农业社会、工业社会和知识社会并存的三元社会,我国14亿多人口整体迈进现代化社会,规模超过现有发达国家人口的总和,让全国人民生活质量达到发达国家水平,艰巨性和复杂性前所未有。

第二,人口老龄化的挑战。人口老龄化趋势的日益显现,一方面可能导致人力资本改善和生产率增长的放缓;另一方面如何为老龄人口提供社会保障和多样化的公共服务,将成为社会现代化面临的挑战。

第三,区域协同发展的挑战。我国不同地区、不同社会领域的发展水平存在较大差异,促进地区协调发展、城乡协调发展、经济社会协调发展、人与自然协调发展,将是一个十分艰巨的任务。

第四,教育资源不平衡的挑战。中国需要从人口大国向人力资源强国转变,需要不断提升教育的可及性和提升教育质量,全面提高劳动者素质。目前,中国优质教育资源配置仍然面临区域、城乡、校际等的不平衡、不均衡问题。

第五,公共卫生服务的挑战。新中国成立以来,我国公共卫生服务和公共卫生治理能力不断提升,但依然面临公共卫生法治基础薄弱、应对突发公共卫生事件体系不健全、基层医疗体系建设不足、地区间医疗服务供需失衡等挑战。

第六,社会保障的挑战。中国的社会福利正在向追求社会公平、正义与共建、共享的方向发展,但仍面临社会保障刚性增长与政府财力增长减缓、社会保障水平的区域差异明显等挑战。

第七,促进社会公平的挑战。改革开放以来,中国经济快速发展,社会总财富不断增加,但分配不平衡问题仍然突出。虽然中国居民的收入差距近年来有所缓和,但财富差距仍然较大,阶层固化的风险依然存在。城乡、区域和行业之间的收入差距也十分显著。

第八,国际环境的挑战。新一轮科技革命和产业变革深入发展,地缘战略、气候变化等全球性因素叠加,我国社会现代化的国际环境将面临更多不确定性。

第二节 坚持以人民为中心是中国社会现代化的根本要求

新中国成立后,从第一个五年计划到第十四个五年规划,主题都是把我国建设成为社会主义现代化国家。1987 年,邓小平同志提出"三步走"发展战略,到 21 世纪中叶基本实现现代化;2017 年,习近平总书记在党的十九大报告中对全面建成社会主义现代化强国作出战略部署,从 2020

年到 2035 年基本实现社会主义现代化；从 2035 年到 21 世纪中叶把我国建成富强民主文明和谐美丽的社会主义现代化强国。

社会现代化是国家现代化的重要组成部分,社会现代化的实现进程应与国家现代化的总体目标保持同步或提前完成。要以总体目标为指引,从人口与健康、教育与就业、休闲与福利、环境与安全等方面协同推进,实现健康现代化、教育现代化、社会服务现代化、社会治理现代化和生活质量现代化。迎头赶上世界社会现代化的先进水平,努力向现代化国家迈进。

中国社会现代化的本质要求是提高全体人民的福祉,这不但包括共同享有富裕、体面的生活,也包括更高程度的受教育水平,以及更加健康的身体和更长的寿命等。中国的社会现代化离不开中国式现代化的语境和语义。中国式社会现代化必须坚持在发展中不断保障和改善民生,切实解决社会领域的突出问题,在于人民生活质量和幸福感、获得感切实相关的社会领域开展现代化建设。中国社会现代化可以从提升国民素养、增进民生福祉和完善社会治理体系三方面重点推进。

一、提升国民素养,促进人的全面发展

国民素养是国家软实力的重要组成部分,没有人的现代化,就没有社会现代化。国民素养一般包含身体健康素养、科学文化素养、专业技能和心理健康素养等。21 世纪,国际竞争将更加表现为人才的竞争,国民素养的提升对社会现代化具有重要意义。《中华人民共和国国民经济和社会发展第十四个五年规划和 2035 年远景目标纲要》提出,把提升国民素养放在突出重要位置,要构建高质量的教育体系和全方位全周期的健康体系,优化人口结构,拓展人口质量红利,提升人力资本水平和人的全面

发展能力。

（一）以人民为中心发展教育，从人口大国向人力资源强国转变

中国式现代化是人口规模巨大的现代化，教育是我国实现从人口大国向人力资源强国迈进的唯一途径。教育的现代化对社会现代化具有重要意义。近年来，我国教育事业快速发展，义务教育普及程度达到世界高收入国家平均水平，高等教育进入普及化阶段，已建成世界上规模最大的教育体系。在未来30年，中国需要从人口大国向人力资源强国转变，坚持以人民为中心发展教育，加快高质量教育体系建设，发展高水平教育，促进教育公平。

"普惠优质"的基础教育。目前，中国已全面普及9年义务教育，但学前教育和高中教育入学率还需要提高。未来30年，应在"共享、普惠"理念的指导下，不断巩固提升基础教育板块，逐步普及12年义务教育；分步分区域普及学前教育，以农村为重点提升学前教育普及水平，加快发展普惠性幼儿园；加强师资队伍建设，完善教师资格体系和准入制度，实施基础教育阶段高素质教师培养计划，推动教师终身学习；努力消除教育的区域差距和城乡差距，促进基础教育阶段的教育公平，实施中西部基础教育质量提升计划，支持中西部地区加快普及高中阶段教育，加大教师的校际流动，缓解教师结构性、区域性短缺问题；加大教育基础设施的投入，推动教育信息化建设，尤其是农村设施的改善与提升。

"创新多元"的高等教育。不断完善高校空间布局，统筹高等教育入学需求和资源配置，支持高校改善办学条件、提升发展能级；引导和促进高校科学定位、特色发展、分类建设、发挥优势，加强基础学科、新兴学科、交叉学科建设，加快建设中国特色、世界一流的大学和优势学科；促进国家和地区科技创新体系建设，鼓励高校与科研院所、企业合作，提升科技

创新服务效能;推动人才培养国际化,不断拓展和优化开放办学布局,鼓励高校与国际高水平大学开展合作办学,培养具有全球竞争力的高素质创新人才;继续实施中西部高等教育振兴计划,支持中西部地区高校加强优势学科建设和人才培养。

"终身学习"的职业教育。统筹推进职业教育与普通教育两轮驱动、协调发展。遵循高素质技术技能人才培养规律,畅通学生成长成才通道,大力发展本科职业教育;推动各层级职业教育与普通教育的贯通衔接,构建完整、有机、互联、贯通的职业教育生态链条,深入推进普职融通,实现职业教育与普通教育双向互认、纵向流动;推动校企全面深度合作,坚持面向市场、服务发展、促进就业;优化专业结构设置,推动职业教育与产业转型升级相衔接,紧密对接产业升级和科技变革,优先发展先进制造、新能源、新材料、生物技术、人工智能、现代农业、现代信息技术等产业急需专业,加快建设学前教育、护理、康养、家政等人才紧缺专业;加强职业技术师范类院校建设,支持高水平学校和大中型企业共建教师培养培训基地;推进乡村振兴战略教育行动,发展面向农民的职业教育,鼓励更多农民、返乡农民工接受职业教育。

"共建共享"的教育资源。知识时代带来教育的巨大变革,推进教育信息化和数字化,将有助于建设终身学习的学习型社会和学习型大国。引入互联网、人工智能等新技术,加快教育手段、教育方法的变革,大力推进教育信息化,实现数字教育资源共建共享、标准化教育与个性化培养有机结合,为实现人的全面而自由的发展提供保障,使"时时有教育,处处皆可学"得以实现。

(二)实现全生命周期的健康管理,全面推进健康中国建设

改革开放以来,我国卫生健康事业得到了快速发展,但与高收入国家

相比,仍有一定差距。建立完善的国民健康体系,全面提升健康生活和健康服务水平,全面改进健康环境和健康治理,逐步达到健康现代化的世界先进水平,建成健康长寿社会,是社会现代化的必然要求。实现全生命周期的健康管理,是健康现代化的有效路径。

2016 年,国务院印发《"健康中国 2030"规划纲要》,提出全民健康是建设健康中国的根本目的。立足全人群和全生命周期两个着力点,提供公平可及、系统连续的健康服务,实现更高水平的全民健康。覆盖全生命周期,针对生命不同阶段的主要健康问题及主要影响因素,确定若干优先领域,强化干预,实现从胎儿到生命终点的全程健康服务和健康保障,全面维护人民健康。

2019 年,《中国现代化报告 2019》提出"系统升级、四轮驱动"的"健康高铁"战略,基本思路是以"系统升级"为先导,顶层设计,系统优化;以"四轮驱动"为动力,全民参与,四化协同;以"健康优先、质量优先、公平优先和共建共享"为原则,促进国民健康体系的五个子体系的系统整合,推动健康生活现代化等四个方面的协调发展,建设中国健康现代化的"健康高铁"和全民共建共享的"健康平台"。其目标是全面建成信息时代的整合型国民健康体系和具有世界先进水平的健康长寿社会,全面实现《"健康中国 2030"规划纲要》和中国健康现代化的战略目标。

具体包含六项任务和三个方面的行动计划。六项任务分别为:(1)完成从医疗卫生体系向国民健康体系的转型升级;(2)全面控制健康风险;(3)全面提升健康医护质量;(4)全面改善健康环境质量;(5)全面提高国家健康能力;(6)完成国民健康体系的系统整合。三个方面的行动计划包括系统升级、四轮驱动、系统整合:(1)加速健康体系现代化,完善健康生活体系、健康医护体系、健康保险体系、健康用品体系和健康治理体系五个子体系。(2)加速健康四个现代化,提升健康生活、健康服务、健康治理和健康环境四个方面的能力。(3)实施中国健康高铁工程,完成国民健康体系的系统整合。①

二、增进民生福祉,促进生活质量现代化

如果说,第一次社会现代化的重要特征是提高物质生活水平,那么,第二次社会现代化的重要特征是提高生活质量。中国社会现代化需要两次社会现代化协调发展,并加速向第二次社会现代化转型,提高生活质量将是重中之重。实现从"以经济建设为中心"向"以生活质量为导向"的转变,要加强生活质量的科学研究,普及生活质量的科学知识,建立生活质量的监测体系,实施生活质量的整体提升战略;要以满足人民需求为出发点,以全面提高生活满意度为目标,以科技创新为助力,着力提升个人生活质量和公共生活质量,实现我国生活质量的全面现代化。

(一)建立生活质量监测体系,构建"生活质量大数据监测平台"

国家生活质量监测体系是生活质量的动态监测、评估和报告体系的集合,包括生活质量监测指标体系、动态监测、定期评估和发布制度等。近年来,越来越多的国家开始重视生活质量的评价与监测,英国、加拿大、澳大利亚等国家都构建了国家级生活质量监测体系。英国于 2010 年启动了"衡量国民福祉计划",总部设在英国国家统计局(ONS),该计划的目的是对国民的福祉产生公认和值得信赖的衡量标准,以判断国民生活质量,从而为政府的战略制定提供决策依据;加拿大政府定期发布《加拿大幸福指数报告》,对加拿大人生活中最重要的领域指标数据进行全面

---

① 何传启:《中国现代化报告 2017:健康现代化研究》,北京大学出版社 2017 年版,第 26 页。

分析;荷兰社会和文化规划局从 2001 年开始每两年发布一次"荷兰社会状况"报告,该报告涵盖客观和主观生活质量,总结荷兰不同群体的人们在不同领域的生活质量情况。基于大数据技术构建中国居民生活质量大数据监测平台,对科学、合理、动态识别中国居民的获得感和幸福感,具有重要意义。

中国居民生活质量的监测体系可以从个人生活、公共生活、生活环境和生活满意度四个维度构建,涵盖健康、家庭、住房、消费、工作、社会关系、教育、社会公平、社会保障、休闲、政治参与、公共设施、公共安全、生活满意度等领域。统计机构定期发布评估结果和评估报告,以促进经济社会全面发展,夯实执政基础。

(二)把握科技革命战略机遇,让科技成为生活质量的助推器

科技的发展与人民的生活质量密切相关,应对与人民生活密切相关的重点领域进行扶持,从核心技术攻关、科技成果转化、人才培养等多方面多领域推进科技创新。

对与人民生活密切相关的领域进行重点攻关与扶持。确立与生活质量相关的重点科技领域,尤其是在生命科技、医药科技、农业科技、环境科技、运输科技、信息科技、能源科技和材料科技等方面积极推进关键核心技术攻关,使若干技术领域达到世界领先水平,夯实自主创新基础。使科技创新赋能产业发展、城市治理与民生服务,不断拓展前沿科技在民生领域的应用场景,使科技助推生活质量提升取得实质性进展。

多领域、多层次、多方面推进科技创新。以各省市科技创新规划为引领,从科技创新体系建设、产业创新发展、科技成果转化、人才培养等多方面促进科技创新;在中小学和幼儿园设立创新科普基地,将科技创新带入课堂,培养科技创新后备人才;将科技带入社区生活,定期举办全民参与

的社区公益活动,形成科技创新的社会氛围等。

未来30年,增进民生福祉,促进生活质量现代化将成为中国社会现代化的一个关键领域。中国生活质量现代化的建设需要紧紧围绕人民群众对美好生活的向往和需求,坚持以人民为中心的发展思想,推进实现高质量发展、创造高品质生活,实现从以经济建设为中心到以生活质量中心,从生活水平现代化到生活质量现代化的转变。

三、以人民为中心,推进社会治理现代化

社会治理的重心在基层,在新发展阶段,完善和创新社会治理体系是不断增强人民群众获得感、幸福感、安全感的内在要求。习近平总书记在党的二十大报告中指出,要"健全共建共治共享的社会治理制度,提升社会治理效能","建设人人有责、人人尽责、人人享有的社会治理共同体"①。完善社会治理体系可以从公共服务、社会参与和公共安全等方面提升,确保人民安居乐业、社会安定有序,建设更高水平的平安中国。

(一)构建高效可及的社会服务体系

加快基层公共服务体系建设,健全社区服务机构,做好与人民利益密切相关的劳动就业、社会保障、卫生计生、教育事业、社会服务、住房保障、文化体育、公共安全、公共法律服务等事项;统筹推进智慧城市、智慧社区建设,加快城乡社区公共服务综合信息平台建设;加强公共基础设施建设,提高公共基础设施的质量和可及性;加大公共服务的财政保障力度,将社区工作者队伍建设纳入国家和地方人才发展规划,加强对社区工作

---

① 习近平:《高举中国特色社会主义伟大旗帜　为全面建设社会主义现代化国家而团结奋斗——在中国共产党第二十次全国代表大会上的报告》,人民出版社2022年版,第54页。

者的教育培训,建立社区人才培养的长效机制;增加农村社区公共服务供给,推进农村基层服务的规范化和标准化,促进城乡社区服务均等化。

(二)激发社会组织活力,完善社会力量参与基层治理的体制机制

创新社区与社会组织、志愿者、社会慈善机构等的联动机制,拓宽基层治理资金的筹集渠道,鼓励通过慈善捐赠、设立基金会等方式,引导社会资金投向基层治理领域;完善基层志愿服务制度,建立志愿者认定制度、激励制度、服务反馈制度和服务保障制度,加快推进志愿服务信息系统建设,提高志愿服务的效能;健全基层群众自治制度,依法有序组织居民参与社区治理,实现人人参与、人人尽力、人人共享。

(三)完善社会公共安全治理,防范社会风险

深入推进社会安全综合治理,确保人民安居乐业、社会安定有序、国家长治久安;形成正确处理新形势下人民内部矛盾的有效机制,健全社会心理服务体系和危机干预机制,提高预警、防范和化解各类风险的能力,增强社会风险防控的整体性、协同性和精准性;编制和完善国家应急总体预案和规划,指导应对突发事件,推动各地区各部门应急预案体系建设和预案演练;完善和落实安全生产责任和管理制度,建立和完善公共安全隐患排查和安全预防控制体系;科学精准推进重大突发公共卫生事件管理,加强疾病监控网络体系建设,建立重大公共卫生事件的预警、研判和保障机制,加强公共卫生事业的人才培养等。

第四章　人与自然和谐的现代化

党的二十大报告明确提出新时代新征程中国共产党的使命任务,要团结带领全国各族人民全面建成社会主义现代化强国、实现第二个百年奋斗目标,以中国式现代化全面推进中华民族伟大复兴。其中,特别提出中国式现代化是人与自然和谐共生的现代化,中国式现代化的本质要求之一是促进人与自然和谐共生。

经过 50 多年的现代生态环境保护探索和实践,中国在绿色发展以及人与自然和谐共生方面已经积累了大量的理论基础和丰富的实践经验,不仅完善了中国式现代化的理论体系,而且为世界现代化实践中遇到的大量生态环境和可持续发展问题提供了一套完整的解决方案,为开创人类生态文明新时代提供了有力支撑。

第一节　生态可持续是世界
现代化的趋势方向

一、世界现代化向绿色转型发展

世界现代化开端于 18 世纪的工业革命。此后近 300 年,现代化席卷全球五大洲,各国各地区先后进入工业化、城市化。工业化大生产推动各种物质元素在人类社会和自然界之间快速交换和大通量流动,这种作用在技术革新的推动下不断得到自我强化,工业化生产提高各种物流能流的效率,同时物流能流效率提高也促进了工业化生产的继续进行和扩张。世界现代化 300 年,既是各种颠覆性技术涌现、产业结构革命性调整、人类社会生产力飞速提升的 300 年,也是人类对各种自然资源大规模开采利用、对各种地貌和自然要素"沧海桑田"般改造,以及大量人工制品、副产品、废弃物向自然肆意排放的 300 年。

大量工矿企业、城市生活污染排放引发的环境公害事件威胁人类和各种生物体健康,生活环境质量急剧下降,温室气体排放引起气候变化、极端气候频现以及生境变化和资源变动等连锁反应,资源开发、生境侵占和破坏等引起生物多样性锐减和病毒细菌跨界入侵流行。工业文明所创造的社会财富和对人类物质需求的满足程度是原始文明、农业文明所无法比拟的,但是工业文明对资源、生态和环境的破坏也是原始文明、农业文明无法比拟的,其破坏不是局部、表层及可逆的,而是带有全球性、侵入性和难以逆转性。人类今天面临的主要生态环境危机是 18 世纪以来现代化进程中产生的主要副作用之一,而且对人类文明成果的侵蚀还在持续不断。特别是随着经济社会的全球化发展,各种资源和环境问题已经成为贸易争端、地区冲突的导火线和催化剂。

尽管自 20 世纪 70 年代以来,可持续发展、生态现代化、绿色发展、低碳发展等应对生态环境危机的发展理念被相继提出,并逐步成为全球共识,但现代化对自然资源和生态环境系统的负面影响和破坏并没有得到根本遏制。特别是进入后工业社会以来,高度发达的物质生活带来更为复杂的生产系统、多元化的消费产品系统和高能耗驱动的生活方式。

可持续发展的核心理念是在保障人类福利和发展权利前提下,防止环境污染和生态恶化,促使人类从狭隘的财富观跳出,更加注重社会财富积累的隐形代价,关注社会财富和发展权利在代际之间和区域之间的公平享有。可持续发展在经济理性人的假设前提下,试图通过价值赋予、利益转移、利益补偿等方式防止自然资源和环境容量的滥用和分配不当,以维持人类社会和自然生态系统之间的平衡,防止生产力的下降,包括自然生产力和社会生产力。但是传统的可持续发展理念并没有从生产主导要素和生产方式这些对生产力有决定意义的因素去引导人们如何阻止生产力下降,而是依然沿袭传统工业生产范式和机制体制来延缓生产力的下降。因此,传统的可持续发展理念仍然具有一定的局限性。特别对发展中国家和地区来说,在发展的欲望远远大于一切的社会背景下,因循于发达国家传统工业生产范式和机制体制有可能会使这些国家和地区错失跨越发展的良机。

生态现代化是一种利用人类的智慧去协调经济发展和环境进步的理论,是一个广泛的社会过程,是生产和消费工业模式的生态转型过程;根据环境利益、环境远景和环境合理性而进行现代制度的重构。[1] 生态现代化是现代化与自然环境的一种互利耦合,是现代化的一种生态转型,其核心是通过各种技术创新和制度创新,实现经济生态化和生态经济化,实现经济增长与环境退化脱钩,最终实现人与自然的互利共生。生态现代化的研究内容包括生态效率、生态结构、生态制度和生态观念四个层次[2],从物质经济向生态经济、物质社会向生态社会、物质文明向生态文明转变。

无论是可持续发展、生态现代化还是绿色发展、低碳发展,都表明世界现代化向绿色生态转型的大趋势不可逆转,这不仅关系现代化的未来前景,更关系人类未来的生存和发展,是人类命运共同体的重要议题之一。

---

[1] 中国现代化战略研究课题组、中国科学院中国现代化研究中心:《中国现代化报告2007:生态现代化研究》,北京大学出版社2007年版,第97页。

[2] 中国现代化战略研究课题组、中国科学院中国现代化研究中心:《中国现代化报告2007:生态现代化研究》,北京大学出版社2007年版,第4页。

二、世界现代化的绿色发展态势

20 世纪 70 年代以来,世界现代化的绿色发展呈现多元性、复杂性的特点,涉及生态环境变迁、生态经济、生态社会和现代化的耦合关系等。运用经济—社会—环境相互作用模型,以二十国集团成员为样本,选择15 个分析变量从生态系统、环境系统、生态经济、生态社会 4 个领域 9 个子领域对世界现代化的绿色发展进行前沿和趋势分析与比较(见表 4-1)。基础数据主要来源于经济合作与发展组织的环境数据库。

表 4-1　世界现代化的绿色发展分析指标体系

领域		指标	领域		指标
生态系统	资源消耗	人均物质足迹(吨/人)	生态经济	生态效率	经污染调整后的 GDP 增长率(百分点)
		人均化石能源材料足迹(吨/人)			自然资本对生产率增长的贡献(百分点)
		人均金属材料足迹(吨/人)			单位物质足迹产生的 GDP(美元/千克)
	生物多样性	濒危物种红色名录指数	生态社会	社会负担	不安全水源导致的过早死亡率(人/百万人口)
		土地生态功能变化(改善、变差,占土地覆盖%)			职业致癌物导致过早死亡的福利成本(占 GDP%)
环境系统	常规污染	人群 $PM_{2.5}$ 平均暴露水平(微克/立方米)		生态文化	二手烟导致过早死亡率(人/百万人口)
	新污染	铅污染引起的过早死亡福利成本(占 GDP%)		生态治理	环境规制严厉性指数
				生态创新	环境技术相对优势

（一）生态系统压力

从生态系统角度看，资源消耗过快仍是影响世界发展的重要因素，生物多样性丧失的趋势仍在持续。

1. 资源消耗

物质资源即形成经济物质基础的自然资源，包括各种金属和非金属矿物、生物质和化石能源材料，是现代化的基石。在生产和消费过程中使用这些物质资源会产生不同的经济、社会和环境结果，在国际贸易中这些结果还会超越国界。因此，一国的资源消耗不仅与其消费水平、消费结构密切相关，还与其产业结构、贸易结构、生产周期密切相关。物质足迹指为满足一个经济体的最终需求而提取使用的原材料的全球分配，物质足迹不包括物质开采后的储存，同时排除原料进口和成品出口贸易对实际资源消耗的干扰，比较真实地反映一国的实际资源消耗程度。通常来说，现代化程度越高的地区，物质资源消耗量越大，人均物质足迹越大，现代化程度越低的地区，人均物质足迹越小。此外，通过产业结构的升级调整、发展资源节约型社会，一些国家和地区的人均物质足迹会出现拐点，甚至下降趋势，成为现代化绿色转型的一个侧面。

20世纪70年代以来，大部分二十国集团成员的人均物质足迹呈上升趋势，特别是澳大利亚、巴西、韩国、土耳其、中国，增长速度较快；俄罗斯、墨西哥、印度、印度尼西亚也呈上升态势。在二十国集团成员中南非是唯一人均物质足迹下降的国家。还有部分国家和地区的人均物质足迹先升后降，包括德国、加拿大、美国、欧盟、日本、意大利、英国，这些国家和地区大约在2000年达到人均物质足迹的高峰。2019年人均物质足迹较高的国家包括澳大利亚、加拿大、美国、沙特阿拉伯、中国，均超过20吨/人，澳大利亚更是超过40吨/人。此外，还需要特别注意中国和沙特阿拉伯,在 2000 年以后两国的人均物质足迹增长迅猛(见图 4-1)。

（单位：吨/人）

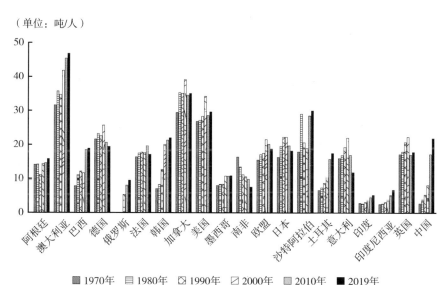

图 4-1　1970—2019 年二十国集团成员人均物质足迹

资料来源：OECD Statistic,https://stats.oecd.org/。

因为不同国家产业结构不一样,因此其物质足迹和国内物质消耗量会有所差异。比如一些国家的产品主要是面向出口消费,则这部分产品隐含的物质消耗量并不会反映到本国人均物质足迹上,而是反映到进口国的人均物质足迹上,但由于产品的生产是在国内完成,因此这部分隐含的物质消耗量还会反映在国内物质消耗总量中。对于一些制造型或者外向型经济主导的国家,国内物质消耗往往高于与其现代化生活水平相对应的数量;而对于一些进口型经济主导的国家,贸易往往又会导致其国内物质消耗低于与现代化生活水平相对应的数量。

20 世纪 70 年代以来,二十国集团成员中的人均化石能源材料足迹呈上升趋势的国家有澳大利亚、加拿大、墨西哥、沙特阿拉伯、印度、印度尼西亚、中国,人均足迹先升后降的国家有阿根廷、巴西、韩国、美国、南非、日本、土耳其、英国,这些国家大约在 2000—2010 年达到人均化石能源材料足迹的高峰。2019 年人均化石能源材料足迹较高的国家包括澳大利亚、沙特阿拉伯、加拿大、美国、韩国、日本、德国,均超 5 吨/人,澳大利亚更是接近 15 吨/人,中国人均化石能源材料足迹为 2.5 吨/人(见图 4-2)。

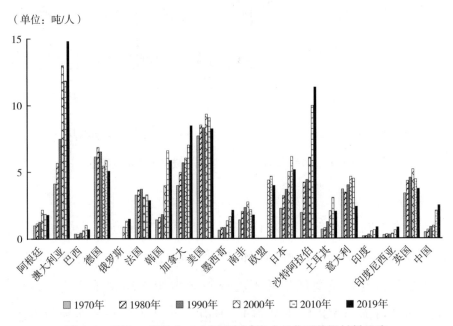

（单位：吨/人）

图 4-2　1970—2019 年二十国集团成员人均化石能源材料足迹

资料来源:OECD Statistic.https://stats.oecd.org/。

2000 年以后一些国家的人均金属足迹已经出现明显回落,包括德国、韩国、加拿大;南非自 1970 年以来人均金属材料足迹持续快速下降;2019 年澳大利亚的人均金属材料足迹高达 7.5 吨/人。2010 年后中国人均金属材料足迹进入快速增长期(见图 4-3)。

（单位：吨/人）

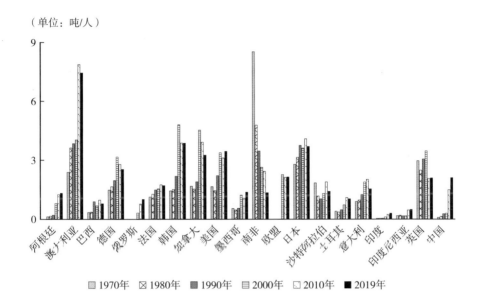

□ 1970年 ⊠ 1980年 ▤ 1990年 ▤ 2000年 ▢ 2010年 ■ 2019年

图4-3 1970—2019年二十国集团成员人均金属材料足迹

资料来源：OECD Statistic.https://stats.oecd.org/。

2.生物多样性丧失

为反映生物多样性的变化,选择国际上通行的濒危物种红色名录指数作为指标,以衡量国家或地区物种总体灭绝风险的变化。该指数范围为0到1,1表示国家或地区所有物种都没有灭绝风险,0表示国家或地区所有物种都已灭绝。1995—2020年,世界濒危物种红色名录指数值在不断下降,从1995年的0.811下降到2020年的0.729,二十国集团成员也有不同程度的下降。表明全球现代化地区的自然栖息地仍在持续退化,生物多样性正在丧失,越来越多受威胁物种正面临灭绝危险(见图4-4)。

生物多样性丧失,一方面源于建成区面积在不断扩大,自然或半自然地减少,特别是生态价值较高的土地类型,如森林、湿地的丧失。例如,根据估算,日本和韩国在2004—2019年生态功能变差的土地覆盖分别占土地总覆盖的65%和71.5%,而生态功能改善的土地覆盖分别占土地总覆盖的3.8%和8.8%,大量稀疏植被带和农田变成人工表面。与此相反,

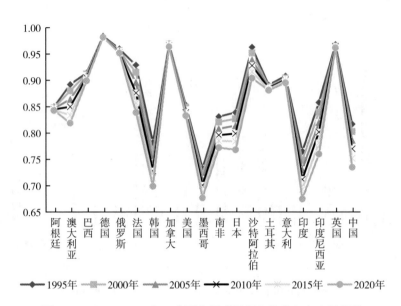

图4-4 1995—2020年二十国集团成员濒危物种红色名录指数

资料来源:OECD Statistic.https://stats.oecd.org/。

中国在2004—2019年生态功能改善的土地占比高于生态功能变差的土地占比(见图4-5)。

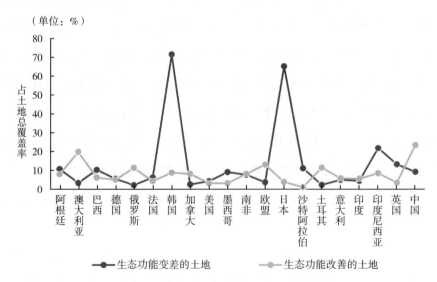

图4-5 2004—2019年二十国集团成员土地生态功能变化

资料来源:OECD Statistic.https://stats.oecd.org/。

(二)环境系统压力

从环境系统角度看,环境污染形势仍不容乐观。

1. 常规污染物

经过 50 多年持续不断的环境保护,各国在水、气、土、固体废弃物等传统污染物控制方面取得较大成效,有效遏制现代化进程中各种污染物快速增长的势头,但是在部分领域、部分国家,污染控制任务仍然十分艰巨,特别是新兴经济体,由于经济社会发展正处于快速上升期,人口基数又比较大,因此污染排放总体形势仍不容乐观,需要继续持之以恒地进行污染治理的攻坚战。

空气污染是全球最紧迫的环境和健康问题之一,细颗粒物(PM$_{2.5}$)是全球健康风险最大的空气污染物,影响的人数超过任何其他污染物,长期接触会大大增加呼吸道和心血管疾病的风险。根据世卫组织的空气质量指南,PM$_{2.5}$浓度超过 10 微克/立方米将增加总死亡率、心肺癌和肺癌死亡率;当浓度达到 35 微克/立方米时,与长期死亡风险相关的风险比浓度为 10 微克/立方米时增加约 15%。20 世纪 90 年代以来,实现现代化的发达经济体,包括七国集团成员、欧盟大气中的 PM$_{2.5}$浓度呈下降趋势,二十国集团总体、金砖国家总体和世界总体呈先升后降趋势,基本在 2015 年达到污染高峰(见图 4-6)。在二十国集团成员中,印度、沙特阿拉伯、中国的 PM$_{2.5}$排放浓度最大,在 2015 年达到高峰后下降(见图 4-7)。这既与不同国家所处的发展阶段导致的产业结构差异有关,也与不同国家的能源结构、技术水平、污染治理投入等密切关联。

（单位：微克/立方米）

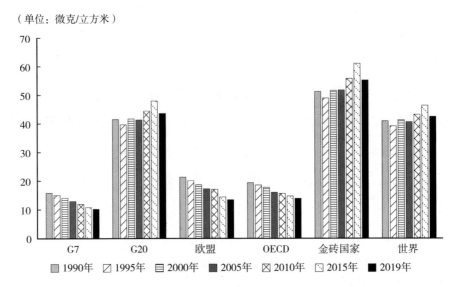

图 4-6　1990—2019 年世界人群 PM$_{2.5}$平均暴露水平对比

资料来源：OECD Statistic.https://stats.oecd.org/。

（单位：微克/立方米）

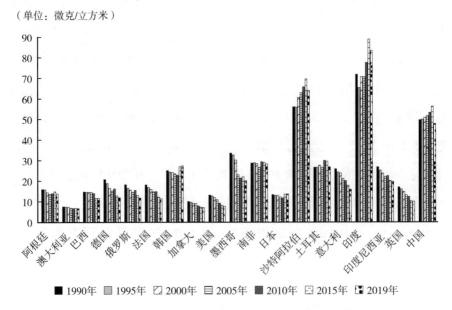

图 4-7　1990—2019 年二十国集团成员人群 PM$_{2.5}$平均暴露水平

资料来源：OECD Statistic.https://stats.oecd.org/。

2. 新污染物

随着生活水平的不断提高,各种化学材料、人工合成材料、电子材料的生产和废弃物越来越多。有些污染物尽管产生的量不大,但是生物和生态毒性较大,对人体健康危害严重,应该引起高度重视,包括重金属污染物、持久性有机污染物、内分泌干扰物等。这些物质的产生通常与产业结构、消费结构的升级换代息息相关。

从铅污染引起的过早死亡福利成本看,世界铅污染造成的过早死亡福利损失约占 GDP 的 1.1%—1.2%,从 1990—2019 年基本保持稳定水平。金砖国家所造成的损失远大于七国集团、二十国集团和欧盟国家,并且呈上升趋势,2019 年占 GDP 的比重超过 1.7%。而七国集团、欧盟和经济合作与发展组织成员纷纷呈下降趋势。在二十国集团中,自 1990 年以来,发达国家铅污染引起的过早死亡福利损失占 GDP 的占比普遍呈下降趋势,发展中国家主要呈上升趋势,俄罗斯、南非、沙特阿拉伯先升后降。印度、中国铅污染引起的过早死亡福利损失最高,并且呈快速增长的趋势(见图 4-8、图 4-9)。

(单位:%)

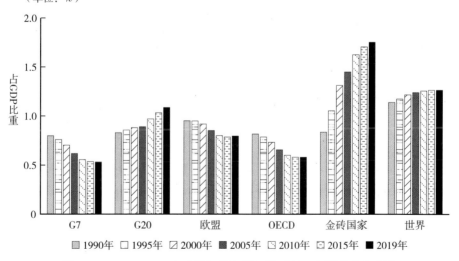

图 4-8 1990—2019 年世界铅污染引起的过早死亡福利成本比较

资料来源:OECD Statistic.https://stats.oecd.org/。

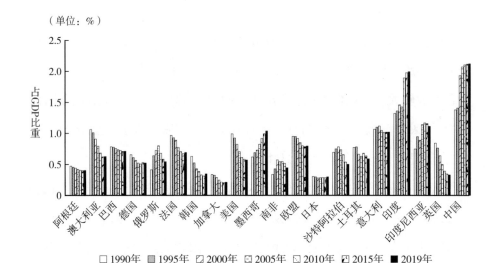

图4-9　1990—2019年二十国集团成员铅污染引起的过早死亡福利成本

资料来源：OECD Statistic.https://stats.oecd.org/。

（三）生态经济状态

从生态经济角度看,生态经济效率总体在提高。

大部分二十国集团成员经污染调整后的 GDP 增长率与本国 GDP 增长率保持一致趋势,但也有一些国家经污染调整后 GDP 增长率大幅削减,如韩国、土耳其、印度、中国。也有一些国家在某些年份污染调整后GDP 增长率人于 GDP 增长率,如 2010 年的阿根廷、2005 年的俄罗斯(见图4-10、图4-11)。

在多生产率贡献因素中,生产资本对生产率增长的贡献仍然是最大的,大部分二十国集团成员生产资本对生产率增长的贡献在 3 个百分点以内,而中国生产资本对生产率增长的贡献在 5—7 个百分点。劳动力资本对生产率增长的贡献要弱一些,只有阿根廷、韩国、俄罗斯、巴西超过1 个百分点,中国劳动力资本对生产率增长的贡献在 0.6 个百分点以下,并且呈下降趋势。自然资本对生产率增长的贡献最小,除了俄罗斯、沙特

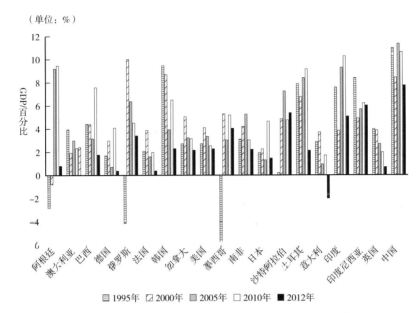

图 4-10　1995—2012 年二十国集团成员 GDP 增长率

资料来源：OECD Statistic.https：//stats.oecd.org/。

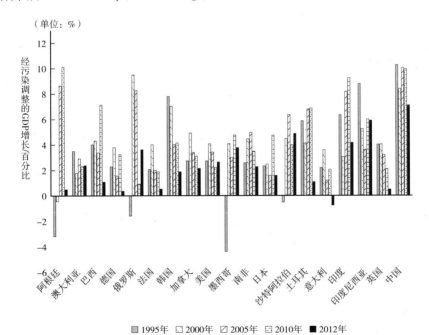

图 4-11　1995—2012 年二十国集团成员经污染调整后的 GDP 增长率

资料来源：OECD Statistic.https：//stats.oecd.org/。

阿拉伯和中国,大部分国家的贡献率不到 0.5 个百分点,大部分国家在 2010 年达到一个相对高峰,2010 年沙特阿拉伯自然资本对生产率增长的贡献达到 2.35 个百分点(见图 4-12)。

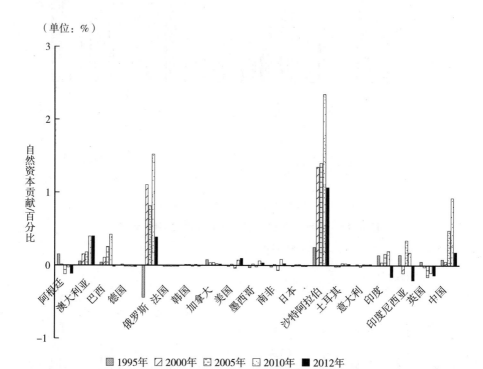

图 4-12　1995—2012 年二十国集团成员自然资本对生产率增长的贡献率

资料来源:OECD Statistic.https://stats.oecd.org/。

从单位物质足迹产生的 GDP 看,大部分二十国集团成员的生态效率都在提高,特别是德国、韩国、日本、意大利、英国、中国,2019 年单位物质足迹产生 GDP 最高的国家为意大利,超过 3 美元/千克,其次为俄罗斯、法国、德国和英国,均超过 2.5 美元/千克,中国为 0.7 美元/千克。但是也有国家的单位物质足迹产生 GDP 出现下降趋势,如巴西、沙特阿拉伯(见图 4-13)。

（单位：美元/千克）

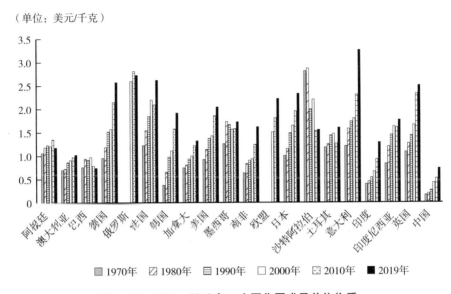

■ 1970年　☑ 1980年　目 1990年　□ 2000年　▣ 2010年　■ 2019年

**图 4-13　1970—2019 年二十国集团成员单位物质
足迹产生的 GDP（按照 2015 年 PPP 美元计算）**

资料来源：OECD Statistic.https://stats.oecd.org/。

（四）生态社会响应

从生态社会角度看,生态环境造成的社会负担仍不容忽视,环境科技创新、环境政策的优化以及生态文化的普及仍然任重道远。

从世界范围看,部分传统环境问题导致的死亡率和社会损失已经在减缓,如不安全水源、不安全卫生导致的过早死亡率及由此带来的福利成本,但是还有一些问题值得关注,包括职业致癌、高温、低温导致的过早死亡率及福利成本,或者持续上升,或者保持较高水平波动。

七国集团成员、欧盟和经济合作与发展组织成员基本消灭不安全水源导致的过早死亡,但是在广大发展中国家仍是主要的环境危害因素之一,如印度、印度尼西亚、南非,对社会福利的损害非常大。中国经过多年的爱国卫生运动、水源地保护工程、农村改厕改水工程,特别是近十年的发展,不洁水源导致的过早死亡率已经几乎消失,达到发达国家水平（见

图 4-14、图 4-15）。

（单位：人/百万人口）

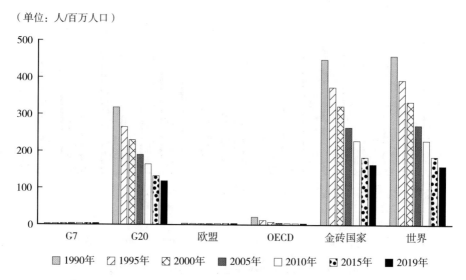

图 4-14 1990—2019 年世界不安全水源导致的过早死亡率对比

资料来源：OECD Statistic.https://stats.oecd.org/。

（单位：人/百万人口）

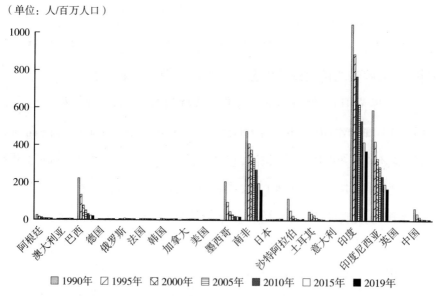

图 4-15 1990—2019 年二十国集团成员不安全水源导致的过早死亡

资料来源：OECD Statistic.https://stats.oecd.org/。

但是职业致癌物导致的过早死亡率却在上升,特别是七国集团、欧盟、经济合作与发展组织等成员,尤其是英国、意大利、法国、德国、澳大利亚、加拿大、美国,死亡率超过 150 人/百万人口,最高峰时英国职业致癌物导致过早死亡的福利成本高达 GDP 的 3.5%(1990 年)。日本职业致癌物导致的过早死亡增长率非常快,从 1990 年的 81 人/百万人口迅速上升到 2019 年的 184 人/百万人口。相对来说,金砖国家的职业致癌物导致的过早死亡率仍保持较低水平,但增长也不容忽视(见图 4-16、图 4-17)。

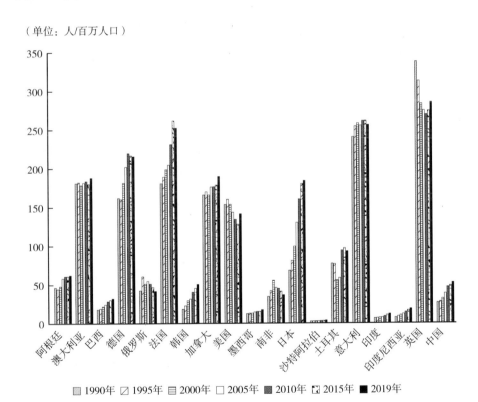

图 4-16　1990—2019 年二十国集团成员职业致癌物导致的过早死亡率

资料来源:OECD Statistic.https://stats.oecd.org/。

（单位：%）

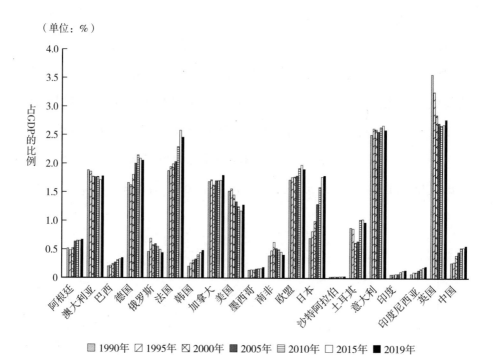

■ 1990年 ▨ 1995年 ▧ 2000年 ■ 2005年 ▤ 2010年 □ 2015年 ■ 2019年

**图4-17　1990—2019年二十国集团成员职业
致癌物导致的过早死亡福利成本**

资料来源：OECD Statistic.https://stats.oecd.org/。

二手烟是室内空气污染的一个重要来源,导致各种环境和健康危害。
二手烟导致的过早死亡率越高,表明社会公共卫生意识和环境意识还有
待加强。作为生态文化的逆向指标,20世纪90年代以来二手烟导致的
过早死亡率在下降,特别是七国集团成员,2019年已经降到大约100
人/百万人口,但金砖国家仍处在较高水平,超过200人/百万人口。从二
十国集团成员来看,大部分国家的二手烟过早死亡率整体在下降,俄罗斯
呈先升后降趋势,沙特阿拉伯略微上升,土耳其的二手烟过早死亡率下降
最快。2019年二手烟过早死亡率较高的国家包括中国、俄罗斯,中国接
近300人/百万人,俄罗斯接近200人/百万人(见图4-18、图4-19)。

（单位：人/百万人口）

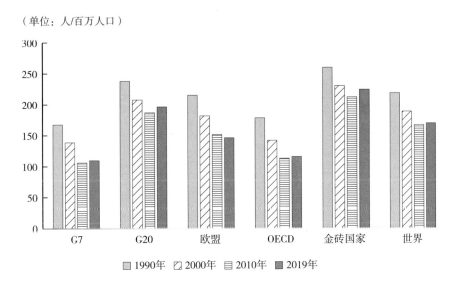

图4-18　1990—2019年世界二手烟导致过早死亡率对比

资料来源：OECD Statistic.https：//stats.oecd.org/。

（单位：人/百万人口）

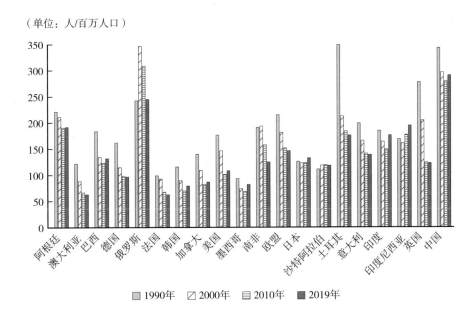

图4-19　1990—2019年二十国集团成员二手烟导致过早死亡率

资料来源：OECD Statistic.https：//stats.oecd.org/。

环境政策是促进环境创新发展的重要框架条件,经济合作与发展组织基于 14 项环境政策工具的严厉程度合成的环境政策严厉指数,综合反映环境政策对污染或者损害环境的行为施加显性或隐性成本的程度,严厉程度从 0(没有管制)至 6(最高程度的管制),可以在一定程度上反映各国环境技术创新的总体政策环境。总体来说,1990—2015 年大部分二十国集团成员的环境政策严厉性在增强,英国的环境规制严厉性指数经历先降后升的发展过程。中国 1990 年的环境规制严厉性指数只有 0.25,2015 年上升为 2.16(见图 4-20)。

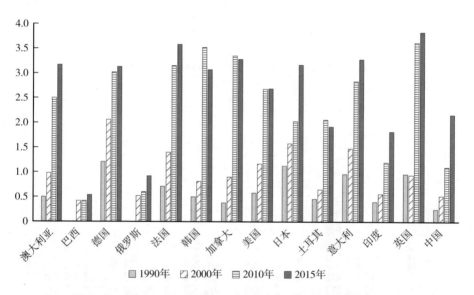

图 4-20　1990—2019 年部分二十国集团成员环境政策严厉指数

资料来源:OECD Statistic.https://stats.oecd.org/。

环境技术相对优势是相对于世界平均水平的,表征特定国家环境创新专业化的指标。它是国内环境发明在国内所有发明中份额相对于世界环境发明对世界所有发明份额的比例。因此,指数等于 1 意味着一个国家在"绿色"技术方面的创新与世界水平一样多,高于 1 的指数表示与世界水平相比,该国环境技术的相对技术优势或专业化。1970 年,环境技术专业化较高的国家包括澳大利亚、俄罗斯、英国,到了 2019 年,环境技术专业化较高的国家包括沙特阿拉伯。总体来说,国家环境技术专业化程度在下降,或者说环境技术创新的相对优势在降低,特别是土耳其、中国,要注重进一步提高环境技术创新在整个技术体系创新中的分量(见图 4-21)。

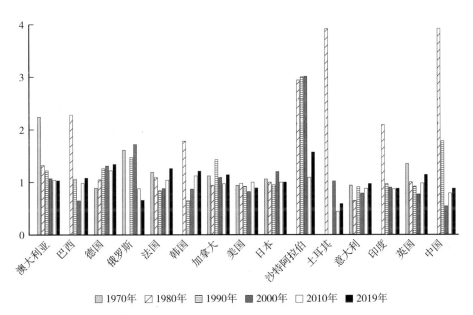

图 4-21　1970—2019 年部分二十国集团成员环境技术相对优势

资料来源:OECD Statistic.https://stats.oecd.org/。

第二节　中国生态环境变化及
生态现代化的机遇

一、中国生态现代化指标变化

对 20 世纪 90 年代以来中国生态现代化代表指标进行比较分析。在生态系统领域,物质资源人均足迹呈上升趋势;濒危物种红色名录指数在下降,表明生物多样性受威胁加重;2004—2019年中国生态功能改善的土地占土地覆盖的23.39%,生态功能退化的土地占土地覆盖的9.18%。总体来说,中国生态系统面临的压力越来越大,但持续的生态文明建设也在逐步扭转中国的生态系统结构和服务功能,中国建设资源节约型社会和转换经济发展模式仍然任重而道远。

从环境系统来看,人群$PM_{2.5}$平均暴露水平指标值呈先升后降的发展态势,表明中国的生态现代化实践在减少大气污染排放中发挥了作用。但是铅污染指标持续上升表明环境污染问题已经从传统常规污染向痕量微量污染、新型污染物转变,中国尤其需要注意新的污染源和污染途径。

从生态经济来看,20世纪90年代以来,尽管经污染调整后的GDP,即真实GDP有所波动,但始终维持在较高水平,2019年仍维持在7.1%。自然资本对生产率增长的贡献率在波动变化,2010年超过劳动力对生产率的贡献率。单位资源足迹GDP呈上升趋势,表明中国生态经济效率整体向好,与我国经济结构调整、科技提高密不可分。

从生态社会来看,20世纪90年代以来,中国的不安全水源导致的过早死亡率大幅度下降,特别是1990—2000年,下降幅度最大,这与中国在90年代以来持续开展的水源地保护工程、安全饮用水设施建设、农村改厕改水工程等密不可分。90年代以来,中国的环境规制越来越严格,环境技术的相对优势在波动中下降。一方面表明中国的生态公共管理政策、技术创新在不断发展完善,另一方面表明公民生态文明意识、生态创新还有待进一步加强(见表4-2)。

表 4-2　中国生态现代化指标历史比较

领域	指标	1990 年	2000 年	2010 年	2019 年
生态系统	人均物质足迹(吨/人)	5.38	8.16	17.23	21.96
	人均化石能源材料足迹(吨/人)	0.85	0.94	2.09	2.49
	人均金属材料足迹(吨/人)	0.27	0.30	1.50	2.11
	濒危物种红色名录指数	—	0.80	0.77	0.74
环境系统	人群 $PM_{2.5}$ 平均暴露水平(微克/立方米)	49.60	50.82	53.24	47.73
	铅污染引起的过早死亡福利成本(占 GDP 百分比)	1.38	1.93	2.11	2.12
生态经济	经污染调整后的 GDP 增长率(百分比)	10.25	8.39	9.94	7.10
	自然资本对生产率增长的贡献(百分比)	0.08	0.05	0.92	0.18
	单位物质足迹产生的 GDP(美元/千克)	0.26	0.42	0.52	0.73
生态社会	不安全水源导致的过早死亡率(人/百万人口)	64.42	19.84	4.02	2.28
	职业致癌物导致过早死亡的福利成本(占 GDP 百分比)	0.27	0.40	0.54	0.57
	二手烟导致过早死亡率(人/百万人口)	342.61	295.90	278.74	290.37
	环境规制严厉性指数(0—1)	0.25	0.52	1.1	2.16
	环境技术相对优势	1.78	0.54	0.79	0.88

资料来源:OECD Statistic,http://stats.oecd.org/。

二、中国式现代化的生态环境挑战

经过 50 多年的生态环境保护,特别是近 30 年的生态建设,中国在生态系统保护、环境污染控制、资源节约发展和生态治理等方面都取得很大的进步,但中国的现代化发展仍然面临巨大的绿色挑战。

一是世界现代化进程中生态环境领域的普遍性挑战。自 20 世纪 70

年代以来,环境保护和可持续发展已经逐渐成为全球共识,但现代化对自然资源和生态环境系统的负面影响和破坏并没有得到根本遏制。

二是中国式现代化时间紧、任务重带来的生态挑战前所未有。世界现代化开端于18世纪的工业革命,到20世纪70年代以前,现代化的核心要义是工业化和城市化。进入知识经济以后,发达国家转入后工业化、后现代化,知识化、信息化、生活质量提升成为社会追求。中国对现代化探索的萌芽始于清朝末年,20世纪初正式引入现代化概念并开始在各个领域探索现代化,新中国的四个现代化建设真正全面开启对中国式现代化道路的探索。目前我国仍然是一个发展中国家,与世界中等发达国家差距较小,但与发达国家的差距仍然比较大。中国式现代化是全方位、多维度、多层次的现代化,囊括发达国家不同阶段现代化的特征和内容,是一个高度压缩、密织的现代化,中西部地区要补工业化和城市化短板,先进地区还要加快知识化和信息化进程,迎头赶上世界现代化的前沿。这些都意味着中国要在不到100年的时间解决西方300年现代化发展历史上所面临的问题,包括环境副作用。如果沿用西方先污染后治理的发展模式或者边污染边治理的发展模式,就会产生路径依赖和技术锁定,那么中国就很难追上世界现代化的发展前沿。因此必须有路径创新和模式创新来实现中国的社会经济发展和生态环境保护相协调。

三是国际局势动荡带来的不确定性和紧张挑战中国式现代化生态转型的实现。当前现代化是国际竞争关注的焦点,是综合国力和竞争力的集中体现。发达国家已经实现现代化,但是他们还要努力保持现代化的水平和在世界的地位;发展中国家要努力实现现代化,赶超发达国家。而现代化是一个由资源、能源所驱动的人类文明进程,经过300年来的发展,现代化已经触及五大洲100多个国家,100万以上人口的国家只有2个仍处于传统农业社会。10亿人口要保持现代化先进水平,超过 50 亿人口要达到现代化,对资源、能源的国际竞争只能更趋白热化。近年来,国际形势动荡加剧,在这样的情况下要实现现代化的生态转型,中国面临更加复杂和不确定的国际环境。在实现现代化的生态转型中,既要处理好竞争与合作的关系,更要处理好发展与安全的关系。

三、中国式现代化绿色转型的机遇

首先,可持续发展、低碳发展、绿色发展成为全球共识,为中国式现代化的生态转型提供了可资借鉴的国际经验。以低碳发展为例,工业革命以来,由于过分追求经济发展和物质需求,人类社会逐渐从农业社会主要依靠生物能源和动力的低碳经济体系进入到工业社会高度依赖化石能源的高碳经济体系。无休止地利用化石能源和放任二氧化碳的高排放带来全球变暖,使冰川融化、生态系统恶化、海平面上升、气候灾害频繁,深度触及国土安全、水资源安全、农业和粮食安全、能源安全、公共卫生安全、全球生态系统安全,直接威胁到人类的生存和发展。同时,随着社会生产力的不断发展,社会经济系统对化石能源的需求持续增长,化石能源生产难度不断加大,导致全球能源危机,不仅造成局部战争和国际社会的动荡不安,而且带来世界经济的连锁反应。

鉴于此,全球许多国家和地区纷纷加强低碳技术的研发以及低碳和无碳能源的开发利用,推行低碳生产方式和低碳生活方式,通过节能减排应对气候变化和能源危机。英国政府在 2003 年发布的能源白皮书《我们能源的未来:创建低碳经济》,通过开创一个新的经济发展模式以避免环境危机、能源危机,以及降低由于技术锁定造成大量基础设施投资成为沉没成本的风险。继英国之后,美国、日本先后于 2007 年和 2008 年提出低碳发展的国家战略计划。2007 年 7 月，美国参议院提出《低碳经济法案》，提出减少温室气体排放的战略目标：建议到 2020 年，美国的碳排放量减至 2006 年的水平，到 2030 年，碳排放量减至 1990 年的水平。2008 年日本提出新的防止全球气候变暖的对策"福田蓝图"，提出到 2050 年，日本温室气体排放量比 2008 年减少 60%—80%，同年日本内阁会议通过了依据"福田蓝图"制订的"低碳社会行动计划"，提出了低碳发展的具体目标、措施以及行动日程。气候变化作为全球共同面临的问题，必须各国协同合作、共同应对。作为一个负责任的大国，中国积极承担共同但有区别的碳减排责任。因此，中国进行低碳发展是顺应世界发展潮流，是对国际社会低碳发展的积极响应。

其次，中国式现代化建设取得巨大的成就，为中国式现代化的生态转型提供了坚实的经济基础。在新中国成立以前，中国的工业化、城市化水平非常低，现代化指数大约只相当于发达国家的 20%，是一个欠发达国家。但是，经过 70 多年全面现代化建设，到 2018 年中国总体已经完成第一阶段现代化，部分地区已经开始进入知识时代，还有部分地区需要补课工业化和城市化[①]。特别是改革开放 40 多年来，中国经济社会和人民生活水平、生活质量发生了翻天覆地的变化。中国整体经济水平、经济效率在不断提升，制造业、新型工业化发展迅猛。从代表性指标看，中国的人均 GDP 从 1960 年的 238 美元（按 2015 年不变价美元计算，下同）上升到 2022 年的 11560 美元，劳动生产率从 1991 年的 2794 国际元（按 2011 年购买力平价不变价格计算，下同）上升到 2022 年的 34538 国际元，人均制造业增加值从 2004 年的 482 美元（现价美元，下同）增加到 2022 年的 3523 美元。

---

① 何传启：《中国现代化报告 2021：交通现代化研究》，北京大学出版社 2021 年版，第 180 页。

再次,中国生活水平不断提高,正在向生活质量现代化迈进,为中国式生态现代化提供了良好的社会基础。新中国成立 70 多年来,特别是改革开放 40 多年来,中国人民的生活发生了翻天覆地的变化,从解决温饱到小康再到全面小康,中国全面消除绝对贫困。在提高生活水平的基础上向生活质量现代化不断迈进,在个人生活、公共生活、生活环境等方面都得到大幅度的质量提升。一方面收入水平大幅提升,人民的营养水平、健康水平和预期寿命提升迅速。中国的人均国民总收入从 1995 年的 1501 美元(按 2015 年不变价美元计算,下同)上升到 2021 年的 11123 美元。另一方面人民在享受更有质量的现代物质生活同时,享有更多更公平的教育机会,精神生活在不断丰富。大学入学率从 1970 年的 0.13% 上升到 2021 年的 63.60%。

最后,中国的创新发展能力提升,为中国式生态现代化提供了优越的科技基础。面对世界从工业时代向知识时代转变的滚滚潮流,中国因势利导,相继实施科教兴国战略、人才强国战略、创新驱动发展战略,在知识创新领域中异军突起。中国研发支出占 GDP 的比例从 1996 年的 0.56% 上升到 2020 年的 2.40%,科研人员比例从 1996 年的 438 名/百万人上升到 2020 年的 1585 名/百万人,人均专利申请由 1985 年的 0.04 项/万人上升到 2020 年的 9.53 项/万人。

第三节 建设人与自然和谐共生的中国式生态现代化

建设人与自然和谐共生的生态现代化,既是世界现代化 300 年的历史经验总结和未来 100 年的潮流方向,也是中国式现代化的客观要求和必然选择。建设人与自然和谐共生的现代化,需要总结 50 多年来,特别是近十年来中国现代化向绿色生态转型发展的历史经验,需要对生态现代化进行科学的顶层设计,需要研制出清晰可操作的中国式生态现代化路线图,明确中国式生态现代化的战略要点。

一、中国式生态现代化的经验

为了彻底打破快速现代化进程中资源枯竭、环境恶化、生态破坏的恶咒,中国提出生态文明理念,并且从理论和实践层面不断创新习近平生态文明思想,探索中国式现代化的绿色发展道路,探索人与自然和谐共生的现代化,为世界上追求现代化的国家和地区处理和协调经济社会发展和生态环境保护关系提供一个路径、一个方案。

建设人与自然和谐共生的现代化是中国式现代化的重要组成部分。中国的生态环境保护是逐步形成和发展的,1949—1977 年为现代环保探索期,1978—1998 年为现代化生态修复期,1998—2012 年为生态现代化起步期,2012 年党的十八大以后开启生态文明建设期。这里重点分析进入新世纪,特别是党的十八大以来中国式现代化向生态文明转型的主要探索和实践经验。

(一)坚持中国共产党对绿色发展的领导

中国共产党是领导中国式现代化的坚强核心,也是中国式现代化绿色发展的领导核心。中国共产党领导全国人民大力推进环境保护,全力推进生态文明建设,历次党的全国代表大会、全会和党的领导人重要讲话中对中国式现代化在生态环境领域的总体目标和方向均有论述。

2002 年党的十六大报告对新世纪环保工作提出更高要求,明确将生态环境列入全面建设小康社会的总体目标,并把"可持续发展能力不断增强,生态环境得到改善"作为全面建设小康社会的四项重要目标之一。2007年党的十七大报告明确把建设生态文明作为实现全面建设小康社会奋斗目标的新要求之一,首次把建设生态文明作为一项战略任务明确下来。

2012年党的十八大报告明确提出"大力推进生态文明建设……把生态文明建设放在突出地位,融入经济建设、政治建设、文化建设、社会建设各方面和全过程,努力建设美丽中国,实现中华民族永续发展"。① 2013年党的十八届三中全会提出"建设生态文明,必须建立系统完整的生态文明制度体系"②。2015年党的十八届五中全会提出创新、协调、绿色、开放、共享的新发展理念,提出"加快建设资源节约型、环境友好型社会,形成人与自然和谐发展现代化建设新格局,推进美丽中国建设,为全球生态安全作出新贡献"③;发布《中共中央关于制定国民经济和社会发展第十三个五年规划的建议》,提出实行最严格的环境保护制度;通过《生态文明体制改革总体方案》,努力走向社会主义生态文明新时代;形成深化生态文明体制改革的战略部署和制度架构。2018年党的十三届全国人大一次会议表决通过宪法修正案,把生态文明和建设美丽中国的要求写入宪法;第八次全国生态环境保护大会正式确立习近平生态文明思想。2020年印发《中共中央、国务院关于完整准确全面贯彻新发展理念做好碳达峰碳中和工作的意见》《中共中央、国务院关于深入打好污染防治攻坚战的意见》,为确保如期实现碳达峰、碳中和,打赢污染攻坚战提供战略指导。2023年习近平总书记在全国生态环境保护大

---

① 《十八大以来重要文献选编》上,中央文献出版社2014年版,第30—31页。
② 《十八大以来重要文献选编》上,中央文献出版社2014年版,第541页。
③ 《十八大以来重要文献选编》中,中央文献出版社2016年版,第792页。

会上强调："以高品质生态环境支撑高质量发展,加快推进人与自然和谐共生的现代化。"①

(二)坚持科学规划和分步实施绿色发展

为了更好地摸清中国自然资源资产的家底及其变动情况,探明中国环境质量、污染排放情况,中国开展全方位多维度的自然生态环境调查和基线研究。在生态和自然资源调查方面,开展九次全国森林资源清查、三次全国湿地资源调查、六次全国荒漠化和沙化监测,此外,还有陆生野生动物资源调查、西部地区生态调查、中东部地区生态环境现状调查、全国生物物种资源重点调查、全国生态环境十年变化遥感调查、全国自然保护区基础调查、泥炭沼泽碳库调查等。

在环境保护方面,开展两次全国污染源普查和一次全国水利普查,对全国地下水资源及其环境、全国土壤污染状况、直排海污染源、重点城市饮用水源地、主要城市环境地质、农产品产地土壤重金属污染、海洋垃圾污染、全国持久性有机污染物、全国汞污染排放源、全国核基地与核设施辐射环境进行调查、监测,持续开展全国环保产业基本情况、重点企业清洁生产相关信息调查,开展全国范围的环境污染与人群健康综合调查。

20世纪90年代以来,环境保护和社会经济发展协调发展日益成为共识,生态环境保护也被纳入国民经济和社会发展五年计划、规划的考核体系中,并发挥越来越重要的作用。1992年环境保护年度计划指标首次纳入国民经济和社会发展计划,环境统计数据首次列入国民经济与社会发展统计公报。1994年国家环境污染限期治理项目正式纳入国民经济和社会发展年度计划。2006年"十一五"规划将单位国内生产总值能源

---

① 新华社:《习近平在全国生态环境保护大会上强调,全面推进美丽中国建设,加快推进人与自然和谐共生的现代化》,2023年7月18日。

消耗降低 20% 左右,主要污染物排放总量减少 10%,确定为经济社会发展的约束性指标。"十三五"规划纲要确定了生态环境 9 项约束性指标。2017 年全国碳强度下降率首次纳入国民经济和社会发展统计公报,各省(自治区、直辖市)碳强度下降率纳入绿色发展评价指数,进一步强化地方控制温室气体排放的责任。

国家生态环境保护五年计划、规划为中国式现代化的生态转型提供了明确的指引和科学的规划,如 2011 年印发的《国家环境保护"十二五"规划》提出了控制总量、改善质量、防范风险和均衡发展四大战略任务,2012 年印发的《节能减排"十二五"规划》是国务院确定的"十二五"国家级重点专项规划之一。2021 年编制的"十四五"生态环境保护规划,制定 9 个重点领域专项规划以及 9 个污染防治攻坚战专项行动方案,形成全面系统的路线图和施工图。

(三)坚持生态惠民、生态利民和生态为民

追求全体人民共同富裕,是中国式现代化的重要特征。良好生态环境是最公平的公共产品,是最普惠的民生福祉。党的十八大以来,陆续实施"大气十条""水十条"、污染防治攻坚战,这些重大的、关键性战略为扭转中国生态环境保护局面,开创生态文明新时代提供了有力的支撑,有效遏止了生态环境恶化的趋势,切实保护了广大人民群众的切身利益。

2013 年国务院印发《大气污染防治行动计划》(以下简称"大气十条"),提出了 10 条 35 项综合治理措施,制定了《京津冀及周边地区落实大气污染防治行动计划实施细则》,与各省(自治区、直辖市)签订了大气污染防治目标责任书,25 个省(自治区、直辖市)和国务院有关部门出台落实"大气十条"实施方案。建立了京津冀及周边地区、长三角大气污染防治协作机制和全国大气污染防治部际协调机制,统筹推进区域大气污

染联防联控和部门协作配合。完善监测预警应急体系,实时发布京津冀、长三角、珠三角 74 个城市 $PM_{2.5}$ 等监测数据,并开展空气质量状况排名。在北京、上海及京津冀区域初步建成空气质量预报预警体系。

2015 年国务院印发《水污染防治行动计划》,各部门相继出台一系列配套政策措施。"水十条"及相关配套政策制定落实目标责任书,将任务分解落实到各省(自治区、直辖市)1940 个考核断面。建立全国及重点区域水污染防治协作机制,京津冀及周边地区、长三角、珠三角重点区域水污染防治联动协作机制。推进流域水生态环境功能分区管理,明确控制单元水质目标。建立信息调度通报机制,编制水污染防治工作简报。出台水污染防治专项资金管理办法,推广政府和社会资本合作模式。加快城市黑臭水体整治,实施化肥农药零增长行动。推进居民阶梯水价制度,提高污水处理收费标准。推广节水、治污、水生态修复等先进适用技术,开展最严格水资源管理制度考核。编制高耗水工艺、技术和装备淘汰目录,全面推进船舶与港口污染防治。

2018 年国务院印发实施《打赢蓝天保卫战三年行动计划》,强化区域联防联控,2021 年印发《中共中央、国务院关于深入打好污染防治攻坚战的意见》,要求加快推动绿色低碳发展、深入打好蓝天保卫战、碧水保卫战、净土保卫战,切实维护生态环境安全,提高生态环境治理现代化水平。

在城市地区开展创建园林城市、国家森林城市、国家环境保护模范城市、国家循环经济试点省市、无废城市、海绵城市、低碳交通城市区域性试点、安静居民小区、生态工业示范园区、ISO14000 国家示范区和国家环境友好企业等的试点和建设。其中国家环境保护模范城市是在已具备国家卫生城市、城市环境综合整治定量考核和环保投资达到一定标准的城市创建,这些城市是可持续发展城市的优秀典范,在强化城市环境保护工作、推动经济发展方式转变、构建和谐社会等方面发挥了积极示范作用。

在农村地区开展建设生态农业县、生态修复试点县、农村饮水安全工程示范县、乡村清洁工程示范、重大危险性农业外来入侵生物综合防治示范区、重金属污染修复示范点、有机食品生产示范基地等的试点和建设。实施生态家园富民行动，大力发展农村沼气，推进乡村清洁工程，开展农村清洁工程建设，集中连片开展农村河道综合整治，实施农村改厕工程，有效预防和减少疾病。

（四）坚持绿色发展推动经济高质量发展

20 世纪 90 年代以来，中国坚持把环境保护放到经济社会发展大局中统筹考虑，坚持从宏观战略层面解决环境问题，通过制定有利于环境保护的环境经济政策，努力促进环境保护与经济发展的融合发展，推动经济社会高质量发展。

为制定新时期经济、社会与环境保护协调发展的重大战略，为党和国家在环境与发展领域的重大决策提供支撑，2007 年国务院批准开展中国环境宏观战略研究，由当时的国家环保总局、中国工程院、中国科学院等共同组织实施，共设 29 个专题，包括环境要素保护战略、主要环境领域保护战略、战略保障，分别提出 2020 年和 2050 年两个阶段的战略目标、重点任务。研究历时两年多，有 600 多位专家学者参与战略研究工作，涉及环保、经济、社会、贸易、法律、能源、外交等众多领域。研究提出了"以人为本、科学发展、环境安全、生态文明"的战略思想，以及"预防为主，防治并重；系统管理，综合整治；民生为本，分级推进；政府主导，公众参与"的战略方针。

为实现中国经济社会又好又快发展，调整经济结构，转变经济增长方式，缓解我国能源、资源和环境的瓶颈制约，根据《国家中长期科学和技术发展规划纲要（2006—2020 年）》设立水体污染治理与控制重大科技专项(水专项)。水专项积极发挥举国体制优势,协同创新,通过技术研发集成、示范工程建设以及成果应用和转化,促进了产业结构调整,带动地方和企业的治污。

2016年落实长江经济带大保护工作,出台《长江经济带生态环境保护规划》,落实"共抓大保护,不搞大开发"要求。2020年习近平总书记在全面推动长江经济带发展座谈会上强调,坚定不移贯彻新发展理念,推动长江经济带高质量发展,使长江经济带成为我国生态优先绿色发展主战场、畅通国内国际双循环主动脉、引领经济高质量发展主力军。①"十四五"规划纲要提出,全面推动长江经济带发展,协同推动生态环境保护和经济发展。

(五)坚持绿色合作,共建人类命运共同体

1992年中国环境与发展国际合作委员会(国合会)成立。30多年来,国合会把国际可持续发展先进理念带入中国,同时促进中国与国际社会在环境与发展领域的交流与互鉴。国合会千余位中外专家开展上百个研究项目,提出几百项政策建议。提出的多项政策建议得到中国政府高层的重视,如把国家环保总局升格为环境保护部、成立亚太经合组织绿色供应链合作网络、出台《关于构建绿色金融体系的指导意见》。国合会不仅促进世界了解中国,同时推动中国走向世界。

中国陆续加入各种国际生态环境公约,积极履行国际生态环境保护义务,体现负责任大国形象。包括《保护臭氧层维也纳公约》《控制危险废物越境转移及其处置巴塞尔公约》《关于消耗臭氧层物质的蒙特利尔议定书》《联合国气候变化框架公约》《生物多样性公约》《联合国防治荒

---

① 新华社:《习近平在全面推动长江经济带发展谈会上强调　贯彻落实党的十九届五中全会精神　推动长江经济带高质量发展　韩正出席并讲话》,2020年11月15日。

漠化公约》《关于持久性有机污染物的斯德哥尔摩公约》《生物多样性公约卡塔赫纳生物安全议定书》《乏燃料管理安全和放射性废物管理安全联合公约》《关于汞的水俣公约》等。同时，中国切实履行国家公约，积极编写履约国家方案和行动计划，以实际行动履行国际责任。此外，中国积极参与有关气候变化国际事务，先后参加 G8+5 领导人对话及后续部长会议、亚太经济合作组织领导人会议、经济大国气候变化会议、亚太清洁发展和气候伙伴计划会议、联合国气候变化大会、联合国气候行动峰会等。2007 年成立国家应对气候变化领导小组，颁布《中国应对气候变化国家方案》，积极推动清洁发展机制合作项目。

20 世纪 90 年代以来环保国际合作逐步纳入中国高层政务活动的主干线、主战场和大舞台，党和国家领导人多次出席了与环境保护相关的重要外事活动，双边环境合作得到全面提升。成功举办中美战略经济对话、中美商贸联委会、中日经济高层对话、中俄总理定期会晤委员会、中哈合作委员会等机制下的环境合作。积极参与中美、中欧投资协定，中韩、中日韩自贸区以及世贸组织环境产品协定等机制谈判，着力构建有利于促进环境保护、优化经济发展、环境服务业扩大对外开放、环保产业和服务走向国际市场的国际规则。积极开展南南环保合作，服务国家"走出去"战略。推动"绿色丝路"建设，加强与东盟、非洲、拉丁美洲和金砖国家合作，积极引导中国企业进一步规范对外投资活动中的环境保护行为。主要成果包括 22 次中日韩三国环境部长会议、中国欧盟环境政策部长对话机制、中俄环保合作长效机制、中美环保科技合作谅解备忘录、中哈环保合作委员会、中国—东盟环保合作中心、中国—上海合作组织环境保护合作中心、中非环境合作中心、"一带一路"绿色发展国际联盟等。

二、中国式生态现代化内涵和目标

(一)中国式生态现代化的内涵

中国式的生态现代化既有别于欧洲"理想主义"的生态现代化,也有别于北美"实用主义"的生态现代化,要结合中国国情,在经济发展和环境保护的双重压力之下,坚持现代化的生态转型,坚持生态红线和资源底线,积极参与国际环境合作和环境外交,避免落入发展的"持续贫困陷阱"。

一是中国式生态现代化是人与自然和谐共生的现代化。生态是生物与其环境的相互关系,主要研究生物与环境、生物与生物之间的相互作用和影响。在这里环境既包括生物环境,也包括非生物环境。人类作为一种特殊的生物,从人类视角看,其他生物作为环境的一部分和人类发生关系;从其他生物视角看,则人类可以作为环境的一部分和其他生物发生关系。一方面,人类通过不断进化,逐步掌握发明和使用工具的技能,通过发挥主观能动性,不仅能够适应环境,还能够改造环境,对其他生物和环境产生更广和更深远的影响。因此人与环境相互关系的研究尤其值得关注,生态问题的核心就是人与环境的相互关系问题。另一方面,各种天然的或经过人工改造的自然因素发生改变,进而影响人类及其他生物的生存和发展。自然因素的改变,包括物理变化(数量、感官、状态等的改变,如水的旱涝、气温的升降、嗅觉的香臭、色泽的明暗等)、化学变化(成分、结构、性状等的改变,如组分的有无、毒性的高低等)、地理变化(位置、地貌、连通性等的改变,如海拔的高低、河湖的进退、斑块的存消等)、生物变化(基因、种群、群落、生态系统等的改变,如基因的多少、种群的大小、系统的简繁等)。这些变化,或者改变人与自然在物质层面的供给关系和供应链条,或者改变人与自然在精神层面的交流与互动,从而影响人类的生存和发展,包括人类再生产、物质再生产和精神再生产的效率和效果。

生态环境问题并不是从来就有,随着人类历史的进程而不断发生变化,而且会有反复。在早期的采猎时代,人类对各种自然因素突变造成的种种威胁几乎无以应对,人类对自然环境的影响主要包括对各种植物的采伐、对动物的搜猎,导致动植物资源的减少。因此,早期主要的环境问题是森林人火、洪灾、干旱、气候剧变等带来的人类生存危机。农业时代的主要环境问题包括洪灾、干旱、气候剧变等带来的自然灾害,过度耕作和放牧带来的土地承载力下降,以及定居聚居后各种细菌病毒带来的环境卫生问题。工业时代的主要环境问题包括工矿企业、城市生活污染排放、极端气候频现、生物多样性锐减等。随着知识时代的到来,信息化、网络化、绿色化、生态化将成为社会发展主流。因此,在21世纪建设中国式生态现代化,必须认清时代的主要环境问题,促进人与自然和谐共生。

二是中国式生态现代化是建立在生态文明理论基础上的现代化。中国专家学者结合中华传统文化、国际可持续发展和生态现代化的相关实践,提出生态文明,它是人类对工业文明所引发的全球生态危机深刻反思后的产物之一。在2005年召开的中央人口资源环境工作座谈会上我国首次正式提出"生态文明"这一概念:把"完善促进生态建设的法律和政策体系,制定全国生态保护规划,在全社会大力进行生态文明教育"[1]作为我国环境工作的重点之一。党的十七大对建设生态文明提出了全面系统的要求,探索生态文明建设与其他建设的关系。党的十八大报告进一步提出大力推进生态文明建设,把生态文明建设放在社会主义事业"五

---

[1]　《改革开放三十年重要文献选编》下,中央文献出版社2008年版,第1493页。

位一体"总体布局的突出地位。

工业文明时代,在资本逐利和社会化大生产的驱动下,大量结构复杂、性能稳定的生产资料和生活资料被生产出来,由此带来的废弃物远远超过自然的消解能力。一方面造成大量废物堆积不能及时消解,另一方面自然圈正常的物质循环被切断,造成可供社会加工利用的资源和能源供应短缺。而生态文明是索取—加工—流通—消费,消费后的废弃物或者再投入加工环节,形成新的原料或者能源,如果不能进入循环则做无害化处理。因此,生态文明的生产方式是循环的、闭环的,以较少的能源代价和知识技术的重点投入换取资源和能源的持续利用。

工业文明主要的生产要素是劳动力、土地、资本、技术和信息,人类利用资本开展机械化大生产,机器取代人力,工厂化生产取代农业文明时代的手工作坊生产;通过一系列技术革命,特别是以互联网为代表的信息技术革命,显著提高劳动效率,人类生产力有了质的飞跃。生态文明主要的生产要素是劳动力、土地、囊括知识在内的资本、生态化技术、信息化和生态化。传统工业文明主要依靠资金、资源、环境的高投入、高消耗来创造财富,而在生态文明时代,则主要依靠智力开发、科技进步、生态优势来发展经济。

因此,生态文明理论指引下的生态现代化,就是用生态的理念重塑人类的思维模式、生产方式、消费模式、政治体系、社会结构、科技发展和文化理念,使之更加符合自然生态系统的发展规律和准则,确保人类社会和自然能够和谐共处、永续发展。因此,生态文明建设不同于传统意义上的污染控制和生态恢复,而是克服工业文明弊端,探索资源节约型、环境友好型发展道路的过程。

三是中国式生态现代化是融合低碳零碳发展,瞄准"双碳"目标的生态现代化。地球生态系统无偿为人类提供服务,离开这些服务人类将难以生存,而根据"太空船经济"理论,地球资源与地球生产能力是有限的,只有对地球资源储备和环境条件倍加爱护,才能维持人类的生存。根据环境库兹涅茨曲线(EKC)假说,经济的增长一般带来环境压力和资源消耗的增大,但当采取一些有效政策和新技术时,可能会以较低的环境压力和资源消耗换来同样甚至更加快速的经济增长,这个过程被称为脱钩。"双碳"目标就是促进经济社会发展与碳排放关系的强脱钩阶段的实现。强脱钩指在经济发展的同时与之相关的碳排放总量保持稳定或下降,是实现低碳发展的理想状态。发展低碳经济,采用可提高资源生产率的先进技术以及对我们经营商业的方式做某些简单改变,就可以为今天的人类和后代带来惊人的利益。

(二)中国式生态现代化的目标

建设人与自然和谐共生的现代化,需要生态文明顶层设计,描绘生态现代化路线图。21世纪,中国式生态现代化的目标有两个:

一是从中国式现代化的政策目标来考虑,中国要在2035年基本实现现代化,在2050年实现社会主义现代化强国,与此相应,中国生态现代化的目标是:在2035年达到生态现代化中等发达国家水平,在2050年达到生态现代化发达国家底线,全面实现生态现代化。把这些总体目标分解为不同时期的阶段目标,就成为中国式生态现代化的政策目标。

二是从中国式生态现代化的关键指标来考虑,生态现代化包括多个领域,每个领域都有一些关键指标,政策目标应该包括这些指标的分阶段目标和最终目标。

生态现代化包括生态系统、环境系统、生态经济和生态社会4个领域。生态系统的目标是尽量降低人均生态足迹,保护生态用地,保持生物多样性。环境系统的目标是尽量降低污染排放水平,减少污染对环境和健康的危害。生态经济的目标是实现"三化一脱钩",轻量化、绿色化、生态化、经济增长和环境退化脱钩。生态社会的目标是社会与环境正效协调,文明与自然互利共生,环境压力与社会进步完全脱钩。

以发达国家为参照目标,对主要生态现代化指标进行预测估算,确定到2035年、2050年中国式生态现代化关键指标的目标值(见表4-3)。

表4-3　2035年、2050年中国式生态现代化关键指标的目标值

领域	指标	2019年基准值		2035年目标值	2050年目标值
		中国	发达国家	中国	中国
生态系统响应	人均物质足迹(吨/人)	22	22	20	18
	濒危物种红色名录指数	0.74	0.89	0.8	0.9
环境系统响应	人群 $PM_{2.5}$ 平均暴露水平(微克/立方米)	48	10	35	10
	铅污染引起的过早死亡福利成本(占GDP%)	2.12	0.53	1	0.5
生态经济	单位物质足迹产生的GDP(美元/千克)	0.73	2.38	1.5	2.5
	单位金属足迹产生的GDP(美元/千克)	7.44	104.84	35	70
生态社会	职业致癌物导致的过早死亡率(人/百万人口)	52.52	189.84	100	120
	二手烟导致过早死亡率(人/百万人口)	290.4	109.7	150	100
	环境规制严厉性指数(0—1)	2.16	3.28	2.5	3
	环境技术相对优势	0.88	1.11	1	1.2

资料来源:OECD Statistic,http://stats.oecd.org/。目标值根据 OECD Statistic 数据预测。

三、中国式生态现代化的创新范式

建设人与自然和谐共生的现代化,需要全体人民共建、共管、共担、共

享,创新生态现代化范式,把生态现代化与体制改革、执法监督、试点示范和全民参与协调起来、统筹起来。

（一）以体制改革为先导现代化基础,加快生态文明体制改革

自第三次全国环境保护大会以来,环境管理八大制度和措施,包括环境影响报告制度、环境保护目标责任制、城市环境综合整治定量考核、排放污染物许可证、污染集中控制和限期治理等成为中国环境治理体系的主体结构。进入新时代,中国不断加快推进生态文明建设,提出生态文明体制改革总体方案,中国生态环境保护管理制度日趋完善。通过体制机制改革,建立起中国式现代化在生态环境保护领域的"四梁八柱",为建立美丽的现代化强国提供顶层设计。

例如,环境保护责任制是八项环境管理制度之一。在这一制度下,环境主管部门与各省级人民政府、中央企业集团公司等签订主要污染物总量减排目标责任书,层层分解污染减排指标,启动污染减排绩效管理。2017年起开展省级人民政府控制温室气体排放目标责任评价考核,建立健全能源消耗总量和强度"双控"目标责任评价考核制度,实施能效、水效领跑者制度。2019年通过《中央和国家机关有关部门生态环境保护责任清单》进一步强化环境保护责任制。环境保护责任制有助于地方各级政府转变观念,变被动减排为主动减排。对未能完成考核任务的地方政府和排污单位,采取多种责任追究手段,包括对市县主管领导给予书面预警、约谈、行政记过或撤职处理,对工作进展不力的县区实施区域限批、挂牌督办,对问题突出的企业公开通报,责令限期整改或予以经济处罚等。

又如城市环境综合整治定量考核(城考)对改善环境质量、加强污染防控、加快环境建设、强化环境管理、促进污染减排也起到积极作用。全

国正式上报"城考"结果的城市达到 500 个,占全国城市总数的 75%,由国家公布"城考"结果的环保重点城市有 113 个,"城考"结果直接通报给各省(自治区、直辖市)人民政府、省级环保部门和环保重点城市政府。对城市水环境、空气质量、声环境、城市基础设施建设等主要指标进行公布,促进各地加快污染治理、实现污染减排目标。

2015 年出台《生态文明体制改革总体方案》,以及《环境保护督察方案》《生态环境监测网络建设方案》《开展领导干部自然资源资产离任审计试点方案》《党政领导干部生态环境损害责任追究办法(试行)》《编制自然资源资产负债表试点方案》《生态环境损害赔偿制度改革试点方案》六份配套文件,成为中国生态文明体制改革的重要基石,对从根本上扭转先污染后治理、边污染边治理的现代化道路提供了重要的制度保证。

其中,《环境保护督察方案》督促地方党委和政府认真履行环境保护主体责任,切实落实环境保护"党政同责"和"一岗双责"。《生态环境监测网络建设方案》要求完善生态环境监测网络,实现生态环境监测信息集成共享、自动预警,建立生态环境监测与监管联动机制,建成陆海统筹、天地一体、上下协同、信息共享的生态环境监测网络。《开展领导干部自然资源资产离任审计试点方案》通过对被审计领导干部任职期间履行自然资源资产管理和生态环境保护责任情况进行审计评价,界定领导干部应承担的责任。《党政领导干部生态环境损害责任追究办法(试行)》规定地方各级党委和政府对本地区生态环境和资源保护负总责,地方党政领导班子成员选拔任用时,应当按规定将资源消耗、环境保护、生态效益等情况作为考核评价的重要内容,对在生态环境和资源方面造成严重破坏负有责任的干部不得提拔使用或者转任重要职务。《编制自然资源资产负债表试点方案》推动建立健全科学规范的自然资源统计调查制度,努力摸清自然资源资产的家底及其变动情况,为推进生态文明建设、有效

保护和永续利用自然资源提供信息基础、监测预警和决策支持。《生态
环境损害赔偿制度改革试点方案》旨在构建责任明确、途径畅通、技术规
范、保障有力、赔偿到位、修复有效的生态环境损害赔偿制度。

（二）以执法监督为着力点，严明生态环境监督管理

在生态文明制度"四梁八柱"基础上，中国不断加强环境执法和环境
保护督查，对破坏生态环境的行为、单位和个人严惩不贷。一是加强环境
执法和环境监管监理。制定环境行政处罚规定和办法、环境执法程序规
定，开展全国环保系统执法检查、环境监理，对国家重点工程，如青藏铁
路、西气东输等实施施工期环境监理。组建区域性核与辐射安全监督站、
组建国家环境保护督察办公室、区域督查局、海监机构等。统一环境污染
犯罪的定罪量刑标准，加大对环境污染犯罪行为的打击力度。建立出口
企业监管信息共享机制，全面实施举报奖励制度，出台《关于加强生态环
境监督执法正面清单管理推动差异化执法监管的指导意见》，把生态环
境执法人员正式列入国家综合行政执法序列，实施环保机构监测监察执
法垂直管理制度改革。

二是常规督查和专项督查相结合。常规督查包括整治违法排污企业
保障群众健康环保专项行动、大气污染防治专项检查、城市开展环境综合
督查、非法侵占林地清理排查专项行动"天网行动"和"利剑行动"、国家
级自然保护区监督检查"绿盾"专项行动、重点城市空气质量目标改善督
查、"碧海"专项执法行动等。专项督查是针对典型生态环境违法行为进
行的专项检查督查，如打击非法猎杀藏羚羊行动的"可可西里一号行
动"、打击破坏森林及野生动物资源专项"候鸟行动"、对三峡库底清理工
作开展的联合执法监察、全国环境安全大检查、饮用水源保护区专项执法
检查、甘肃祁连山国家级自然保护区生态环境问题专项督察、围填海专项

督察等。

2015年起在河北省开展中央生态环境保护督察试点,2017年实现第一轮中央生态环境保护督察全覆盖,2019年开展第二轮中央生态环境保护督察,特别对长江保护修复攻坚战、蓝天保卫战等重点工作开展情况开展专项督察。通过中央生态环境保护督察,进一步压实地方党委和政府及有关部门生态环境保护责任,提高重视程度和推进力度,推动解决群众身边的环境问题,推动解决一大批长期难以解决的流域性、区域性突出环境问题。

(三)以试点示范为抓手,推动生态文明满地开花

20世纪90年代以来,中国先后开展多类型、全方位试点示范建设,探索适应中国式生态现代化的地区、行业、领域发展模式,用实践不断论证"绿水青山就是金山银山"的新发展路径。

1999年起在全国开展生态示范区建设试点,首批试点地区包括海南生态省试点和吉林生态省建设试点。通过颁布《生态县、生态市、生态省建设指标》《国家级生态村创建标准(试行)》《国家生态建设示范区管理规程》等,完善生态建设示范区工作体系。截至2013年全国有16个省份、1000多个地区开展生态省、市、县创建工作。2010年起开始探索生态文明示范区建设,开展生态文明示范区建设指标体系研究,探索建立重点区域跨行政区协调联动推动生态文明建设的机制。2014年开展生态文明建设示范区创建活动。2016年启动首批山水林田湖生态保护工程试点,2021年开展第一批36个生态环境导向的开发(EOD)模式试点。

此外,中国还积极开展世界地质公园申报,开展国家矿山公园、国家沙漠公园、国家湿地公园、国家公园体制、国家级生态旅游示范区、国家级海洋生态文明建设示范区的建设试点,开展"中国地热城""中国温泉之

乡""矿泉水之乡"、全国环境优美镇、"绿水青山就是金山银山"实践创新基地等命名活动。设立环境保护先进企业和先进工作者、城市环境综合整治十佳城市、优秀中国青年环保企业家、中国人居环境奖、中国人居环境范例奖、建设项目环境保护"百佳工程"、国家环境友好企业、国家环境友好工程、"绿色学校""绿色社区""绿色家庭""中国生态文明奖"等生态环境奖项和荣誉称号。

这些先行先试,不断探索中国式生态现代化的可能实现路径,为中国式生态现代化建设提供丰富的实践经验和切实可行的理论验证,许多试点地区、案例已经不仅成为中国生态文明建设的典型案例,而且也成为国际可持续发展的典范。

(四)以美好生活为目标,促进全民参与生态文明

生态文明与人民的美好生活息息相关,中国式现代化鼓励共同奋斗创造美好生活,不断实现人民对美好生活的向往。美好生活就是生活质量不断提升。生活质量以生活水平为基础,反映现实生活的健康、舒适、幸福和满意的程度,是对更安全、更健康、更满意和更幸福的美好生活的不懈追求。

人民不仅是生态文明的建设者、维护者,更是生态文明的见证者、分享者,只有提高广大人民群众的生态文明意识,提高参与生态文明建设的积极性,自觉地把生态文明理念贯彻到工作、生活的全要素、全周期、全过程中,人与自然和谐共生的中国式生态现代化才能在中国扎根开花结果,才能为中华民族伟大复兴赋上绿色底蕴。

一是持续开展生态环境保护宣传教育活动,加强中国生态环境宣传教育。编制《全国环境宣传教育行动纲要》《公民生态环境行为规范》《"美丽中国,我是行动者"提升公民生态文明意识行动计划(2021—2025

年)》。持续开展世界环境日系列宣传活动、"中华环保世纪行"等公益宣传活动,大力宣传中国环境与资源保护方面的法律法规,办好中国青年环境论坛、中国妇女与环境会议、全国绿色创建表彰大会,评选出优秀中国青年环保企业家、绿色卫士、绿色学校、绿色社区、绿色家庭。通过多种形式的宣传教育活动,提高广大人民群众特别是各级领导干部的法律意识和环境资源意识,积极推动各级政府加强有关法律法规的贯彻执行和社会普遍关注的环境与资源重大问题的解决。

二是加强环境信息公开和设施公开。认真贯彻落实《环境信息公开办法》《国家重点监控企业自行监测及信息公开办法(试行)》《近岸海域环境监测信息公开方案》《建设项目环境影响评价信息公开机制方案》《环境保护公众参与办法》等,公开重点行业污染物自动监测数据,开通官方微博、微信公众号和环保微信举报平台,建立例行新闻发布制度,推动环境污染信息公开。落实《环境影响评价公众参与办法》,鼓励和规范公众参与环境影响评价。扩大向公众开放的环保设施和城市污水垃圾处理设施,在全国范围推动环境监测设施、污水处理设施、垃圾处理设施、危险废物和废弃电器电子产品处理设施向公众开放。

三是促进各类生态文化协会、学会、促进会、创作基地等民间组织的发展,不断扩充各类生态文化场馆、生态文化休憩场所、生态文化教育基地、展览馆、博物馆,不断壮大生态文化管理、研究、创作和宣传队伍,推动中国公众环境意识提高。

四、中国式生态现代化的战略要点

建设人与自然和谐共生的现代化,需要技术创新、产业调整、金融支持、设施配套、人才培养,探索生态现代化新路径。

（一）加强环境技术创新

生态创新是引入任何新的或显著改进的产品（商品或服务）、流程、组织变革或营销解决方案，减少整个生命周期中自然资源（包括材料、能源、水和土地）的使用并减少有害物质的释放。

为了进一步提升中国的环境技术创新，结合中国实际情况，研制和实施中国的环境技术行动计划和绿色工业革命计划，推出一系列战略行动计划。重点推出绿色投资计划、运输脱碳计划、工业脱碳计划、环境基础设施提升行动等，推动中国生态环境创新。

加快重点环境技术实验室和服务平台建设。提高完善生态环境领域国家重点实验室，加强国家生态环境科技成果转化综合服务平台的服务功能。实施重点研发专项和研发计划，包括清洁能源技术、"双碳"技术、水体污染控制与治理、大气污染成因与控制技术、典型脆弱生态系统修复与保护、农业清洁生产技术等，形成国家环境综合管理技术平台和污染防治技术体系。适应新时代经济社会发展需求，持续更新国家环境保护科技发展规划、国家先进污染防治技术目录、国家鼓励发展的重大环保技术装备目录等，加快环境创新技术的推广应用。

推进"零碳工厂""零碳工场""氢能产业循环生态链"等整体解决方案的落地，加速应用场景的拓展。以去碳化、数字化、智能化能源生产、存储、供应、消费、管理与服务为主线，为高载能行业企业提供基于可再生能源的一体化绿色零碳方案，解决碳减排问题，助力实现绿色制造。

（二）科学调整产业结构

过去300年世界经济发生了两次重大变革：工业革命和知识经济的崛起。在变革中，不仅世界产业结构、劳动力结构、劳动生产率、关键生产要素、核心技术、主导产业和生产方式发生了巨大变化，资源利用、能源结构、污染排放结构也随之而变。

加快建设现代化经济体系,坚持走新型工业化道路,加速从农业经济、工业经济向服务经济、知识经济的结构转型,大幅提高物质产业和服务产业的知识含量和创新密度,有助于降低资源利用强度和环境压力。坚持创新驱动、质量优先、生态友好的基本原则,大力推进工业自动化、信息化、智能化、绿色化,加速从传统工业向现代智慧工业转型。把商业、工业和能源部改组为知识经济部。

进一步完善产业结构调整。大力压缩不利于环境保护、资源节约、生态修复的产业和产能。继续通过发布高污染、高风险产品名录,环境综合保护名录,环境经济政策配套综合名录,调整"两高一资"行业准入标准,调减或取消"两高一资"产品的出口退税率、禁止加工贸易等,淘汰重污染行业落后产能。进一步严格环境影响评价,特别是"两高一资"、低水平重复建设和产能过剩项目。加强"区域限批""流域限批",提高项目环境准入条件,对不符合法律规定的建设项目设置"防火墙"。严格企业上市环保核查和后督察,从发展源头控制新增污染。在国家重点生态功能区严格实施产业准入负面清单制度,引导相关产业向适宜开发区域集聚。

大力发展新型环保产业和高新技术产业。加快国家级高新技术"环保科技工业园"建设,完善全国重点企业清洁生产公告制度,大力推动环境友好型产业的发展,支持服务企业绿色发展。通过释放创新和开发新的资金来源,进一步开发净零排放绿色技术,培育更好的产品和新的商业模式,并影响消费者行为,使中国成为实现"双碳"经济和净零增长所需技术的全球领导者。

(三)推进绿色金融发展

继续出台相关财税、价格、产权交易、信贷等绿色金融措施,建立激励污染减排和绿色发展的长效机制,继续创新碳资产、碳信用购买、碳中和保险等创新金融解决方案。

在财政预算中加大对环境保护科目的倾斜力度,支持节能减排、环境保护和生态建设。在中央财政均衡性转移支付项中加强对国家重点生态功能区的转移支付,提高对重点生态功能区所在地政府基本公共服务的保障能力。继续执行《环境保护专用设备企业所得税优惠目录》,对减排设备、环境保护设备、生态工程实施给予所得税和增值税优惠政策,对利用医疗垃圾和污泥焚烧发电、工业建筑废物综合利用等给予增值税优惠,对企业从事符合条件的公共污水处理、公共垃圾处理、沼气综合开发利用、节能减排技术改造、海水淡化等所得采取税收优惠政策,引导企业环境保护。

继续创新中国排污权交易市场,完善碳排放权交易,加快重金属、用能权、用水权等环境权交易,激发高质量发展新动能,进一步完善交易管理平台和电子竞价平台。加快发布中国政府绿色融资框架,列出由主权绿色金边债券和绿色储蓄债券资助的六类绿色支出,包括清洁运输、再生能源、能源效率、污染防治、生活和自然资源、气候变化适应。通过建立"绿色收益率"曲线,帮助为应对气候变化的项目提供资金,为急需的基础设施投资提供资金,并创造就业机会。实施"双碳"审查,考虑如何资助"双碳"措施和成本降低的潜力,帮助平衡家庭、企业和纳税人之间的贡献。

进一步落实完善绿色信贷行业指南和绿色信贷指引,帮助银行、投资者在项目融资过程中识别环境风险、加强项目环境保护。完善环境保护与金融部门的信息交流机制,将企业环境保护行为信息纳入征信管理系统,商业银行据此对环境违法企业采取限贷、停贷、收回贷款等措施,促进企业治理污染、保护环境。建立全国统一的环保信用评价制度,建立上市公司环境信息披露联合监管工作机制。加快开发环境污染责任保险产品,完善生态环境损害赔偿制度改革,通过市场机制加强环境管理。

(四)优化生态设施配套

生态环境领域涉及的基础设施是为环境保护、生态建设、防灾减灾和绿色可持续发展而建设的基础设施,包括各种污染防治设施、绿色开放空间及其网络,各种生态工程,对原有基础设施的生态化改造,涉及绿色生产、绿色生活和绿色生态的主要"硬件"部分。

推动中国改造公共设施,实现"双碳"目标。实施"绿色能源"项目,扩大新能源和可再生能源。引入"国家股东项目",为希望投资新能源和可再生能源项目的当地居民提供贷款。提高可再生能源组合标准目标比率,制定实现第三方购电协议等措施。建立智能电网,实现高效能源管理。开展能源效率和智能电网项目,安装智能电表,建立能源诊断数据库,促进对能源需求管理部门的投资。普及电动和氢能汽车,扩大绿色出行。推广绿色汽车和充电基础设施,包括电动汽车、氢能汽车、电动充电器、加氢站、制氢场等。

恢复绿色生态系统,建立智慧绿色城市、绿色乡村,在国家公园和受损城市地区恢复生态系统。进一步巩固林业草业生态工程,包括维护和提升三北防护林工程、京津风沙源治理工程、重点地区速生丰产用材林基地建设工程等。继续实施首都水资源保护工程、东北黑土区保护工程、美丽中国等。实施生态家园共同富裕行动,推进乡村清洁能源工程、农村连片环境整治工程。

加强常规环境监测台站建设和维护,完善环境空气质量监测网、国家地表水监测网、国家土壤环境监测网、大气光化学监测网,推进近岸海况视频监控系统建设。建立以自动监控为核心的远程监管体系,完善国家公园资源保护卫星遥感动态监测、环境辐射自动连续监测系统等。建立"天—空—地"一体化环境保护监测预警体系,完善环境污染、生态变化和自然灾害的监测、预警、评估和应急救助。积极推进生态环境大数据工程建设,加快推进生态环境综合管理信息化平台建设,实现生态环境信息系统接入生态环境云平台运行,实现"一张图"大数据信息系统。

(五)重视环境专业人才培养

围绕落实"双碳"目标加快培育生态环境专业人才。实施生态环境科研领域领军人才工程、生态环境监测人才工程、生态监察执法专业人才工程、绿色金融专业人才工程,着力培养一批气候变化、污染防控、绿色发展等方面的专业人才,加快培育一支绿色技术应用、绿色经济管理、绿色发展智库人才队伍,为生态文明建设和中国式生态现代化提供人才保障。

加强基础科学研究,推动国家科学基金会改革,将国家研发资源主要集中在STEM基础研究和教育领域,确保政府支持的研究具有最高质量,具有开创性,并回答或解决对社会至关重要的生态环境问题,以此促进科学的进步、国家繁荣和福利以及国家的生态安全。鼓励将生态创新和生态创业教学作为STEM教育活动的一部分,实施和更新STEM教育战略计划。促使国家科学基金会、教育部、生态环境部联合建立教育咨询小组,提供与生态科学、技术、工程相关的建议,确定对熟练生态人才和人力资源的需求并实施学徒计划,修订有关科学奖竞赛的要求,为生态创新团队的创业和商业化提供教育、培训和指导。加强和扩大绿色制造业科学和技术教育和培训,包括国家科学基金会的绿色技术教育计划。

整合国内外资源,大力培养"环境+金融+科技"的复合型人才,着力培养学生的数理思维、专业基础知识和现代信息技术,在融会贯通绿色金融知识的基础上加强绿色金融基础实务、相应法规政策、国际规则和社会发展趋势方面能力培养。建立绿色金融科技实训室，采用绿色金融科技案例分析、模拟金融市场实操等方式创新教育教学。鼓励师生到金融机构跟班学习、能力培训，打破产业与高校之间的壁垒，使绿色金融创新理论与案例教学有效对接。

第五章　社会主义文化现代化

人类和文化相伴而生,民族国家的多元文化共同构成了人类文明。文化现代化是世界和国家现代化的重要组成部分,是人类精神生活的现代化。随着物质生活的极大丰富,精神生活的需求与日俱增,文化和文化现代化的重要性日益凸显。

第一节　文化现代化的内涵和特点

文化作为人类活动特有的产物,是人类全部社会生活和精神生活的重要构成。它在不同时代和不同地区具有千差万别的表现形式,世界上有多少个国家和民族,就会有多少种不同的文化。民族文化随着民族的历史而产生、发展,它一经形成便会伴随民族历史长期存在,具有较强的稳定性,并会在社会生产实践中发挥潜移默化的影响。文化的多元共存,从求同到存异乃至尊重文化多样性,是当今世界文化的发展态势,是各民族文化独立性和主体性的体现。

一、文化现代化的内涵

文化现代化是一个综合性、开放性和包容性的概念,其目标是推动文化的进步和发展,进而实现人的全面发展和国家地位的提升。

(一)文化的概念

自 20 世纪初以来,不少哲学家、社会学家、人类学家、历史学家和语言学家从不同视角来界定文化的概念。然而,迄今为止仍未取得一致性意见。

广义的文化指的是人类所创造的物质和精神的总和。对于自然界无法满足人类的那部分需要,人类总要通过实践来建构,随之也就产生了文化。英国人类学家泰勒指出:文化就民族学意义而言,是一个包括知识、信仰、法律、道德、艺术等领域的复合体,这个复合体同时也包括人在社会活动中获得的习惯和能力。① 联合国教科文组织提出:文化在今天应被视为一个社会和社会集团的精神和物质、知识和情感的所有与众不同显著特色的集合总体,除了艺术和文学,它还包括生活方式、人权、价值体系、传统以及信仰。②

近年来,随着文化不断向社会生活及各学科领域渗透,文化的概念更加复杂化,文化的覆盖范围更加广泛。"文化作为一种历史的事物,是随着社会的发展而变迁的,其内容和结构将日趋丰富、复杂,其地位和作用将不断调整、强化,因而关于文化概念的内涵和外延也会出现一定程度的不稳定性。"③

(二)文化现代化的内涵

文化现代化是现代化进程中的一个方面,既体现了文化要素的继承、

① lEdward Burnett Tylor, *The Origins of Culture*, New York: Harper and Row, 1958.

② UNESCO, *World Conference on Cultural Policies*, Mexico City, 1982, https://unesdoc.unesco.org/ark:/48223/pf0000052505.

③ 胡潇:《文化的意识与逻辑:基于唯物史观的解释》,中国社会科学出版社 2015 年版,第 12 页。

选择、创新、交流等复合和变迁过程，又体现了现代文化的诞生、成长、转型、互动等复合和变迁过程。现代化作为一种世界性的历史潮流，它注定具有多维、多层、多面的复杂性质。[①] 建立在文化和现代化这两个基点上的文化现代化，不言而喻，同样具有复杂性。

文化现代化的内涵包括三个方面：首先，文化现代化是文化前沿领域的一种世界性现象和潮流。工业革命以来，过去的三个世纪见证了文化现代化与其他领域（如经济、政治、社会、生态）的现代化一起，改变了人类及整个世界格局。人类文化发展的前沿就是文化现代化，它体现出一种世界性的基本趋势。在文化现代化的进程中，每个国家和民族都有权选择紧跟潮流或原地停留。在这种不断选择或放弃的过程中，文化现代化水平的国际差距在国家与国家、民族与民族之间不断发生着变化。其次，文化现代化是一种文化变迁，反映了自工业革命以来在文化领域中发生的系列变化。在文化多元性存在的同时，少数强势文化成为主导文化，文化中心化的现象逐渐形成和发展；部分文化逐渐失去社会效用和价值，开始以遗产的形态出现在公众视野中，并在一定范围内得到保护；部分文化要素和载体被以营利为目的的开发和使用，形成文化商业化现象。最后，文化现代化还是国际文化的互动交流和国家文化地位变化的过程。国际交流合作、竞争冲突等实践都会在一定程度上促进国际文化互动。[②] 文化现代化不是孤立的，每个国家在文化发展的过程中都会借鉴和吸收外来文化要素，进行国际文化交流与文化合作。文化现代化水平还体现出国家文化地位的变化。

[①] 罗荣渠：《现代化新论：世界与中国的现代化进程》，商务印书馆2004年版，第16—17页。

[②] 中国现代化战略研究课题组：《中国现代化报告2009：文化现代化研究》，北京大学出版社2009年版，第123页。

总而言之,文化现代化是文化发展、文化转型与国际文化互动的综合体。

文化现代化的范围非常广泛,涉及文化领域中的各个方面。它既包括核心文化领域的现代化,如语言、文学、艺术、哲学、宗教、法律、道德、习俗、知识等方面的现代变迁;也包括非核心文化的现代化,如文化设施、文化产业的现代化等;还涉及交叉文化的现代化,即文化领域与其他领域交叉形成的文化实践的现代化,如政治文化、经济文化、社会文化、环境文化的现代化等。本书所关注的文化现代化,重点考察在世界现代化进程下文化与教育、科技及产业发展相结合所产生的新内涵及其可量化的核心指标,探讨世界文化现代化的一般趋势,考量中国在文化生活现代化、文化竞争力、文化影响力方面的发展水平及比较优势和短板。

(三)文化及文化现代化的分类

以不同的立场和视角看待文化,文化的分类有很大的差异。

就时间范围而言,文化可被分为史前文化、传统文化、现代文化;就地理区域而言,文化可被分为本土文化和异域文化;而按文化价值来划分时,文化还可被分为主流文化和亚文化。根据文化所包含的主体来划分,文化分为广义文化和狭义文化。广义文化指人类所创造的物质和精神的总和,狭义文化则仅指精神性文化。文化在总体上可分为文化的物质层面和精神层面。还有把文化分为三个层次:一是器物性文化,也就是经由人改造的自然物的状态和属性;二是制度性文化,发生于人改造自然物途中形成的人际交往,为了规范交往行为而产生的规则;三是精神性文化,它是无形态地存在于人脑中的观念,但在实践条件下又能外化于物质载体。

从现代化的视角看文化,可以分为核心文化和外围文化两部分。基于此,文化现代化分为两部分:核心文化领域的现代化和外围文化领域的现代化。

二、文化现代化的基本特点

在文化现代化进程中,基于人类文化的共享性和开放性,世界不同国家和地区创造的文化具有一些共同特征和普遍趋势。充分把握并利用这些特点和趋势,将其创造性地转化为世界性的、具有广泛意义的文化价值,是文化现代化的根本要求;同时,它对国内的文化建设及国际秩序的再构建也发挥着举足轻重的作用。

(一)文化现代化具有先导性

文化观念的变革往往是社会变革、政治革命的先导。文化观念的变革也是社会发展动力系统中重要的精神力量。

世界现代化运动表明:思想解放在先,现代化在后。世界现代化一般认为始于 18 世纪的英国工业革命,而文化现代化的起点可以追溯到 14 世纪的文艺复兴,后又经历了宗教改革、科学革命和启蒙运动。尤其是启蒙运动,它具有鲜明的思想解放特征,使人类社会从以"神"为中心发展到以"人"为中心的思想观念的演化,激发了作为个体的人去探索自然的热情,使西方国家不断地向理性化、工业化、城市化、民主化的方向迈进,逐步实现向现代化的转变。

文化现代化的先导性不仅体现在历史维度,也体现在现实维度。文化潜移默化地规范或影响人们的生产方式、价值观念、思维方式等,文化先导模式对经济、社会、政治、生态领域的现代化进程产生了深远的影响。有学者提出政策建议:通过加强文化建设来推动区域经济的发展。[1]

---

[1] 王水莲:《以文化建设推动区域经济发展的思考》,《未来与发展》2008 年第 9 期。

（二）文化现代化具有渗透性

文化有一种内在的能力，通过影响人类行为来产生社会价值；文化因素渗透到各领域，文化要素在这些领域流动的过程展现了文化主体的文化价值优势。文化现代化通过文化参与对经济和社会发展产生了显著的促进作用。

经济合作与发展组织的《文化创意产业报告》①指出：尽管文化参与的优势还没有被全部发掘和利用，迄今为止它已经赢得了许多瞩目成就，例如社会包容度的提高、全民健康和福利水平的增加、社会凝聚力和跨文化对话、促进经济增长和创新等。文化参与影响着社会的各个领域，在未来的几年里，这种渗透作用还将得到进一步加强。

文化参与可以强有力地提高社会包容度，并通过培养人们的社交能力来推动社会和经济发展。文化参与与政治参与、志愿服务、社区参与等其他形式的公民参与相互作用，并且能够加强公民参与。在日益数字化的当代文化中，文化参与水平有助于实现更好的数字素养水平。随着越来越多的文化活动通过数字手段进行组织协调，文化参与可以帮助落后地区和地理边缘化地区缩小数字流畅性的差距。然而，文化参与的这种好处依赖于数字基础设施的可及性，而这在国家和地区之间是不平衡的。

创新和创业等文化参与可以产生新的经济影响，为未来的发展埋下种子。② 高质量的文化参与还能促进文化和创意部门领域之外创业模式

---

① OECD, *The Culture Fix*: *Creative People*, *Places and Industries*, Local Economic and Employment Development （LEED）, Paris: OECD Publishing, 2022, https://doi. org/10. 1787/991bb520-en.

② EC, *A New European Agenda for Culture*, *Communication from the Commission to the European Parliament*, the European Council, the European Economic and Social Committee and the Committee of the Regions, European Commission, 2018.

的发展,文化和创意元素在这些创业模式中发挥了关键作用。具有挑战性的文化体验还有助于企业家培养横向思维和解决问题的技能,而这些技能通常无法在工程学院或商学院的培养中获得。

2019 年世界卫生组织发布的一项调查报告中显示,文化参与在预防疾病和增进健康以及在整个生命周期中管理和治疗疾病方面具有关键作用。① 在精神方面,文化参与是增加文化和创意生产的有力武器,促进就业,并带动其他领域的创新能力。文化参与还可以带给人们更宽广的视野,在文化创意产业的内容创造中发挥不可替代的作用,壮大文化创意产业生产规模。

(三) 文化现代化具有创新性

文化现代化本质上源自文化创新。文化现代化是一个从传统向现代变革的创新过程。文化现代化是对传统文化的继承、批判和创新的过程,二者如影随形。因此,文化创新成为人类社会存在与发展的根本驱动力。离开文化创新,文化现代化就成为僵化结构的堆积过程。在人类社会的文化前沿,文化现代化是由一系列创新及创新扩散等推动的。文化现代化的每一次革命性进步,都是重大创新和创新扩散的结果。②

文化创新不仅是实现现代化的源头之水,更体现为一种能够促进文化现代化的先进行动;文化现代化是人类价值体系不断推演和更新的过

---

① Fancourt, D. and S. Finn, *What Is the Evidence on the Role of the Arts in Improving Health and Well-being? A Scoping Review*, World Health Organization, Geneva, 2019, https://www.euro.who.int/en/publications/abstracts/what-is-the-evidence-on-the-role-of-thearts-in-improving-health-and-well-being-a-scoping-review-2019.

② 中国现代化战略研究课题组:《中国现代化报告 2009:文化现代化研究》,北京大学出版社 2009 年版,第 iv 页。

程。文化现代化的每个阶段性目标以及文化的变革与创新过程都在力图实现人类的全方位发展,文化现代化的任务是多方面的,但是最根本的任务是文化创新以及实现文化创新的方法论。

作为推动文化现代化的具体部门——文化部门也具有很强的创新性,但目前在统计数据中对其创新贡献未能得到充分体现。文化创意部门是高度创新的,生产新的产品和内容、提供新的文化服务、开发新的商业模式和工作方式、以新颖的方式开发和整合技术。更重要的是,文化部门对其他经济部门的创新也作出了贡献。

(四)文化现代化既具有多元性

一方面,文化现代化是多元的,其多元性建立在文化价值取向的多元性之上,随着文化多元性的丰富而不断发展。民族文化的不同,使文化现代化在不同国家和民族中表现为不同的文化选择。这种选择是人类的根本权利,因此每个国家和民族在行使自己的文化选择权时也不能以任何方式干涉或损害其他国家和民族的文化选择权。

文化现代化的多元性蕴含在现代化的多元性之中。世界现代化的历史显示,不同国家和地区的现代化模式和道路各不相同,由于文化所包含的强烈意识形态的价值观属性,使文化现代化全面而深刻地反映政治、经济、社会领域的深层发展和变迁规律。20 世纪 90 年代以来,对文化多元性的研究引起广泛关注,进而对现代化研究领域产生了很大影响,现代性具有多种文化方案和制度模式。多元性被视为是不同现代社会独特面貌的主要决定因素。全球化趋势清晰地表明了对现代性文化方案的解读以及重新界定多元现代性的尝试。①

---

① Eisenstadt S.N., *Comparative Civilizations and Multiple Modernities*, Leiden: Brill, 2003.

在全球化的语境之下,文化现代化是一个伴随着包括思想和文化在内的各类文化产物的交流和融合过程。邓小平同志指出,要使社会主义获得国际竞争力,前提就是要勇于参考和吸收人类文明所创造的一切优秀成果。要积极开展广泛而深刻的各类对外文化交流,积极吸收各国文化优势。①

另一方面,作为人类文化的现代化,尽管纷繁复杂,但也具有某些一致性。一是不同文化价值的可共享性。不同国家和民族的思想文化各有千秋,但这些文化可以为全人类所服务、所共享。能够共享的文化基因越多,这个国家或民族的文化影响力就越大。在这个意义上,文化现代化应着眼于人类共性,尤其是人类文化情感的共鸣。二是人类本性的共通性。人是文化创造者,文化为满足人的需要而存在。尽管世界不同地区和民族的人各有差异,但人作为宇宙万物的一员,是特殊性与普遍性的有机统一;亲情、友情、爱情、悲喜、荣辱、梦想,这些关乎人类情感的根本方面是共通的②,作为人的最基本文化需要是共通的。正是这种共通性为文化交流和互动提供了现实基础,也为文化现代化提供了方向。文化现代化是为了满足人类发展的现代化。

（五）文化现代化体现国家利益

文化现代化孕育在国家利益和市场竞争的协同与冲突中,这在本质上是由文化的属性决定的。

首先,文化具有民族属性。文化可以通过作为一个国家和民族的身份标识来体现各自的文化权益。作为一个民族的风俗习惯、情感表达、审

---

① 《邓小平文选》第三卷,人民出版社 1994 年版,第 43—44、373 页。
② 周蓓、梁建新:《深刻理解文化影响力的四重维度》,《湘潭大学学报(哲学社会科学版)》2021 年第 7 期。

美偏好、生活习惯、思维特征等心理结构的综合呈现,文化的民族性是使一种文化区别于另一种的特殊标识,体现了民族整体文化的精神内涵;文化的民族性具有丰富的内涵,它体现着民族成员的生活智慧和立足之本,是民族成员主体意识的觉醒。文化的民族性通过民族文化的价值观念、行为方式、民族精神等具体呈现出来,且深刻体现出民族国家的利益取向。

其次,文化具有商品属性。文化产品及服务可以在市场流通中作为一种商品,根据市场需求进行生产和交易并从中获利。文化商品具有一般商品的某些共有特征,例如,文化产品同样需要按照价值规律在市场上进行交换,文化产品的使用价值也同样需要按照市场需要来实现。换句话说,内容丰富、艺术感召力强、时代感强且顺应民众审美的文化产品及其服务具有价值和使用价值。由于文化产品进入市场需获得经济效益,这将引起产品竞争。为了使文化产品在市场上流通顺畅,要在提高质量的前提下强化竞争机制。通过市场来调节文化产品的生产、流通和消费。

文化变迁始终受到国家利益和市场竞争这两种力量的影响。在文化的二重性导致文化现代性的二重性,即文化现代化过程同样受到民族国家利益和市场竞争这两种力量的影响。在文化现代化进程中,提高文化创造力和维护国家文化权益、提高文化生活水平和提升国家文化竞争力同等重要,它们是相辅相成的。文化现代性的二重性在不同国家、不同时期体现出明显不同的侧重点,有些国家重视文化的国家利益,有些国家则更关注满足市场需要的文化商品属性;同一国家在某一时期更重视文化传播的国家利益,而在另一时期更关注文化的商品属性。

第二节 中国文化现代化的基本
要求和现实水平

发端于欧洲的世界文化现代化是一场席卷人类文明的变革性进程，如今已有 300 多年的历史。如同近代工业和经济一般，在鸦片战争国门大开后中国文化才开启了现代化的历程，至今不过百余年。中国文化现代化呈现出后发追赶的特征，后发现代化具有发展经验和手段的获取便利、跨越式发展的可能前景等优势①，但在这个过程中如果忽视所处的现实背景和条件，生搬硬套，将会产生难以预料的结果。因此，中国的文化现代化必须以客观理性地对待已有的文化资源，公正审慎地看待外来文化；全面认识到目前我国文化现代化的现实水平和面临的问题，充分发挥自身优势，努力营造互利共赢的国际文化环境。

一、中国文化现代化的基本要求

中国文化现代化首先必须理性地认识自己并认识他人，明确发展目标，充分发挥自身优势，才能走出一条具有中国特色的文化现代化之路。

（一）客观理性对待传统文化

五千年的历史长河之中，中国传统文化经过一次次的洗礼和积淀，形成了珍贵的文化沃土，成为文化现代化的根和魂。中国的文化现代化需

① Levy M.J., *Modernization and the Structure of Societies*, Princeton University Press, 1966.

要理性对待传统文化。

首先,继承和发展优秀传统文化。如各民族的语言文字体系;诗词、歌赋、小说戏剧等文学经典;节庆、饮食、服饰等文化习俗;水墨画、书法、石刻、京剧等艺术创作;道教、汉传及藏传佛教等宗教理念;儒学、道学、阴阳学等哲学思想;经络学、中医药学、陶瓷、建筑等科学技术等。党的二十大报告指出:"中华优秀传统文化源远流长、博大精深,是中华文明的智慧结晶,其中蕴含的天下为公、民为邦本、为政以德、革故鼎新、任人唯贤、天人合一、自强不息、厚德载物、讲信修睦、亲仁善邻等……同科学社会主义价值观主张具有高度契合性。"①这些文化精粹无一不充分反映中华民族在生产实践过程中所形成的价值体系,这些文化瑰宝是我们文化自信的底气,同当代的科学社会主义能够有机结合。

其次,对文化遗产进行合理保护和利用,文化遗产是一个国家或民族的文化财产和资产,具有历史、艺术或科学等文化保存价值,分为物质(有形)文化遗产和非物质(无形)文化遗产。在世界文化现代化进程中,各国不断提升对文化遗产价值的认识和重视程度,形成了关于世界文化遗产保护、尊重和合作的共识。近年来,我国加强了对文化遗产的保护力度,在文化遗产申报、文物保护示范区创建、古籍的整理编撰等方面都取得了显著成效,世界级文化遗产的数量位居世界前列。中国的长城、布达拉宫、花山岩画等38项物质遗产入选世界遗产名录;京剧、蒙古族的长调民歌、西安鼓乐、南方的昆曲、侗族大歌、剪纸等非物质遗产42项被联合国列入世界非物质文化遗产名录;2020年"太极拳""送王船"列入联合

---

① 习近平:《高举中国特色社会主义伟大旗帜　为全面建设社会主义现代化国家而团结奋斗——在中国共产党第二十次全国代表大会上的报告》,人民出版社2022年版,第18页。

国教科文组织人类非物质文化遗产代表作名录。[1] 从国家角度看,文化遗产是对历史书和教科书的补充,它能够传承文化基因、构建民族文化认同、增强文化自信、催化文化创新、推动文化产业发展、提升文化软实力等;从国际视角来看,文化遗产有助于提高地域的吸引力和影响力。[2] 我国是四大文明古国之一,所拥有的文化遗产丰富多样,吸引了无数国际旅客来华参观游览,其中历史文化名城北京、西安等都是最受欢迎的地点。文化遗产在扩大交流当中扮演了重要角色,提升了国家的魅力。文化现代化的同时也是文化国际化的过程,要以大国视角看待文化遗产,使之成为中国亮丽的国际名片。

最后,对落后腐朽的传统文化进行批判和转化。包括与时代发展相背离的思想观念、风俗习惯等文化形态,比如,崇尚专制等级、家族男权主义、贬抑个性等具有明显历史局限性的儒家思想,对人口性别比例正常化产生威胁的重男轻女的蒙昧思想,给女性身心带来伤害的缠足习俗等。

(二)公正审慎看待外来文化

近代以来,"师夷长技以制夷"开启了了解世界、向西方学习的新潮流,标志着中国由传统向现代的思想转向。中国的文化现代化走向了学习西方的道路,从科学技术到政治体制再到文化教育。20 世纪 90 年代美苏冷战结束后,以美国为代表的西方文化随着全球化浪潮的激荡进行了史无前例的传播和扩散,从潮流服饰、快餐文化、娱乐体系到网络普及,西方文化渗入中国社会的方方面面。

---

[1]　徐瑾、江畅、徐弢等:《中国文化发展报告(2021)》,社会科学文献出版社 2021 年版,第102 页。

[2]　Backman M., Nilsson P, The Role of Cultural Heritage in Attracting Skilled Individuals, *Journal of Cultural Economics*, Vol.42, No.1, 2018, pp.111–138.

文化现代化是国际互动的复杂过程,中国文化现代化需要理性客观认识外来文化,避免两种思想上的误区:一方面要克服民族自负和排外主义,认为中华文化具有完全的优越性,并将外来文化和本土文化之间的关系看作一场非此即彼的博弈;另一方面也要警惕盲目崇拜和自我贬抑,认为欧美、日韩等发达国家的文化具有完全的优越性,希冀文化上的全盘西化。这两种认识都缺乏基本的辨别力。对于外来文化的态度也要一分为三。

首先,积极学习外来的先进文化。习近平总书记指出:"今天,我们要铸就中华文化新辉煌,就要以更加博大的胸怀,更加广泛地开展同各国的文化交流,更加积极主动地学习借鉴世界一切优秀文明成果。"①我们要以海纳百川的宽阔胸襟借鉴吸收人类一切优秀文明成果,推动建设更加美好的世界。从世界历史来看,先进文化具有时代性、继承性、包容性、创造性和引导性等特点。② 学习先进文化就是要促进符合上述特点的世界前沿科技、哲学思想和管理经验等与本国文化的有机结合。其次,对于中性外来文化,如各国语言、文学和文艺作品等,要以欣赏、开放的态度在不断深入的交流中求同存异,推动构建人类命运共同体。最后,要甄别落后的外来文化,对其敬而远之,如个人主义、拜金主义、享乐主义及颓废文化、庸俗文化等,尤其要反对西方近年来甚嚣尘上的文化霸权主义。

正确处理外来文化和中国传统文化的关系,塑造出符合现代社会需求的中华民族的特色文化是中国文化现代化的本质要求。日本和俄罗斯作为中国两个重要近邻在实现文化现代化、进入新发展阶段的过程中都

---

① 习近平:《在敦煌研究院座谈时的讲话》,《求是》2020年第3期。
② 许永璋、于兆兴:《从世界历史看先进文化的特点》,《郑州大学学报(哲学社会科学版)》2003年第3期。

较好地保持了民族独立。① 尤其是日本,充分挖掘了自身的文化潜力,创造了风靡全球的日式动漫文化。

（三）促进科学文化与人文文化协调发展

1959 年,英国科学家、小说家斯诺（Charles Percy Snow）在剑桥大学瑞德演讲中提出了人文文化与科学文化二分的著名论断。事实上,古希腊时期科学与人文文化保持着原始统一的关系,直至近代科学的发展精细化、专门化,才逐渐从哲学中分离。

一般而言,科学文化注重真、实二字,也就是通过"格物"的过程挖掘能够反映客观物质世界的本质和运行规律,是关于实然问题的解答;而人文文化更专注于美与价值,是借助叩问社会和人而对应然问题的思考。到了 19 世纪,科学与人文二者的分离愈加明显,在这个过程中,科学文化得到了极大丰富,其影响在不断扩展,隐有代替宗教成为唯一普遍真理的趋势。而与之相对的人文文化却逐渐式微,科学由此陷入了哈贝马斯所说的工具理性的窠臼之中。这一变化强化了科学技术对社会价值的破坏性,例如不加约束的工业技术所导致的自然环境恶化、欠缺规制的生物研究对人类尊严的伤害,以及人工智能对人的权利和自主性的侵犯等问题日渐突出。

在 21 世纪的今天,科学技术与社会的讨论、负责任创新的倡议等都证明科学文化也可以寻求价值理性的复归,正确理解科学技术的边界也是贯彻新发展理念的内在要求。与此同时,人文文化的发展在科技进步的推动下,也产生了丰富多样的文化表现形式,其传播力和生命力均得到

---

① Vorobyeva E.S., "The Experience of Culture Modernization in Russia and Japan", *Vestnik Tomskogo Gosudarstvennogo Universiteta – Kulturologiya I Iskusstvovedenie* – Tomsk State University Journal of Cultural Studies and Art History, Vol.24, No.4, 2016, pp.42–46.

巨大提升,例如故宫增强现实(AR)互动、红色历史场景的虚拟现实(VR)再现、3D打印艺术作品等,说明人文文化能够与科技成果相得益彰,从而焕发出新的活力。

科学文化和人文文化既有显而易见的差别,又有千丝万缕的联系。我们所处的时代是科学技术与人文精神互动发展的新时代,二者对抗分裂的状态已难自支,其关系变化反映了人类认识的深化。2016年,习近平总书记曾在哲学社会科学工作座谈会上指出:"一个国家的发展水平,既取决于自然科学发展水平,也取决于哲学社会科学发展水平。一个没有发达的自然科学的国家不可能走在世界前列,一个没有繁荣的哲学社会科学的国家也不可能走在世界前列。"[1]中国文化现代化需要正视这一趋势,平等地看待科学文化和人文文化,并致力于促进二者的协同发展。2019年科技部等六部门出台了《关于促进文化和科技深度融合的指导意见》以推进二者的协调发展,满足人民群众的精神文化生活需求;2022年,中共中央办公厅、国务院办公厅印发了《关于推进实施国家文化数字化战略的意见》,明确指出到2035年,建成物理分布、逻辑关联、快速链接、高效搜索、全面共享、重点集成的国家文化大数据体系,中华文化全景呈现,中华文化数字化成果全民共享。[2] 这些举措为未来中国文化建设迈向新高度提供了关键的政策支撑。

(四)改善城乡区域间文化现代化的不平衡性

党的十九大报告中对我国社会主要矛盾的变化作出了新的重要判断,即已经转变为人民日益增长的美好生活需要和不平衡不充分的发

---

[1] 习近平:《在哲学社会科学工作座谈会上的讲话》,人民出版社2016年版,第2页。

[2] 中共中央办公厅、国务院办公厅:《关于推进实施国家文化数字化战略的意见》,中国政府网,2022年5月22日。

展之间的矛盾。马克思主义理论认为,经济基础决定上层建筑,发展不平衡的问题将不仅表现为经济指标的差距,也在文化现代化水平上有所呈现,例如具体表现为区域间科技文化人才分布不均衡、区域间文化基础设施分布不均衡、区域间文化产业发展不均衡。[①] 从中国文化发展指数的排名来看,长三角、珠三角地区位居前列,是经济和文化相辅相成、健康发展得到的成果;中部地区大多位列中间名次,西部地区和东北地区的大多省份则位次靠后,文化投入、供给、传播、消费等能力都比较薄弱。[②]

文化作为社会的上层建筑反作用于经济基础,我国文化发展的不平衡性如果得不到重视,将直接影响我国文化现代化的整体推进。对于偏远落后地区来说,对文化产业布局的重视不仅有助于振兴地区经济发展,并且有助于增强城市吸引力。例如,近年来甘肃、宁夏、新疆等地,利用"一带一路"建设的机遇,不断挖掘沙漠、戈壁、古城等陆上丝路特有的自然风光和人文历史的价值,迎来了对沿线旅游业、农业的投资,并广受世界关注。因此,中国文化现代化需要正视当下文化的不平衡性,要坚持全国文化建设一盘棋,引导先进地区帮扶落后地区,同时鼓励落后地区善用自身独特的文化资源和生态优势。

改善区域的文化不平衡性还体现在保护文化多样性。比如中国语言文字丰富多样,只有回族、满族使用汉语,其他53个少数民族拥有不同的民族语言。中国社会快速发展的同时,一些传统文化面临着消亡的危机。例如,社火是中国传统文化的重要组成部分,乡村群众用社火来庆祝春节,西

---

① 张谨:《我国区域间文化发展不平衡的四种表现及其对策现及其对策》,《中华文化论坛》2013年第12期。

② 徐瑾、江畅、徐弢:《中国文化发展报告(2021)》,社会科学文献出版社2021年版,第71—72页。

北地区的社火形式多样、内容丰富。但社火现已出现传承的断层。① 近年来,国家开始重视维护和传承地区特色文化,逐步展开文化多样性保护。

（五）营造友好互利共赢的国际文化环境

文化现代化并不是一个国家或一个民族孤立发展的过程,而是各国各民族交流互动并相互影响的过程。世界文化现代化的进程中,国际文化环境经历了从保守到开放的多次波动变化。冷战后,随着世界多极化、经济全球化在曲折中前行,中国文化现代化也因此迎来了黄金发展期。但近年来,单边主义、保护主义逐渐抬头,以中美贸易摩擦为标志,国际环境的急剧变化不但损害经济发展,也阻碍了中国文化的国际交流与互动。例如,2020 年美国特朗普政府宣布终止五项中美文化交流计划,并宣称其为"软实力宣传工具"。此外,全球新冠疫情大流行也使国际文化交流显著减少,文化贸易、文化投资、产业升级均遭受重大打击。以电影行业为例,2020 年,中国票房收入仅为 204 亿元,不及 2013 年的票房成绩。② 中国文化现代化面临多重压力,但同时也带来机遇,文化行业努力走出一条提质增效的道路。力争创作更加优质的文化产品,学习更加先进的技术手段,运用更加新颖的艺术形式,加快构建文化竞争新格局。

国际环境是在互动中形成的,当今世界正经历百年未有之大变局,中国不断深化对外开放,必然要面对内外文化的激烈碰撞。中国文化现代化需要理性看待时局,积蓄力量,紧抓机遇,推出更多优秀的文化产品和创意走向世界舞台。党的二十大报告强调:"坚守中华文化立场,提炼展

---

① Xu Feng Ming, JUN O.S., Si-Cong Liu, "On the Inheritance and Development of Shehuo in the Process of Modernization：Take Shehuo in Shanxi Province as an Example", *Chinese Studies*, 2020, 73, pp.623-644.

② 顾新宇、吴虹利:《后疫情时代中国电影产业的金融投资解码》,《电影评介》2022 年第 2 期。

示中华文明的精神标识和文化精髓,加快构建中国话语和中国叙事体系,讲好中国故事、传播好中国声音,展现可信、可爱、可敬的中国形象。加强国际传播能力建设,全面提升国际传播效能,形成同我国综合国力和国际地位相匹配的国际话语权。深化文明交流互鉴,推动中华文化更好走向世界。"①良性的文化环境需要各国各民族共同努力、共同维护,构建人类命运共同体是中国的积极行动和有益尝试。

二、基于核心指标分析的文化现代化现实水平

文化现代化进程中,文化的高度多样性和部分趋同性共存,有些文化变量可以进行定量分析,如文化产业、文化贸易和文化消费水平;有些文化变量难以定量分析,比如语言、宗教和思想观念等。因此,本书进行文化现代化比较分析所选取的核心指标偏重数据可获取、政策含义丰富的文化教育、文化产业和文化传播等领域的指标,政策建议也主要针对这些领域的短板,不涉及更广义、更宏观和更抽象的文化现代化的全部。

《中国现代化报告2009——文化现代化研究》显示:2005年,在131个国家中,中国文化生活现代化指数排名第58位,文化竞争力指数排名第24位,文化影响力指数排名第7位。② 这一评价结果具有一定的参考价值和现实意义。遗憾的是,后续评价未能持续,2005—2020年,中国的文化生活现代化水平、文化竞争力水平和文化影响力水平都有较大的提高,同时也面临新的问题和挑战。

---

① 习近平:《高举中国特色社会主义伟大旗帜　为全面建设社会主义现代化国家而团结奋斗——在中国共产党第二十次全国代表大会上的报告》,人民出版社2022年版,第45—46页。

② 中国现代化战略研究课题组、中国科学院中国现代化研究中心编:《中国现代化报告2009——文化现代化研究》,北京大学出版社2009年版,第263—283页。

值得注意的是,在新冠疫情的影响下,2020—2022年一些指标出现异常,在分析中的适用性有不同程度的下降。

(一)文化生活现代化水平

2005年以来,中国在大部分的文化生活指标上取得了较大进步,与世界文化现代化前沿国家的差距在不断缩小。2021年①,国际差距比较大的指标分别为国际旅行支出份额、人均文化消费支出和出境旅游年平均人次(见表5-1)。

表5-1　2021年中国与世界的文化生活现代化指标

国家	受教育年限(年)	互联网使用率(%)	宽度普及率(%)	出境旅游人次(人/次)[a]	出境旅游支出份额(%)[a]	文化消费占比(%)[b]	人均文化消费(美元)[c]	人均屏幕数(块/每百万人)[d]	人均观影次数(次/年)[d]
法国	15.8	86.1	48.8	0.73	4.15	7.6	1520	10.3	3.6
德国	17.0	91.4	44.2	1.20	7.03	9.4	2150	6.4	1.62
日本	15.2	82.9	36.2	0.16	2.03	7.9	1638	2.8	1.56
英国	17.3	96.7	41.2	1.39	2.14	9.4	2187	7.3	2.9
美国	16.3	91.8	37.4	0.52	12.93	9.1	3729	13.8	4.24
中国	14.2	73.1	37.6	0.11	0.98	2.7	82	3.9	1.25
高收入国家	16.5	90.1	36.9	0.84	66.68	8.7	2245	7.5	2.7
世界平均	12.8	63.1	16.9	0.26	100.00	—	—	—	—
与发达国家的差距(倍)	1.2	1.2	1.0	7.7	67.7	3.2	27	1.9	2.2

注:a.2019年数据,出境旅游支出份额指该国居民出境旅游费用占世界总出境旅游费用的比例;
b.2020年数据,文化消费占比指文化消费占家庭总消费的比例;c.2020年数据,人均文化消费的单位为美元;d.2017年数据。

资料来源:World Development Index 2023,OECD database 2023,http://data.uis.unesco.org/。

————————

① 2021年或最近年份数据,详见表注。不同数据库数据更新的速度不同,以下同。

人民群众日益增长的精神文化需要是促进文化消费市场繁荣的重要因素。近年来,在国家相关政策的鼓励和引导下,我国文化消费市场稳中向好,文化消费占家庭消费份额与发达国家相比,差距在不断缩小(见表5-1),取得了长足的进步。

文化消费趋势能够直观地反映第三产业的发展趋势,对我国经济的可持续发展有着重要意义,如何在常规消费模式下转换文化发展思路和激活文化消费潜力将成为文化现代化发展必须面对的挑战和机遇。

(二)文化竞争力水平

在全球化进程中,我国的文化竞争力和影响力都在不断提升。我国文化产业在世界市场已经具备了一定竞争力,但也显示有一些短板和国际差距。比如,人均文化服务出口贸易和人均文化产业增加值等指标的国际差距比较明显(见表5-2)。我国的文化产业和对外文化商品及服务贸易还有很大的提升空间,传统文化资源有待进一步发掘,文化产业可进一步提质增效,持续提升我国的文化竞争力。

表5-2 2021年中国与世界文化竞争力指标

国家	人均文化服务贸易(美元)	人均文化产业增加值(美元)[a]	文化产业占比(%)[a]	文化商品出口份额(%)[b]	大学入学率(%)
法国	1036	1505	4.2	3.5	69.3
德国	1808	1567	3.7	8.0	73.0
日本	774	1312	3.0	5.0	64.6
英国	1405	1722	4.5	6.0	69.5
美国	958	3016	4.8	21.9	87.6
中国	80	456	4.5	6.3	63.6
高收入国家	1196	1824	4	—	79.6
世界平均	—	—	—	—	40.3

续表

国家	人均文化服务贸易(美元)	人均文化产业增加值(美元)[a]	文化产业占比(%)[a]	文化商品出口份额(%)[b]	大学入学率(%)
与发达国家差距(倍)	15	4.0	0.9	—	1.3

注：a.2019 年数据,文化产业占比是指文化产业增加值占 GDP 的比例;
　　b.文化商品出口份额指该国文化商品出口占世界文化商品总出口的比例。
资料来源：World Development Index 2023,OECD database2023,https://unctadstat.unctad.org/。

　　我国在文化竞争力方面面临的问题,首先是文化供给质量偏低,区域分布不平衡。党的十八大以来,在文化强国战略的支持和引导下,我国文化产业得到长足发展,文化产业占 GDP 的比例与世界文化现代化强国相比基本上没有差距(见表 5-2),但文化产品的总体供给和高质量发展之间还有不少差距。一是文化产业结构不合理。国务院关于文化产业发展工作情况的报告中明确指出,"目前文化产业生产结构与市场需求结构不适应,低端供给过剩与中高端供给不足并存"[①]。资本大量涌入文化产业而未得到妥善引导,造成直播、网游、明星综艺、"爆米花"电影等快消文化发展过热,而高质量文艺作品、优秀传统文化遗产、民族特色资源等却未能得到重视。文化现代化应避免一味迎合市场以取得短期的经济效益,而忽略文化内涵所带来的长期社会效益和文化先导作用。二是创新能力不高。创新是文化产业高质量发展的核心驱动力,但目前我国文化创新能力较为薄弱。文化基地频频出现布局雷同、内容同质的问题,例如,绝大多数历史景区、博物馆、民俗村的文创产品都如出一辙,与当地特色文化资源融合较差,很难形成文化市场竞争力。文化节目缺乏原创性,对国外创意照搬照抄、生搬硬套,破坏中国文化的国际形象。原创性不足

① 中国人大网:《国务院关于文化产业发展工作情况的报告》,http://www.npc.gov.cn/npc/c30834/201906/d6205ca4de0b49c6994b7427880b143b.shtml。

的核心原因是不能有效利用我国自身丰富的文化资源,如民俗文化、历史文化、红色记忆等。优秀的文化产品能够根植于中国文化的土壤,同时结合现代艺术风格和技术手段使传统文化焕发出新的色彩。区域文化发展失衡。经济是文化高质量发展的基础,区域间、城乡间经济发展的差距也反映在文化建设方面,包括人才、资本、技术、政策支持等文化要素均呈现出较大差距。虽然西部地区有着丰富的文化资源,但相比于经济发达、文化要素集中的东部沿海地区,文化现代化进程受到严重制约。

其次,文化市场的版权规范存在短板。数字时代到来,我国在人工智能、大数据、云计算等领域取得了重大成就,科技的发展催生了新的市场和数字文化产业。中国数字文化市场发展势头正盛。从用户数量来看,目前中国拥有世界上最多的互联网用户,其中抖音的活跃用户高达6亿人以上。从营收额来看,中国是世界第四大音乐流媒体市场,也是世界最大的视频游戏市场。[1] 新冠疫情期间,数字市场为我国文化产业的蓬勃发展带来了巨大机遇,新媒体逐渐成为拉动经济、创业就业、文化传播、文化软实力提升的重要途径。但数字市场在带来机遇的同时,也使我国文化市场的版权规范问题日益凸显。疫情期间中国面临着更多的数字知识产权挑战,抖音、快手等短视频平台成为影视剧非法传播的重要渠道,带来的法律纠纷层出不穷。民营网站、云存储(网盘)和社交媒体平台上的盗版视听产品和应用程序数量也在激增。版权侵犯问题不仅极大地打击了创作者的创作热情,而且成为中国文化产业进行深度国际交流和融资的最大绊脚石。文化版权产业牵涉巨大的经济和社会效益。2019年美国版权产业总产值占GDP的比重高达11.99%[2],同年我国

---

① 　IIPA,2021 *Special 301 Report on Copyright Protection and Enforcement*. Washington, D.C.: International Intellectual Property Alliance,2022,p.12.

② 　Robert S., Jéssica D., *Copyright Industries in the U. S. Economy*, Washington, D. C.: International Intellectual Property Alliance,2020,p.4.

的数据是 7.39%。① 我国版权行业的从业人数虽多于美国,但创造力并不高,且带有明显的劳动密集型产业特征。可见,与成熟的文化市场相比,我们还有不少差距。因此,必须认识到知识产权规范问题的重要性和紧迫性,它关系到中国文化的创新性、多样性发展,最终影响人民群众的福祉。

最后,中国文化竞争还面临文化安全带来的挑战。中国的文化现代化要着力维护文化安全,防范外来文化对传统文化的挤压。在美国的强势引领下,西方文化产品占据各国较大的市场份额。在中国,好莱坞电影、日本动漫及其衍生产品和服务,如迪士尼、环球影城主题公园等成为人们文化消费的重要场所。以 2019 年为例,迪士尼主题公园接待了超过 1.57 亿游客,远远超过其他主题公园。然而,西方国家出口的文化产品不只是娱乐大众,比如有的好莱坞电影通过虚构中国文化、扭曲历史事实、发表辱华言论等方式,试图污名化中国和中国文化。② 外来的文化产品中还有一些潜在的安全风险,比如鼓吹西方社会的政治思想、价值观念和意识形态等。因此,要防止外来文化对文化自信的侵蚀。我国文化现代化起步晚,许多文化产业尚在发展阶段,在技术水平、创新能力等诸多方面和发达国家相比还存在较大差距。面对西方成熟的文化产品,年轻群体可能会盲目跟风。习近平总书记在纪念孔子诞辰 2565 周年国际学术研讨会上强调,"不同国家、民族的思想文化各有千秋,只有姹紫嫣红之别,而无高低优劣之分"③。中国文化现代化要避免在文化交流过程中迷失自我,要正确处理外来文化与传统文化的关系,只有坚定文化自信,才能创造出独具特色、具有竞争力的文化产品。

---

① 中国新闻出版研究院:《2019 年中国版权产业经济贡献》,2020 年,https://www.ncac.gov.cn/chinacopyright/contents/12558/353539.shtml。

② 肖军、陈鹏:《国家安全视野下好莱坞电影对我国文化安全影响的反思:基于 2012—2021 年的样本分析》,《电影文学》2022 年第 8 期。

③ 《习近平著作选读》第一卷,人民出版社 2023 年版,第 280 页。

（三）文化影响力水平

中国悠久的历史文明使我国比世界上绝大多数国家都具有更多的文化资源,文化影响力具有一定优势。例如,我国的世界文化遗产份额指标超过大多数文化现代化强国。不过,我国在人均知识产权出口、国际移民份额等指标上呈现出较大的国际差距(见表5-3)。中国的国际化程度还可进一步提升,中国文化的影响力也可以进一步提高。

表 5-3　2021 年中国与世界文化竞争力指标

国家	世界文化遗产份额(%)[a]	国际旅游收入份额(%)[b]	电影产量份额(%)[c]	国际移民份额(%)[d]	外国留学生比例(%)[e]	人均知识产权出口(美元)
法国	4.2	13.4	4.1	3.4	4.0	226
德国	4.4	5.7	3.2	5.3	5.8	725
日本	2.2	2.8	8.1	1.1	3.2	384
英国	2.9	5.4	3.9	2.8	8.7	368
美国	2.1	8.9	9.0	20.2	15.0	375
中国	4.9	3.3	11.9	0.1	3.5	8
发达国家均值	4.0	8.8	5	3.2	7.2	338
与发达国家差距(倍)	0.8	2.6	0.4	32	2	51

注:a.世界文化遗产份额指该国文化遗产数量占世界文化遗产总数的百分比;
　　b.国际旅游收入指该国入境旅游服务收入占国际旅行总收入的百分比;
　　c.电影产量份额指该国电影产量占世界电影总产量的百分比,2017 年数据;
　　d.国际移民份额指该国入境移民数量占国际移民总数量的百分比,2017 年数据;
　　e.外国留学生比例指外国留学生数量占世界范围内留学生总数的百分比,2020 年数据。
资料来源:World Development Index 2023,http://data.uis.unesco.org/。

我国的世界文化遗产份额有足够优势,但我国文化遗产的保护与传承仍然面临危机。《中国文化发展报告》指出:"地方特色文化遗址保护不够"的问题较为显著。① 随着文化现代化的稳步推进,外来文化和新的

———————————

① 徐瑾、江畅、徐弢等:《中国文化发展报告(2021)》,社会科学文献出版社 2021 年版,第32 页。

文化形式如雨后春笋般涌现,中国民间的文化遗产逐渐淡出公众视野。虽然近些年国家对保护文化遗址作出了许多努力,但某些偏远地区的文化遗产保护仍然难以获得关注。民间艺术传承危机的问题更为突出。非物质文化遗产的传承者多为少数高龄艺人,继承者明显后续不足,许多民间传统技艺濒临或已经失传。另外,除了京剧、书法、剪纸这些众所周知的艺术外,大部分民间艺术民众只能偶然听闻,缺少渠道和兴趣了解其文化价值。在这种现实境况下,如何做好中国传统文化遗产的宣传普及工作、如何在市场经济条件下实现传统文化的创造性转化等问题,还需要持续探索。

文化的影响力不仅取决于其思想内容,而且取决于其传播能力。当前我国的文化国际传播力严重滞后于经济发展速度。中国故事是否讲好,关键要看海外受众是否愿意听、有共鸣。我国文化产品在传播策略上存在一些问题,比如官方文化产品占比较大,且风格严肃僵硬,应更多注重鼓励民间文化产品的多元化发展;文化符号单一,大熊猫、中国功夫等成为中国文化的标志,但也造成了刻板印象,需寻找更多的切入点;跨文化的共情能力欠缺使海外受众有理解障碍。传播是一种双向互动的社会行为,要有实时信息反馈,让世界愿意听到中国声音。此外,在当前的国际局势下,以美国为首的部分西方国家不断推行产业链"脱钩"和"去中国化"策略。中国文化企业在海外市场的发展备受压力,文化出口能力被削弱。改善外部环境、化解冲突,是一个急需解决的文化课题。

经过洋务运动以来一个多世纪的发展,中国文化现代化已取得长足进步,在文化生活现代化、文化竞争力和文化影响力三个维度上,中国与主要发达国家的差距在不断缩小,尤其是 2005 年以来,中国的文化产业以较快的速度持续增长。与发达国家相比,我国的文化现代化还有较大的提升空间。如促进文化消费、提升文化产品的质量、规范文化市场、提升中国文化的国际竞争力与影响力等。文化变迁持续受到国家利益和市场竞争这两种力量的影响。

文化现代化是国家现代化不可分割的重要组成部分,探索文化现代化的一般趋势,理性分析中国文化现代化面临的问题与挑战,客观评价中国文化现代化的现实水平,可以更好地服务文化强国建设和国家现代化建设的总体目标。

第二节　坚持中国特色社会主义文化发展道路

全面建设社会主义文化强国,既要遵循世界文化现代化的共同特征,更要基于中国国情,坚持中国特色社会主义文化发展道路。激发全民族文化创新创造活力,繁荣发展社会主义文化事业和文化产业,不断丰富人民精神文化生活,促进国民素质和社会文明程度达到新高度,显著增强国家文化软实力,充分发挥文化引领风尚、教育人民、服务社会、推动发展的作用。

一、科学规划中国文化现代化路线图

文化现代化的路线图是对未来中国文化现代化的发展目标、基本任务和战略举措的一种科学的、整体性规划方案。

（一）指导思想

新时代推进文化强国建设,要坚持马克思主义在意识形态领域的指

导地位,坚持以社会主义核心价值观引领文化建设,坚持物质文明和精神文明协调发展,还要坚定文化自信。社会主义核心价值观源自中华优秀传统文化、红色革命文化和社会主义先进文化,集中体现了社会主义精神文明的价值追求。

继续积极培育和践行社会主义核心价值观,充分发挥文化的先导作用。要在增强认知认同上狠下功夫。自新冠疫情发生以后,人们对培育和践行社会主义核心价值观可以增强文化自信、国家认同、大国担当、人文沟通等作用的认可度明显提升,但是对优秀传统文化的继承、社会主义核心价值观践行的推进评价较低,即践行实施的落实、落细、落小方面还存在问题。① 如何有效地继承和弘扬优秀传统文化,如何让社会主义核心价值观在民众心中扎根,需要长远谋划。培育和践行社会主义核心价值观是一项长期的持久性工作,需要坚定中国特色社会主义共同理想,共同应对世界百年未有之大变局背景下,国际国内的各种风险和挑战。践行社会主义核心价值观,还需要有完善的思想政治工作体系,推动理想信念教育常态化制度化,"四个自信"的观念广泛地深入人心,反对历史虚无主义,防止西方负面思想的侵蚀,凝聚中华民族伟大复兴的精神力量。

坚持中国式现代化发展理念下的文化建设。中国式现代化是人口规模巨大的现代化,14亿人口要整体迈进现代化社会,要充分发挥文化现代化的先导作用和渗透作用;更要大力促进文化的区域平衡性发展。中国式现代化是全体人民共同富裕的现代化,不仅是物质生活的共同富裕,更要精神生活共同富裕,精神生活共同富裕对文化建设提出更高的要求,也使之面临更大的挑战。中国式现代化是物质文明和精神文明相协调的现代化,这是我国文化建设一以贯之的原则,是中国式文化现代化发展的

---

① 徐瑾、江畅、徐弢等:《中国文化发展报告(2021)》,社会科学文献出版社2021年版,第27页。

根本方向。中国式现代化是人与自然和谐共生的现代化,文化强国建设要坚持绿色发展理念,加快建立健全以生态价值观为核心准则的生态文化体系,使中国特色生态文化成为世界先进文化样态。中国式现代化是走和平发展道路的现代化,中国的文化传播要倡导和平、安全和发展的理念,努力推动构建人类命运共同体,为世界和平发展增添更多稳定性和正能量。

(二)发展目标

中国文化现代化的发展目标与中国式现代化的发展目标、与"两步走"战略安排相一致,是国家现代化目标在文化领域的集中体现。

到 2035 年,基本实现社会主义文化现代化;到 2050 年,全面建成社会主义文化现代化强国,具体的分阶段发展目标见表 5-4。

表 5-4 中国文化现代化的分阶段发展目标

目标	2025 年	2035 年	2050 年
文化生活现代化水平	初等发达	中等发达	世界先进
中国文化生活现代化的世界排名	40	30	20
文化竞争力水平	中等强国	世界强国	世界前列
中国文化竞争力的世界排名	20	10	5
文化影响力水平	世界强国	世界强国	世界前列
中国文化影响力的世界排名	7	6	5

注:根据《中国现代化报告 2009》提供的 2005 年数据,在此基础上进行现代化水平和排名的预测研究。

(三)基本任务

为实现上述中国文化建设的发展目标,文化现代化的基本任务有三项:

在个人层面上,文化现代化的任务是满足人民追求美好生活的基本文化需求,提高全民族的思想道德素质和科学文化素质,提升人民文化生活品质,实现人民思想和精神生活的全面发展。

在社会层面上,文化现代化的任务是凝聚民族精神,推动中华优秀传统文化创新发展,促进文化产业和文化贸易大力发展,提升中华文化竞争力。

在国家层面上,要促进文化传承和文化创新,以文化建设促进国家发展和治理;鼓励文化包容和多元化,整合国家文化资源,积极推动国际文化交流,不断提升中华文化的国际传播力和影响力。

总而言之,中国文化现代化要推进文化生活现代化、文化竞争力和文化影响力的协调发展。

二、实施公民文化素质提升工程,促进文化生活现代化

提升全民文化素质是实现文化现代化的必然要求,提高人民的文化生活水平是中国文化现代化的核心任务。人民满意的文化生活是中国文化现代化的发展方向,坚持人人参与文化建设、感受文化魅力、享受文化成果,是坚持中国特色社会主义文化发展道路的应有之义。

2020 年,我国成人识字率的指标为 97.33%,离发达国家在 20 世纪 70 年代就基本达到 100% 还略有差距,要彻底消除 2.67% 的文盲率。预期平均受教育年限是广为接受的人类发展指数(HDI)的一个重要构成指标,2021 年,中国值为 14.2 年,而发达国家的平均值为 16.5 年。中国的九年义务教育可以考虑适当延伸到 12 年,以提高民众的基本文化素质。目前,我国在文化生活现代化水平上和发达国家还有较大的差距(见表 5-1),补短板、提高我国人民的文化生活现代化水平是建设社会主义文化强国的重要内容。

提升全民文化素质是一项系统性、长久性和协调性工程,需从精神层面和物质层面共同推进,且要解决文化发展的不充分不平衡问题。在精神层面上,推进实施公民文化素质提升工程;在物质层面上,进一步加强文化基础设施建设,让公民享有更加便利和美好的文化生活。同时,促进文化公共服务的均等化,大力解决文化发展的不平衡问题。

(一)实施公民文化素质提升工程

公民文化素质提升工程是一个全方位、系统的社会工程,需要个人、社会和政府共同参与。学校教育和职业教育等可以提高公民的科学文化素质和人文文化素质;文化部门倡导实施礼仪之邦塑造工程,建设新时代的行为文明,个人自觉学习和自我提升文化修养;政府部门提高对文化领域的投资,建立文化服务政府采购制度,给国民提供享受各种形式文化生活的政策和机会,比如消夏文化节、冰灯文化节和各种庙会等。

国民文化素质提升主要包括思想道德素质和科学文化素质,科学文化素质主要从学校教育方面不断推进①,也包括社会文化部门和文化设施在公民文化参与方面所起的促进作用。非学校教育的公民文化素质提升项目,具体可从以下三个方面推进。

首先,要促进公民道德建设。道德建设是进行文化素质提升工程的基石,良好的社会道德风气可以为提升公民文化素质提供稳定的精神氛围。推进家庭家教家风建设,以促进整个社会的道德建设。好的家训家教家风不仅对个人道德建树有着潜移默化的积极影响,也是培育社会公德、建树公序良俗的基础。习近平总书记曾指出:"广大家庭都要重言

---

① 关于公民教育的内容涉及教育现代化,篇幅所限,不在此展开。

传、重身教,教知识、育品德,身体力行、耳濡目染,帮助孩子扣好人生的第一粒扣子,迈好人生的第一个台阶。"①发挥社会道德模范的引领作用,以促进公民道德建设。大力弘扬道德模范的优秀事迹,宣传道德模范的崇高精神,营造全社会学习道德模范的良好风气。完善志愿者服务体系,推进志愿服务规范化、专业化,壮大志愿服务队伍,使更广泛的人群有机会参与到道德实践中,在实践中实现道德教育,可以有效提升公民道德建设效率。

其次,健全诚信文化建设长效机制。诚信是社会主义核心价值观的重要内容,体现在社会生活中的方方面面,健全诚信文化建设长效机制,需要建立多行业全覆盖的社会征信系统,完善信用评价标准,实行全国统一的信用评价标准;促进信用信息记录共享,打破行业、地域之间的信息壁垒,用专业高效的信用体系保障诚信文化的长期建设。

最后,深化全民阅读活动。阅读是学习知识、传承文化的最便捷的手段。根据首届全民阅读大会上中国新闻出版研究院发布的第十九次全国国民阅读调查结果显示,2021年我国的综合阅读率是81.6%,较2020年提升0.3个百分点,成年国民人均纸质图书阅读量为4.76本②,参与阅读人数的规模不断增大,但阅读量和阅读时长还处于世界靠后水平。深化全民阅读活动,要加强阅读价值宣传,鼓励更多人参与阅读;加强阅读教育,使更多人掌握科学的阅读方法,增长阅读兴趣,形成自觉阅读的风气;加强阅读制度保障,使人们好读书也能读好书,在阅读中切实提升自身文化素质。

---

① 《习近平关于注重家庭家教家风建设论述摘编》,中央文献出版社2021年版,第19页。
② 中国新闻出版研究院:《第十九次全国国民阅读调查结果》,2022年,https://www.gov.cn/xinwen/2022-04/25/content_5686980.htm。

（二）加强文化基础设施建设，促进文化供给现代化

文化生活现代化涉及文化供给、文化需求、文化消费和文化供需平衡。与发达国家相比，我国在文化供给方面还有较大的提升空间。文化基础设施是文化供给的主要构成之一，是居民享受文化生活的重要物质条件，也是文化政策的主要目标。提高全民文化素质，不仅要从精神层面推进政策，也要提供物质保障，加强文化基础设施建设，使人们通过享受公共文化资源获得文化素质的提升。

公共文化基础设施是最贴近人民日常文化生活的地方，包括博物馆、影剧院、音乐厅、美术馆、文化馆、图书馆、文化艺术中心、体育馆等。近年来，我国的公共文化基础设施建设取得了长足进步，截至2021年年末，我国共有博物馆3671个，数量已居于世界前列；公共图书馆3217个，总流通72898万人次；文化馆3317个。[1] 加强文化基础设施建设，还需进一步增加博物馆、图书馆等公益类公共文化基础设施的开放程度，增加免费开放比例，延长开放时间。对于电影院等营收类文化设施，要规范市场体系，建立良好的市场环境，促进市场繁荣，为公众提供更丰富、更优秀的文化产品。目前，新文化基础设施，如数字图书馆、文化景观等，具有分散性、非等级化、参与性和文化多样性的特点，因其更能体现文化参与者的自我表达、互动和自组织等而备受关注。

科普基础设施建设是提升全民科学文化素养的重要战略举措，是实现人民满意的文化生活在科普事业中的生动体现。目前，我国已经建成了实体科技馆、流动科技馆、科普大篷车、农村中学科技馆和中国数字科技馆"五位一体"的现代科技馆体系[2]，在后续建设中还需加大体系覆盖

---

[1]　国家统计局：《中华人民共和国2021年国民经济和社会发展统计公报》，http://www.stats.gov.cn/tjsj/zxfb/202202/t20220227_1827960.html，2022年2月28日。

[2]　陈杰：《我国已建立"五位一体"现代科技馆体系》，《科普时报》2022年6月24日。

范围,进一步适应人民对科学文化日益增长的需求。

加强公共体育基础设施建设,使广大群众体育锻炼更加便捷、参与范围更加广泛,增进公民身体健康,是文化现代化强国建设的重要内容。至2021年年底,我国全国体育场地达到397万个,人均体育场地面积达到2.4平方米。[①] 加强公共体育基础设施建设,要同时建设中心化和分散化的体育场地,中心化的体育场地指体育馆、游泳馆等能够容纳较大规模人群的专业的运动场地,分散化的体育场地指靠近居民区的、小规模的、方便人们锻炼休闲运动的场地。我国的人口基数巨大,同时推进两类体育基础设施建设,才能更广泛地满足群众的锻炼需求。

(三)减少区域文化发展不平衡,促进公共文化服务均等化

促进公共文化服务均等化,使国民享受更好的文化生活,是我国文化现代化的内在要求。

目前,我国的公共文化服务在城市与乡村之间、区域与区域之间还存在发展不平衡的问题,需要着手推进城乡文化融合发展,促进区域文化均衡发展。虽然我国近年来加大了对公共文化服务尤其是基层公共文化服务的投入,文化活动的场次和种类明显增加,民众的获得感也在不断增强,但是公共文化环境还需进一步改善,文化设施更新速度较缓慢,部分公共文化设施陈旧的现象普遍存在。在基层公共文化建设领域,还存在公共文化服务的水平不够高、文化从业人员的素质参差不齐等问题。[②]

立足尊重城乡各自文化特点,推进城乡文化融合发展。改变以往城

---

① 国家统计局:《党的十八大以来经济社会发展成就系列报告之五》,http://www.stats. gov.cn/xxgk/jd/sjjd2020/202209/t20220920_1888502.html,2022 年 9 月 20 日。

② 徐瑾、江畅、徐弢等:《中国文化发展报告(2021)》,社会科学文献出版社 2021 年版,第 33 页。

市文化向农村文化单向流动的趋势,扶持乡村文化产业,开发传统文化要素,不照搬城市文化的发展模式,形成独特的乡土文化,实现文化双向流动。

因地制宜制定文化政策,促进区域文化服务均衡发展。推动贫困地区、边疆地区和少数民族地区等文化服务的跨越式发展。将扶贫开发和文化建设相结合,推进文化扶贫;开发边疆文化、少数民族文化和红色革命文化资源,打造具有区域特色的文化产业链,实现文化服务的创新发展。

三、实施文化创新战略,促进文化产业现代化

发展文化产业是建设中国特色社会主义文化强国的有力支撑。文化产业既能更加广泛地满足人民的精神文化需求,形成独特的文化叙事体系;又能给经济发展带来新的增长点,为产业转型升级提供活力,提升国家文化竞争力。2021 年,我国文化产业增加值占 GDP 的比例为 4.5%,与美英等文化现代化强国几乎没有差距,但是我国人均文化产业增加值仅为 456 美元,与发达国家的相对差距是 3—5 倍(见表 5-2)。文化产业不仅需要人均产量的提高,更需要结构性调整和质的提升。

(一)实施文化创新战略

创新性是文化现代化的基本特点之一。目前,国家创新能力指数、国家知识创新指数等指标显示,中国文化创新能力的国际差距明显。①实施文化创新战略,提高文化创新能力是当前我国文化现代化建设的迫

---

① 中国现代化战略研究课题组:《中国现代化报告 2009:文化现代化研究》,北京大学出版社 2009 年版,第 242 页。

切任务。

文化创新战略的目标是,到 2035 年,我国文化创新能力达到或超过世界中等发达水平,文化创新投入、文化创新产出和国家创新能力指数达到或超过世界中等发达水平,部分指标达到世界先进水平;到 2050 年,我国文化创新能力达到世界发达水平,文化创新投入、文化创新产出和国家创新能力指数达到世界发达水平,部分指标达到世界前沿水平。

文化创新的战略举措包括五大工程:文化信息化建设工程、文化创新项目扶持工程、文化创新理论研究工程、文化创新人才托举工程和文化创新基地建设工程。为此,需要优化文化创新的系统结构、优化文化创新的投资环境、优化文化创新的市场环境、优化文化创新的进出口贸易环境等,建立和完善国家文化创新体系。

发挥政府财政引导作用,通过各种政策工具引导文化创新战略有序发展。增加公共财政的资金投入;对政府和企业的重点文化创新项目给予补贴;畅通文化部门、文化企业与银行的合作渠道,为文化部门、企业提供贷款优惠;成立专项文化创新发展基金,激发文化创新主体的积极性。

激发文化创新的市场活力,完善知识产权制度。版权是文化产业的核心资源,版权制度是文化产品与服务创新的根本保障,维护版权制度就是保护文化创新。长期以来,侵权盗版行为在我国盛行,给整个文化创意产业带来了很大损失,根据中国版权协会数据,仅在网络文学领域,2021年中国网络文学盗版损失约为 62 亿元,保守估计已侵占网络文学产业17.3%的市场份额[①],对创作者的积极性产生了很大的打击。保护版权打击侵权盗版行为,要全民共同参与,加大平台追踪力度,切断盗版传播渠道,从源头斩断盗版侵权利益链。此外,还要完善版权服务体系,比如

---

① 夏琪:《网络文学行业发起最大规模反盗版倡议》,《中华读书报》2022 年 6 月 1 日。

在知识产权服务中心设立版权服务站,构建云端版权便民服务平台,使创作者更容易进行版权登记和备案,并为创作者提供版权法律服务。

为适应文化创新发展,要不断完善文化立法,为文化部门提供更好的法律保障。目前我国关于文化领域的法律有《著作权法》《文物保护法》及其他针对文化领域的系列法律法规等。2020 年 11 月,全国人大通过的《中华人民共和国著作权法》修正案,包括了对侵权补救措施的完善、赔偿力度的增加、举证责任的明确等积极变化。未来还可以在诉讼流程的简化、执法力度的提升和市场的深度开放等方面继续优化。目前我国在持续完善相关法律法规以保护版权。

（二）大力发展文化创意产业

壮大文化产业人才队伍,完善人才培养体系,培养造就一批具有坚定理想信念、高尚道德情操和熟练业务技能的为社会主义文化建设服务的专业人才。在专业人才培养上,要将专业技能学习和文化产业管理学习相结合,适应市场机制打造高层次复合型人才;增加企业与高校之间的交流,促进产学研结合,让学生有更多机会参与文化市场,通过实践认识市场,并且在市场中了解世界文化产业发展动向,培养国际视野,以便于在全球文化竞争中获得主动。加强对相关从业人员的职业培训,提升文化创意产业部门从业者的整体素质。壮大文化专业人才队伍,还可引进具有丰富从业经验的优秀外来人才。发达国家对文化创意产业发展有着先行经验,引进国外优秀人才可以将国外多样的创意思路和先进的管理理念融入我国的文化产业发展中,并进一步促进国内外文化产业交流。

优化文化创意产业结构。首先,优化文化产业的投资结构。适应文化产业资本不断扩张的发展趋势,推动文化产业投资主体多元化、社会化;鼓励文化企业创新融资形式,推动大型文化企业进入资本市场主板融资,中小企业探索股权融资、创业板上市融资。合理引导投资流向新兴文化业态和文化领域新产品新技术的研发,流向传统文化产业的转型升级。其次,优化文化产业的技术结构。促进文化与科技深度融合,充分运用先进适用技术改造文化产业,促进文化产业的持续升级,注重发展高新技术文化产业;建立完善文化科技创新体系,推动文化领域科技创新和技术改造。切实增强技术创新的动力和活力,推动企业成为文化科技研发和创新成果转化的主体。最后,优化文化产业的所有制结构、区域结构、子产业结构以及产品结构。提升文化核心产业、文化服务业在文化产业中的比例。加快中西部地区文化产业的发展。积极创造条件,加强文化产业的研发设计、营销推广等能力建设,促进文化产业链的完善与延伸,积极引导文化产业集群的形成与发展。

深化文化领域管理体制改革,加快转变政府部门职能改革。强化政府在公共文化服务、文化产业市场监管、文化出版政策等方面的调控职能,将创造文化产品的职能让渡给市场;进一步明确各文化管理部门的职责权限划分,集中部门管理资源,消除多头管理造成的效率低下现象。在坚持社会效益第一、社会效益和经济效益相统一的前提下推动国有文化资产管理体制的创新,在文化部门中逐步建立现代企业管理制度,推动事业单位改制,逐渐解除在业务上和行政部门的隶属关系,减少行政部门对业务的直接干预,增强文化部门的创新活力。

(三)实施国家文化数字化战略

实施国家文化数字化战略是在新一轮信息技术革命背景下应对技术发展挑战,适应时代发展需要,建设文化产业强国的重大举措。

从"十二五"时期开始,我国就一直坚持推进文化数字化。《国家"十二五"时期文化改革发展规划纲要》中提到了实施文化数字化建设工程;

2022 年,中共中央办公厅、国务院办公厅印发的《关于推进实施国家文化数字化战略的意见》中明确提出:到"十四五"时期末,基本建成文化数字化基础设施和服务平台;到 2035 年,实现中华文化全景呈现,中华文化数字化成果全民共享。基于上述政策文件,未来我国实施国家文化数字化战略的重点是实现中华文化数字化和促进公众的文化参与,实现文化成果全民共享。

建立中华文化数据库。互联网及信息技术的发展为文化信息的保留和检索提供了极大便利。中华文化门类众多,历史数据繁杂,传统手段很难实现对中华文化的全面归纳,而运用数字技术则可以全面梳理中华文化资源,按照统一标准将零散的文化信息形成中华文化数据库。建构文化数据库可以成体系地保留中华文化,并且能够为信息检索提供极大的便利,有助于研究中华文化各门类、各阶段的内在逻辑与关系;还能在基础上将浩瀚的中华文化可视化,用多媒体手段直观立体地展现中华文化,这将更便于中华文化的传播和传承。拟建立的中华文化数据库需要借鉴信息与文献相关的国际标准,在文化机构数据中心部署底层关联服务引擎和应用软件;并整合和贯通已建或在建文化专题数据库,开展红色基因库建设,聚焦社会主义先进文化、革命文化、中华优秀传统文化,提取具有历史传承价值的中华文化元素、符号和标识。[①]

实施国家文化数字化战略,可以促进文化参与和文化可及性。文化参与是个人主动创造或获取文化产品和体验的各种方式、形式,它具有社会和经济效益,可以对许多社会、健康和文化产业领域产生重大影响。[②]

---

① 中共中央办公厅、国务院办公厅:《关于推进实施国家文化数字化战略的意见》,新华社,2022 年 5 月 22 日。

② OECD, *The Culture Fix*: *Creative People*, *Places and Industries*, *Local Economic and Employment Development* (LEED), Paris: OECD, Publishing, 2022, https://doi.org/10.1787/991bb520-en.

文化数字基础设施的建成,极大地降低了文化参与成本,扩大了文化参与群体,增强了文化可及性,从而提升社会凝聚力和国民文化素质。发展文化消费数字新场景,加快文化产业数字化布局,构建文化数字化治理体系,实现公众高水平的文化参与,是促进文化创意产业繁荣发展的重点任务。国家文化数字化战略提供了文化全民共建的现实途径,让公共文化服务的覆盖范围更加广泛,为实现文化成果全民共享提供了有力保障。

四、实施中华文明精粹工程,提升文化影响力

提升文化竞争力和影响力是中国文化现代化的另一重要内容。结合社会主义文化强国建设目标,让中国文化走出去、让世界理解和认同中国文化,是提升中国国家软实力和国际话语权的重要举措,也是加强全球文明交流互鉴、减少文化冲突、构建人类命运共同体的重要路径之一。

(一)推动实施中华文明精粹工程

拥有五千年历史的中华文明,蕴含着丰富的文化资源,是中华儿女取之不尽的精神文化宝库。中华文明延续着我们国家和民族的精神血脉,既需要薪火相传、代代守护,更需要与时俱进、推陈出新。① 对待中华传统文化,应该始终持以辩证的眼光,取其精华去其糟粕。提炼出体现民族精神品格、符合时代发展要求、具有世界价值的中华优秀传统文化精髓。

提炼展示中华民族精神品格。中华优秀传统文化在几千年的发展中沉淀出了中华民族独有的民族精神品格。如"天下兴亡,匹夫有责"的爱国主义精神,"仁义礼智信"的荣辱观念,"内省思齐"的谦虚谨慎等,弘扬

---

① 祝和军:《如何辩证看待中国传统文化》,《前线》2017 年第 1 期。

这些优良民族精神品格,有利于提升民族凝聚力,促进社会和谐发展。

提炼展示符合时代发展要求的中华文化。中华优秀传统文化中蕴含着解决人类共同面临的时代问题的重要启示,"美美与共,和而不同"有助于建立共商共建共享的全球治理体系,为解决文明冲突和国际分歧提出中国倡议;"天人合一"的生态观,为解决世界环境问题提供了有益参考。与时俱进的中华优秀传统文化蕴含着中国智慧,有助于增强中华文化的国际影响力。

提炼展示具有世界共同价值的中华文化。中华文化博大精深,不仅包括书法、戏剧等文艺作品,也包括中医、武术、美食、丝绸等,不仅在精神上可以给予人们审美体验和情感共鸣,也能在物质生活中提供便利和发挥作用,这些精神层面和器物层面的文化可以超越时空,跨越国界,向世界展示其独特魅力,增进世界人民对中华文化的认同感。

推进中华文明精粹工程,实现中华优秀传统文化产业化发展。利用丰富的物质文化遗产,精选一批进行试点,实现文化、教育、旅游和产业的一体化融合,高度凝练并完美展现中华文明的精粹。开发非物质文化遗产资源,恢复非遗手工业活力,合理改造民间传统手工艺产品生产形式,实现非遗产品的更新升级;利用物质文化遗产和非遗资源优势,开展传统文化博览会等,因地制宜打造非遗旅游度假区,在发展文旅产业的同时展示中华优秀传统文化。

(二)讲好中国故事,传播中国声音

只有传统的才是民族的,只有民族的才是世界的。在全球化各民族文化交流日益密切的背景下,提升中华文化影响力,首先要坚定文化自信,立足中华优秀传统文化,向世界讲好中国故事。进入新时代,世界竞争方式发生了转变,文化软实力和国际话语权的竞争变得更为激烈。在世界百年未有之大变局背景下,世界整体格局呈现"东升西降"的趋势,但在国际话语权上仍然呈现西强我弱的格局,亟须构建新时代中国文化叙事体系,争得国际话语权。

讲好中国故事是对抗话语霸权、传播中华文化和价值观的重要手段。文化产业发达的国家进行文化输出时,往往会将其意识形态寓于文化产品中,如美国好莱坞的电影、日本的动漫作品等,都在世界范围内收获了大批的受众,随之也传播了其主流意识形态。要消解西方话语霸权,不仅要在国内构筑意识形态防线,还要加强对外传播中国声音,用具有感召力和说服力的中国故事,传播中国中华文化和价值观,抢占世界舆论高地,正面应对西方文化价值输出,有力维护国家文化安全。

信息技术时代,文化产业日益发达,要求文化作品内容更加生动、形式更加多样;文化传播不再局限于传统的单向输出,而更注重受众的交互体验。积极对外扩张文化产业市场,在出口文化产品打造中国流行 IP①、在出口文化服务中适当融入中国元素,使世界人民在使用中国文化产品、享受文化服务的同时,能够感受中国意蕴、认识中国文化。

讲好中国故事不仅要创新思路,还要有全球视野。可对话性是传递中国声音的关键,讲述者要从受众的角度出发,采取灵活适用的表达方式。在历时和共时的维度,充分挖掘和凝练中外群体间交往中体现人类共同价值观的故事,以世界各国人民能够接受的话语体系和叙事方式,融通中外新概念、新话语和新表达,让中国故事跨越国界进行全球全媒全民传播,用共同价值搭好国际交流互鉴之桥。

---

① IP 最初是英文中"Intelligent Property"的缩写,后在互联网领域得到延伸,可理解为所有著名文化创意作品(文学、影视、动漫、游戏等)的统称。在此语境下,IP 仅代表智力创作的版权,比如当粉丝经济发展到一定阶段,拥有一定量的粉丝且具备开发潜力的名人、网红、著作、电影和品牌等都被称为 IP。

（三）加强传播能力建设，推动国际文化交流

加强国际文化传播能力建设是提升中华文化国际影响力的有力手段。在战略上，注重顶层设计，推进媒体国内国际一体化建设，打造国际一流的新型世界性媒体和通讯社；把握当前国际传播领域的社交化、可视化趋势，加快海外官方社交媒体的建设，争取早日冲破西方的国际社交媒体垄断。在战术上，注重传播策略，使主流媒体、自媒体和传播受众三者有机结合，不断加强对传播策略的研究。

充分利用社交媒体。新媒体时代的到来使大众的信息接收习惯发生了巨大的改变，当下社交媒体已经与大多数网民的日常生活紧密相连，根据伦敦互联网数据咨询中心"全球网络指数"公司的数据，过去七年里全球网民在社交媒体上花的时间增加了60%。[1] 合理利用社交媒体的广泛性和强交互性可以极大地增强文化传播的范围和效果。加快建设或融入国际社交媒体平台。目前，我国无论是官媒还是自媒体在海外社交媒体上的影响力都十分不足，解决这一问题的关键在于促进媒体融合，打造国际一流的媒体和通讯社，加快建设中国自己的国际社交媒体平台；积极吸纳热爱中国文化的国际友人参与文化传播，促进外国友人与中国主流媒体、自媒体的宣传合作，多措并举形成合力加强中国国际文化传播能力建设。

推动国际文化交流，是提升文化产业国际竞争力的重要途径。积极吸收借鉴国外优秀文化成果，学习发达国家先进文化产业发展经验。我国的文化产业发展起步较晚，在发展外销型文化产品上的经验还很缺乏，通过借鉴世界文化产业市场发达国家如美国、日本等国的文化外销策略，学习其先进的产业模式结合我国文化打造具有核心竞争力的文化产品，

---

[1]　《全球网民社媒"沉迷度"榜单揭晓》，《参考消息》2019年9月16日。

发挥后发优势,迅速提升我国文化产品在世界文化市场的份额。

文化产品是文化传播的载体,文化产业在世界市场竞争中取得优势,文化也随之在世界范围内传播得更有力更广泛,因此,中国要成为具有影响力的文化强国,文化产业需要更加积极主动地走向世界,充分了解海外文化市场和熟悉他国文化特点,知己知彼方能常胜。扩大对外文化交流,打造更具有国际影响力的文化品牌,随着中国文化产业竞争力的提升,中华文化的国际影响力也得以提升。

在长期与其他文明交流互鉴的过程中,中华文明形成了多元文明对话的思想观念;在包容差异性、多元性的基础上,中华文明主张兼收并蓄,汲取外来文化中的养分和精华,通过学习消化达到融合创新,推动文明发展进步。① 只有包容并进才能具有开阔视野,才能长足发展,使中华文化走向世界、影响世界、引领世界。

中华民族是世界民族大家庭的一员,善于学习、富于创造是中华民族的优秀传统;尊重历史、爱好和平是中华民族的优秀品质。建设现代文化,建设文化强国,重铸中华文化的辉煌时代,是中国文化振兴、民族复兴和中国式现代化的战略需要。

---

① 王杰:《以文明交流互鉴推动构建人类命运共同体》,《人民日报》2022 年 7 月 25 日。

第六章　人的全面发展的现代化

　　人的现代化是社会主义现代化的核心。2020 年党的十九届五中全会关于"二〇三五年远景目标"的描述将"人民生活更加美好,人的全面发展、全体人民共同富裕取得更为明显的实质性进展"①列为二〇三五年基本实现现代化的主要目标任务之一。"人的现代化"既受制于现代化整体发展水平,也决定着现代化进程——现代化需要人来建设,现代化的经济体系、制度体系、科学技术等都需要现代化的人赋予其生命力,现代化的成果也最终体现为人的素质、思维方式和思想观念等的全面提升。

　　党的二十大报告全面阐述中国式现代化的中国特色和本质要求,强调"中国式现代化是物质文明和精神文明相协调的现代化",提出"促进物的全面丰富和人的全面发展"。② 关于人的发展问题研究,既是一个历史和时代命题,也是马克思主义哲学的一个根本问题③。习近平总书记强调,必须坚持以人民为中心的发展思想,要"不断促进人的全面发展"④。这是对马克思主义"人的全面发展"理论的继承和发展,是习近平新时代中国特色社会主义思想的重要内容,也是实现中华民族伟大复兴

---

　　①　《十九大以来重要文献选编(中)》,中央文献出版社 2021 年版,第 790 页。
　　②　习近平:《高举中国特色社会主义伟大旗帜　为全面建设社会主义现代化国家而团结奋斗——在中国共产党第二十次全国代表大会上的报告》,人民出版社 2022 年版,第 24 页。
　　③　李明:《新时代"人的全面发展"的哲学逻辑》,《光明日报》2019 年 2 月 11 日。
　　④　《习近平著作选读》第二卷,人民出版社 2023 年版,第 165 页。

的根本之所在。

第一节　人的全面发展是马克思
主义的根本要求

　　人的自由全面发展思想具有丰富深刻的理论内涵,表达了马克思和恩格斯对实现人类美好生活的终极追求与人文关怀①,是马克思"理想社会的价值目标"②,贯穿于整个马克思主义思想体系和他们之后的各具体的马克思主义理论形态当中,体现了马克思主义的根本价值和基本精神。马克思虽然没有在相关著作中专门阐述人的自由全面发展思想,但对人的自由全面发展有许多提法。在《共产党宣言》中,马克思、恩格斯把人的自由全面发展表述为"每个人的自由发展是一切人的自由发展的条件"③;在《资本论》中马克思认为,共产主义社会形态是"以每一个个人的全面而自由的发展为基本原则的社会形式",④这些提法构成了马克思人的自由全面发展思想。

一、马克思主义人的自由全面发展思想理论内涵

（一）"人"的范围界定

　　有的学者认为人的自由全面发展中的"人"指整个人类,这里的"人"

---

　　①　刘伊然:《人的自由全面发展的丰富内涵、实现条件和当代启示》,《长治学院学报》2022年第4期。

　　②　沈现斌、曾家华:《马克思关于人的自由全面发展思想及实践启示》,《理论视野》2022年第9期。

　　③　《马克思恩格斯文集》第二卷,人民出版社2009年版,第53页。

　　④　《马克思恩格斯文集》第五卷,人民出版社2009年版,第683页。

就是"类"本质的体现①；有的学者认为人的自由全面发展中的"人"主要指个人②；还有学者指出人的自由全面发展中的"人"是"个人"和"类"的有机统一，"人的自由全面发展的主体既是个体，又是人类"③。现实的人的发展包括社会发展与个人发展，这两个层面有所区别，但又是密切联系在一起的，因为社会由个人所组成，个人也只有在社会中才能够得到发展④。人是社会历史的主体，人既是社会历史发展的动力，也是社会历史发展的目的；人的发展是社会历史进步的尺度，每个人的全面而自由发展是整个人类全面而自由发展的前提。

可见，马克思主义人的自由全面发展理论是从以下两个角度强调发展的"全面"性。从个体角度讲，人的自由全面发展追求每个人自由个性的实现；从社会角度讲，人的自由全面发展追求社会发展的公平与平等。

（二）人的全面发展内涵解读

学界关于人的全面发展的内涵解读，主要可概括为"叠加法""层次论""方法论"这三大类。

一是"叠加法"，即把人的全面发展看作人的本质属性而展开。有的学者采用"两分说"，即人的德、智、体、美、劳诸方面的全面而协调的发展以及人的个性的自由发展。⑤ 有的学者采用"四分说"：人的全面发展包

---

① 丁学良：《马克思论共产主义的目的就是为了人的全面自由的发展》，《马克思主义研究》1985 年第 2 期。
② 王友洛：《不能以"人的全面发展"替代"个人全面而自由的发展"》，《哲学研究》1993 年第 8 期。
③ 袁银传、范海燕：《理解马克思人的自由全面发展思想的三重维度》，《马克思主义哲学研究》2020 年第 2 期。
④ 陈刚：《马克思人的自由全面发展观新探》，《学海》2006 年第 1 期。
⑤ 刘永红：《人的全面发展与思想教育》，《四川师范学院学报（哲学社会科学版）》1996 年第 4 期。

括人的完整发展、和谐发展、多方面发展和自由发展。① 有的学者采用"六分说":人的全面发展包括人的自由自觉创造性劳动的全面发展、人的社会关系的全面发展、人的需要的全面发展、人的能力和潜能的全面发展、人的个性的全面发展以及人的精神道德观念的全面发展。②

二是"层次论",即人的全面发展是分不同层次的,在每一个层次上也有全面发展的问题。有的学者指出人的全面发展是个体的人、群体的人、类的人这三个层次的具体统一和历史展开。③

三是"方法论",即侧重于从方法运用角度阐释人的全面发展的内涵。有的学者指出人的全面发展是一个综合性概念,对其内涵要进行多学科、多角度的整体综合解读。

(三)人的自由发展内涵解读

对于人的自由发展内涵的理解,有的学者认为人的自由发展包含三方面的内容,即人的自由发展是人成为自然界主人的发展,是人成为自己社会主义的发展,是人成为自身主人的发展。④

自由在马克思那里含义更为丰富,人的能动与受动、创造与异化、必然与偶然,人作为主体与客体,与自然、与社会、与规律以及与真善美的关系等无不与自由有关。当然我们也叵以从两个角度对马克思的自由观进行概括和把握,即哲学界通常所说的积极自由与消极自由。后者指人摆脱外在束缚和强制的自由,前者指人内在的自我决定、自我创造、自我实

---

① 扈中平:《"人的全面发展"内涵新析》,《教育研究》2005 年第 5 期。
② 曾文婷:《马克思主义人的全面发展思想探微》,《江西社会科学》2000 年第 9 期。
③ 徐先艳、王义军:《马克思主义人的自由全面发展理论与新时代青年发展》,《中国青年研究》2018 年第 8 期。
④ 黎莉:《试论人的发展的本质内涵及其内在关系》,《中共福建省委党校学报》2011 年第 10 期。

现,也可以说自觉、自愿、自主因而自由。例如,争取民主权利信仰自由和经济方面的权利都属于消极自由,而人的创造性天赋发挥和能力发展则属于积极自由。

(四)发展内涵解读

对马克思所说的人之"发展"可以从这样几个角度来理解。第一,"发展"是动态的过程性和时间性概念。没有过程、没有时间无所谓发展。马克思说"人的存在是有机生命所经历的前一个过程的结果。只是在这个过程的一定阶段上,人才成为人"。① 过程是持续的时间性概念,同时也是不可逆的。不过,人的发展过程与纯自然的过程又有所区别,其中人的活动特别是劳动过程起了决定性的作用,这些都属于社会历史过程。第二,发展是一个社会历史的概念。对个人来说发展是社会的而非生理的,对社会来说发展是历史的而非自然的。如生产力与生产关系、经济基础与上层建筑、社会形态,还有人的能力发展、社会进步都是社会历史的概念。第三,发展体现了合规律性与合目的性的统一以及科学认识与价值评价的统一。人类社会发展由于实践的作用、能力的提高与积累而超越了纯粹自然过程自在物式的存在,而表现为不断发展和进步的社会历史过程,这一过程看起来是从低到高、量变质变和螺旋式前进的,既符合唯物辩证法和唯物史观所揭示的诸规律,同时看起来又是合乎目的的,仿佛有无形之手在设计和引领。②

(五)人的自由全面发展内涵解读

在马克思经典著作中,"自由"针对的是劳动者在劳动中存在的不自

---

① 《马克思恩格斯全集》第三十五卷,人民出版社 2013 年版,第 350 页。
② 陈刚:《马克思人的自由全面发展观新探》,《学海》2006 年第 1 期。

由、人格的依附性、个性的模式化等生存状态。"全面"针对的是资本主义社会中因劳动异化而导致人的身体及能力的畸形和片面发展的生存状况，以及少数人的发展总是以牺牲多数人的发展为前提和条件的不平等生存状况。自由发展涉及的是人的超越性及人所获得的解放的程度；全面发展涉及的是人的丰富性及人所获得的解放的广度。两者在相互区别的基础上达到辩证统一。

第一，人的全面发展是人的自由发展的前提。要使人真正成为自由发展的人，人的个性、能力和知识的协调发展就必须要达到一定的全面性程度，自由发展必定表现为全面发展。人的个性、知识、能力与素质协调发展的全面性程度越高，人自由选择按照自己的兴趣和爱好来发展自己的时间与空间就越大，自由发展的条件也就越充分，人的独立性也就越能够最大限度不受限制地发展。相反，当人的个性、知识、能力与素质发展处于总体水平低且不协调的片面发展状况时，他就不可能获得较多的自由发展空间，发展也局限在相对狭小的范围内，也难以按照自身的兴趣和爱好真正自由发展。马克思所设想的"建立在个人全面发展"这一前提下的"自由个性"充分发展的未来理想社会，明确地揭示出了人的全面发展对于人的自由发展而言的基础性地位。

第二，人的自由发展是全面发展之尺度。自由是一个主体性范畴，是人的主体性的最充分的体现，自由发展的重要性即在于此。自由在此的含义为：每一个个体的人不应受到他人和外力强加的限制而能够按照自己的意愿自由地选择自己发展的方向，发展自己想要发展的素质和能力。按照马克思的理解，在现实的社会生活中，只要个人是为了实现自身的合理愿望和追求，通过发挥自己的个性和特长，做到自身个性的发展和价值的实现，就可称为全面发展。因此，人的全面发展并不指他的所有方面都得到了发展，而是指他的"自由个性"得到全面发展,即他个人所希望发展的那些个性、素质和潜能得到不受限制的发展。尽管个人的素质和潜能没能逐一发展和实现,但他的个性却因为有了发展上的自由而得到了淋漓尽致的发挥。因此,人的全面发展并不是全部才能的全面地、均衡地发展,而是个性才能自由而充分地发展。自由发展意在说明什么是实现全面发展的必要基础和前提,若无此为根基全面发展只能是作为虚空的构想和理论假设。此外,还应意识到发展不仅是自由的,还应是充分的。全面发展即是自由而充分的发展,是自由发展的高级阶段,只有在未来达到了人的全面发展才算实现了人自身发展的最终目标。

第三,人的全面发展和人的自由发展不仅相互依存、相互关系,而且相互渗透,不能把两者截然分开。人的全面发展本身就蕴含着人的自由发展的成分和要素,如人的个性、知识、能力与素质等各方面的全面、协调发展,内在包含着爱好、兴趣、主动性与创造性等与人的自由发展相关的成分、要素。同时,人的自由发展也内在地包含着人的全面发展的相关因素和成分,如自觉自愿地、自立自主地自由发展本身蕴含着人的社会职能得到全面的发展,即人在实践活动中可以交替运用不同职能,而不是只能承担单一一种职能;蕴含着人的充分发展,即人的一切天赋都得到充分发展。人的全面发展和人的自由发展两者之间不仅互为前提,而且互为目的,其思想实质和实现过程总体上都是一致的。如果把人的全面发展和人的自由发展割裂开来,只强调一方面的发展而忽视另一方面的发展,那么这两者就会被扭曲。

二、实现人的自由全面发展是马克思主义的理论主旨

马克思在《1857—1858 年经济学手稿》中阐述了人与社会发展的

三个阶段。他指出,人与社会发展的第一阶段,人是自然的人,"人的生产能力只是在狭小的范围内和孤立的地点上发展着"①。人的能力和活动受制于自然,人不可能超越自然界加诸人身上的限制而成为自然界的附属物,没有独立性和个性。以物的依赖关系为基础的偶然的人是人的第二大形态,这时人摆脱了人的依赖关系,成为具有独立人格的主体。人依靠科学技术的发展大大提高了认识自然、改造自然的能力,但也因此被自己的创造物所奴役,产生了异化。在这种形态下,才形成普遍的社会物质交换,全面的关系、多方面的需求以及全面的能力体系。

摆脱人的依赖关系和物的依赖关系的自由全面发展的人是人的第三大形态,人的个性、能力、社会关系得到普遍的发展,人真正成为自由自觉的存在。人与社会发展的三个阶段表明,人类社会的历史就是一个不断通过人本身的社会实践活动推动社会发展和人本身自由全面发展的历史,每一个社会发展阶段都体现着对人类自身解放的价值诉求,体现着对人本身全面发展的价值追求,正如马克思、恩格斯在描述未来共产主义社会时所表达的那样:"代替那存在着阶级和阶级对立的资产阶级旧社会的,将是这样一个联合体,在那里,每个人的自由发展是一切人的自由发展的条件"②,指明了未来共产主义社会就是"人向自身、也就是向社会的即合乎人性的人的复归"③,揭示了社会发展的本质要求和历史归宿,体现了对人本身发展的美好希冀。④

---

① 《马克思恩格斯文集》第八卷,人民出版社2009年版,第52页。

② 《马克思恩格斯选集》第四卷,人民出版社2012年版,第647页。

③ 《马克思恩格斯文集》第一卷,人民出版社2009年版,第185页。

④ 巩克菊、刘敏敏:《人的自由全面发展:网络文明建设的价值旨归》,《宁夏党校学报》2022年第24期。

三、人的自由全面发展是一个不断推进的历史过程

人的自由全面发展无法脱离一定经济基础上的社会历史现实,以及隐藏在这些客观历史条件背后的客观规律。马克思从"历史与逻辑相统一"的唯物史观出发考察人类社会发展形态,并根据人类社会"生产关系"划分标准,提出"五形态"理论,即把人类社会分为依次更替的原始社会、奴隶社会、封建社会、资本主义社会和共产主义社会。在生产力水平极其落后的原始社会,原始人首先面对的是摆脱饥饿带来的死亡威胁,以及免受动物、其他部落的袭击,人们被迫接受绝对的平等和贫困。人类进入阶级社会后,为满足多方面需要而从事多种形式的生产。在奴隶社会,"会说话的工具"——奴隶为免遭奴隶主的任意买卖、杀戮,被迫发起反抗奴隶主的阶级斗争。面对等级森严的封建制度和封建特权的地主阶级,农民依附于拥有土地的地主才能维持基本生活。在资本主义机器大工业时代,工人看似能从繁重的劳动中逐步解脱出来,但他们只有出卖自己劳动的自由,人"德、智、体、美、劳"等综合能力的发展在"资本"面前只能是"畸形"发展。马克思认为,只有进入"自由人联合体"的共产主义社会,消灭了阶级,"在那里,每个人的自由发展是一切人的自由发展的条件"①。

马克思所揭示的社会形态理论是人类社会产生、发展和过渡到共产主义社会的历史必然性,即原始社会人"原始的全面性",到阶级社会中"片面发展的异化了的人",再到向共产主义社会人的异化的扬弃和"自由人联合体""每个人的全面而自由的发展"。就发展过程而言,人与社

---

① 《马克思恩格斯选集》第一卷,人民出版社 2012 年版,第 422 页。

会发展进程是相类似，都是一个螺旋式向前不断发展的动态过程；就人的发展而言，个体发展是有限的而人的类本质则是无限的。这决定人的自由全面发展不是一蹴而就，而是一个不断推进的历史过程。

人的解放和人的自由全面发展是人类社会由"必然王国"走向"自由王国"过程。过去一段时期，我们曾把人的自由全面发展认为是共产主义社会遥不可及的理想目标。随着不断的探索和实践，中国共产党把推进人的自由全面发展设定为建设中国特色社会主义社会的现实目标，把人的自由全面发展的社会主义现实目标与共产主义未来目标有机地、内在地结合起来；创造性地提出关于社会主义本质和中国特色社会主义本质的新理论和新观点，丰富和发展了社会主义本质理论，为促进人的自由全面发展和社会的全面进步指明了前进方向。党的十八大以来，习近平总书记提出了"以人民为中心"的发展思想和"创新、协调、绿色、开放、共享"的新发展理念，并强调："让广大人民群众共享改革发展成果，是社会主义的本质要求，是社会主义制度优越性的集中体现，是我们党坚持全心全意为人民服务根本宗旨的重要体现。"①

四、中国特色社会主义进入新时代为人的自由全面发展开辟了新前景

经过40多年的艰苦探索，中国特色社会主义实践已经为人的发展拓展出了新的维度，搭建起了新的发展空间。进入新时代，我们更加明确地将"坚持以人民为中心"作为中国特色社会主义制度的核心要义，将实现人的自由全面发展作为"第一要务"。这充分表明，中国特色社会主义新

---

① 《十八大以来重要文献选编》（中），中央文献出版社2016年版，第827页。

时期,必将是人的发展获得极大进步的新时代,必将为人的自由全面发展开辟出更加广阔的新前景。

(一)建设现代化经济体系,促进人的物质性发展

马克思指出:"'解放'是一种历史活动,不是思想活动,'解放'是由历史的关系,是由工业状况、商业状况、农业状况、交往状况促成的。"①人的解放以生存解放为前提,人的发展也以人的物质性发展作为首要的衡量指标。所谓人的物质性发展,是指人在经济活动中实现自身能力和价值的状况。

中华人民共和国成立以后,从第一个五年计划开始,我国逐步建立起独立完善的经济体系,不断通过制度创新和体制机制改革促进经济发展,使人民的生活水平显著提升,目前已经成功进入世界中等收入国家行列。但是,目前我国仍有许多制约生产力发展的问题没有解决,经济发展不平衡、不充分的问题仍然比较突出,经济发展的模式也不够科学高效,往往注重"量",而忽略了"质"和"效率",依靠劳动力、土地、资源等传统生产要素多,依靠科技、信息、数据等新的生产要素少。因此,建设现代化经济体系,是推动国民经济高质量发展的必然要求。针对这一发展现状和要求,我们依托原有的经济发展基础,确立了创新、协调、绿色、开放、共享的新发展理念。通过推进供给侧结构性改革、创新驱动引领、区域协调联动发展等具体举措,优化调整经济发展态势,构建社会经济发展新常态,使社会劳动者与生产过程更加紧密、合理、高效地结合在一起,提升了劳动者完成社会生产的生存性实践能力。不但实现了社会经济的可持续发展,而且为满足人自身全面发展的多样化需求提供了更加坚实的物质基

① 《马克思恩格斯选集》第一卷,人民出版社 2012 年版,第 154 页。

础,从根本上极大地促进了人的物质性发展。

(二)发展社会主义民主政治,促进人的政治性发展

作为社会中的人,实现自由全面发展还要在平等、和谐、民主的社会政治关系中体现出来,之前的几种社会形态中,人的政治性发展或者禁锢在社会资源的稀缺性中,或者局限在片面的不合理社会制度中。特别是在资本主义条件下,由于自身政治体制的不完善,限制了人获得更进一步解放和自由的可能,无法继续推动实现人更高层次的政治性发展。尽管一些发达国家一再宣扬他们所谓的"广泛民主",但是美国诺贝尔经济学奖获得者约瑟夫·斯提格里茨曾借用林肯总统"民有、民治、民享"的名言,一针见血地指出,美国是"百分之一有、百分之一治、百分之一享"①。而社会主义民主政治的本质特征是人民当家作主,这就为实现真正的民主探索出正确方向。

通过构建良好的民主制度和政治生态,确保人民享有更加广泛、更加充分、更加真实的民主权利,体现出社会主义制度的优越性。进入新时代,中国的现代化民主政治体系又进行了多角度、多方位的调整和重塑,不断强化依法治国的要求,深化党和国家的组织机构改革,以具体的措施切实推动改变社会政治运行机制的实践探索。例如,为了大力深化行政审批制度改革,打破行政制度中"门难进""事难办"的现实壁垒,方便群众生活,国务院先后取消和下放行政审批事项600多项,有效地维护了公民的民主权益,这在很多发达资本主义国家难以实现。这些具体措施,不但改变了之前人民群众办事难、拉关系、找路子的固有观念,使中国社会的政治路径更加扁平化、民主化,改变了几千年来中国封建社会体制中根

---

① 张毅:《分裂的美国》,《美国研究》2017年第3期。

深蒂固的"官本位"思想,赋予了每一个社会成员行使自己应有政治权利的条件和保障。①

可以看到,新时代中国特色社会主义民主政治制度,逐渐实现了规范化、现代化的治理模式,探索一条真正保障人的民主权利的新道路,为人的自由全面发展提供了政治制度保证。

(三)推动社会主义文化繁荣兴盛,促进人的精神性发展

马克思深刻指出,人的发展不但要"同传统的所有制关系实行最彻底的决裂",同时,"在自己的发展进程中要同传统的观念实行最彻底的决裂"。② 这充分表明,人的自由全面发展,是物质性发展和精神性发展的内在统一。人的本质力量既有物质性的体现,又有精神性的体现。人既要认识和改造外在客观世界,又要超越和改造自身主观世界,达到人在精神层面的全面自由解放,获得对世界更加深刻清晰的认识,提升自身的精神境界。

资本主义制度下,人无法超越自身异化劳动的阻碍,甚至逐渐丧失了自我的主体意识和精神价值。与之形成鲜明对比,中国特色社会主义制度始终高度重视精神文明建设,将人的精神塑造和社会文化的凝练提升作为制度建设的重要抓手。特别是党的十八大以来,中国社会方方面面的发展呈现出新的态势,社会主义新文化建设也作为鲜明的精神旗帜树立起来,并不断以更大的力度、更实的措施、更坚定的自信推进我国文化产业和文化事业取得重大进步。

可以预见,随着新时代中国特色社会主义文化事业的发展,马克思主义作为主流意识形态的主导地位将更加坚实稳固;社会主义核心价值观

① 张玮:《中国特色社会主义与人的自由全面发展》,《江南社会学院学报》2021年第4期。
② 《马克思恩格斯选集》第一卷,人民出版社2012年版,第421页。

将更加深入人心,作为中国社会鲜明的文化符号得到更加全面的认同;中华民族的优秀传统文化也将得到创造性转化、创新性发展,中华文化的精神气质将会更加丰满、开放、包容、自信;整个社会的公共文化服务体系将更加完善,群众性文化活动将更加丰富多彩;人民群众将享受到更多方面、更多层次、更多样化的文化权利,中国社会中人的精神性发展将会实现巨大跃升。

（四）坚持在发展中保障和改善民生,促进人的社会性发展

人不是孤立的人,个体的解放要与社会中群体的解放紧密联系,并与社会体制的全面变革同步推进,才能真正实现每一个人的全面发展。当今发达资本主义国家社会体制的不完善性,使其在高度发达的经济平台上,仍然无法解决自身贫富差距、种族歧视、社会暴力等难题,甚至随着经济发展的加快,其社会问题愈加严峻,以致无法保证社会中个体的基本生存安全,这一点在席卷全球的新冠疫情中,通过某些发达资本主义国家的表现就可窥见一斑。而与其相对,社会主义制度从本质上消灭了少数人占有社会财富的不平等制度根源,将实现全体人民共同富裕作为社会发展的最根本目标,不断促进社会公平正义,建设社会主义和谐社会,使每一个人都能够获得应有的社会权利和社会地位。

中国特色社会主义进入新时代,将以更大力度、更实措施保障和改善民生,不断把握和满足新时代人民群众对美好生活的新要求,不仅致力于解决人民群众在社会生活中最直接、最关心、最现实的问题,建设完善社会保障体制、医疗保障体制、教育保障体制等社会治理体制,而且致力于不断探索创新更加科学有效的社会治理模式,建设平安中国、法治中国、幸福中国和健康中国,以共建、共治、共享为基本原则,提升全体社会成员对社会生活的参与度和融合度,使人的社会性发展取得长足进步。

（五）建设美丽中国，促进人的生态性发展

马克思指出："自然界，就它自身不是人的身体而言，是人的无机的身体。"①人与自然的关系是人赖以生存的最基本关系，人从依附自然到利用自然再到与自然和谐共生，逐渐在与自然相互作用的过程中显现出自身的主体能力，获得了自身的价值。

随着近代工业化社会的到来，特别是在发达资本主义国家的发展进程中，由于盲目追求以高能耗、高污染换来的经济效益，导致对环境造成巨大破坏，并随着经济全球化的过程将这些环境问题输出到发展中国家，引发了一系列全球性环境问题，造成人类自身发展的生态困境。

中国在改革开放之初以及很长一段时间内，首先完成了一个向自然进军、征服自然、改造自然的过程，由于忽视了对生态环境的保护与建设，也曾出现过很多触目惊心的环境问题。但随着中国特色社会主义建设事业的稳步推进，我们逐渐认识到经济发展与保护环境之间的密切关系，更加注重二者的深度融合，一方面，坚持走中国特色新型工业化道路，加快产业结构优化、升级，积极构建以产业生态化和生态产业化为主体的经济体系，以技术创新为先导，推进生产方式的绿色化、低碳化改造，真正走上生态良好的文明发展道路；另一方面，继续下大力气整治环境问题，实行严格的环境资源保护制度，将节能减排情况纳入经济发展的综合评价体系，倡导绿色生活方式，从根本上改变了全社会的生存理念和发展思路，构建出彰显社会主义制度优越性的生态文明体系。

今天，建设"美丽中国"已经成为实现社会主义现代化强国建设目标的重要内涵，"绿色"的发展理念也已经成为我国现阶段包括更长一段时期内国家发展的主要战略规划，为继续全面提升中国社会中人的生态性

---

① 《马克思恩格斯文集》第 1 卷，人民出版社 2009 年版，第 161 页。

发展擘画出更加广阔的发展前景。

（六）构建人类命运共同体，促进人的共同发展

马克思在《共产党宣言》中所要实现的人的自由全面发展，不是只有某一部分人的发展，而是群体中全体成员的发展，是社会中每一个人的发展，只有所有人都能够获得最大意义上的自由和解放，人与人之间才能达到事实上的平等，整个社会才是和谐共生的。因此，共同发展是马克思主义人的自由全面发展理论的重要内容，也是衡量一个社会是否真正实现了人自身解放的评判标准。

资本主义制度最大的弊端正是它的不平等性，致使其社会成员的发展既不平衡也不可能充分。当前发达资本主义国家出现的一系列社会问题正说明了这一点，他们不但无法实现本国人民的共同发展，甚至通过推行唯我独尊的霸权主义转嫁社会矛盾，造成了全世界范围内的经济失序、社会动荡、恐怖主义泛滥。而中国在取得社会主义建设巨大成就的基础上，探索形成了先进的治理理念和实践成果，也获得了国际社会的高度认可和广泛赞誉，国际影响力、感召力和塑造力进一步提升。面对一系列全球性问题的挑战，我们提出，要"推动人类命运共同体建设，共同创造人类的美好未来"。这一设想和自由人联合体的设想具有内在的逻辑统一性，都是为了实现人的自由全面发展和共同发展。①

进入新时代，中国的发展必将是更加开放的发展。立足于全人类共同解放的全局视野，我们将以大国的胸怀和格局与其他所有热爱和平的国家和民族一起，携手探索出人类获得自身解放、实现自身发展的光明道路。

---

① 张玮：《中国特色社会主义与人的自由全面发展》，《江南社会学院学报》2021年第4期。

　　构建真正解放人、实现人自由全面发展的社会制度模式,是马克思主义理论创立的初心,更是社会主义制度建设发展的永恒目标。中国特色社会主义,以崭新的思路和探索开创了人类解放事业的崭新道路,将人的发展状态推向一个新的阶段。进入新时代,中国特色社会主义建设取得了新的成就,更进一步丰富了人自由全面发展的现实内涵和实现路径。这不仅是中国社会经济、政治、文化等多领域发展的新时代,也必将是一个能够更加实现人的自由全面发展的新时代。

第二节　人民至上是中国共产党全部
实践的根本价值取向

　　人民是党的力量之源和胜利之本,是党执政兴国的最大底气。"人民至上"理念是中国共产党以人民作为治国理政出发点和落脚点的价值表述,建立在马克思主义科学理论基础上,融汇于中国式现代化进程中,根植于中国共产党人的初心使命。

　　中国共产党是马克思主义执政党,其性质和宗旨集中体现了马克思主义的人民性,决定了党必须坚持人民至上的理念。从党的理论基础来看,中国共产党作为马克思主义的继承者和发展者,必须坚持人民立场是马克思主义的根本政治立场。从党的阶级基础来看,"中国共产党是中国工人阶级的先锋队,同时是中国人民和中华民族的先锋队"[1],必须维护人民的利益。从党的群众基础来看,中国共产党是无产阶级政党,只有同最广大的人民群众相结合,才能具有强大的力量之源。诚如《中共中

---

　　[1]　《习近平著作选读》第二卷,人民出版社2023年版,第421页。

央关于党的百年奋斗重大成就和历史经验的决议》中指出的那样："党代表中国最广大人民根本利益,没有任何自己特殊的利益,从来不代表任何利益集团、任何权势团体、任何特权阶层的利益,这是党立于不败之地的根本所在。"①正因如此,中国共产党才会始终坚持马克思主义人民观,站稳人民立场,把全心全意为人民服务作为自己的宗旨,同人民群众保持密切联系,服务好、发展好最广大人民的根本利益,进而更好地促进人的自由而全面地发展。

坚持人民至上、以人民为中心,既是中国共产党鲜亮的精神标识,也是中国共产党取得一切事业成功的制胜法宝。习近平总书记指出,"坚持不忘初心、继续前进,就要坚信党的根基在人民、党的力量在人民,坚持一切为了人民、一切依靠人民"②。这一论断彰显了新时代中国共产党人民至上的价值取向。所谓"人民至上"就是坚持人民主体地位,将人民利益放在至高无上的位置,将人民当作党和国家开展一切工作的主体力量和动力源泉。③

一、对"人民至上"基本概念的研究

对"人民至上"这一概念的解读,是尝试理解"人民至上"内涵的第一步。学者们从"人民"和"至上"两个部分理解这一概念。"人民"作为一个哲学范畴,在不同历史时期具有不同内涵。在马克思主义哲学语境中,"人民"指的是一定历史时期代表社会历史前进方向的大多数群众。"至

---

① 《中共中央关于党的百年奋斗重大成就和历史经验的决议》,人民出版社 2021 年版,第 66 页。
② 《习近平谈治国理政》第二卷,外文出版社 2017 年版,第 40 页。
③ 秦书生、李瑞芳:《新时代中国共产党人以人民为中心思想的逻辑理路——基于"不忘初心、牢记使命"视角的分析》,《湖南大学学报(社会科学版)》2021 年第 4 期。

上"指的是相较于某事某物某人而言处于基础的、决定性的、本原性的地位。① 还有一些学者用"人民""为人民""人民共和国"来阐述"人民至上"这一政治生活中较为抽象的关键概念。"人民""为人民""人民共和国"在中国共产党百年奋斗和当代中国的符号与话语体系中占据核心地位,中国共产党、中华人民共和国代表着中国最广大人民的根本利益,除了新中国,世界上很难找到一个政治体制使用"人民"一词如此频繁,对人民的定位如此之高。②

二、人民至上思想的理论渊源

（一）马克思主义人民观是中国共产党人民至上思想的理论基础

人民性是马克思主义的本质属性。究竟谁才是历史的创造者？历史发展由谁来决定？自从有了人类文明,几千年来哲学家、思想家们关于这一问题的探索从未停止。纵观古今,无论是古希腊哲学家们试图用纯粹的思辨思维来探索世间万物永恒绝对的规律,还是近代思想家们将人抽离于社会实践,用精神作为衡量社会发展基础的唯一标准,随着 1845 年马克思、恩格斯《德意志意识形态》的发表,这一问题有了科学的定论。马克思克服了以往英雄史观、绝对精神、君权神授等一系列唯心史观的局限,促进唯物史观、群众史观、人民主体思想的传播,在阶级社会中几乎全部的物质财富都是由被剥削的底层人民群众所创造的,人民才是历史的主体,人民群众的物质实践活动书写历史、创造历史,是推动社会进步的根本动力并且决定了社会的发展方向。马克思主义人民观不仅是马克思

---

① 侯衍社:《从三重维度看"人民至上"的科学内涵》,《江海学刊》2022 年第 4 期。
② 王绍光:《人民至上:"人民""为人民""人民共和国"》,《中央社会主义学院学报》2021 年第 2 期。

主义的世界观方法论,更在实践基础上强调尊重人民主体地位,并在人们认识世界、改造世界的过程中实现二者的辩证统一,进而为消灭剥削、消除压迫、建立共产主义社会、实现人的自由而全面的发展提供理论基础。

中国化的马克思主义蕴含着人民至上思想。中国共产党从成立之初就以马克思主义为根本指导思想,将马克思主义人民主体思想精髓继承并发扬光大,始终保持同人民群众血脉相连;始终把人民立场作为党执政立国的根本立场。中国共产党以新时代中国特色社会主义制度为指引,以广大人民群众的实践创新为基础,以人民至上思想为准则,永葆"同人民站在一起、想在一起、干在一起"的初心①,时刻牢记中国共产党人"民之所忧,我必念之;民之所盼,我必行之"的实践准则②,为实现人民对美好生活的向往不断奋斗。2022年10月16日,党的二十大胜利召开标志着我国迈向全面建设社会主义现代化国家新征程,标志着中国共产党人肩负更多责任与使命。新时代新起点中国共产党始终将人民放在首要位置,坚定马克思主义在意识形态领域的指导地位不动摇;新时代新挑战坚持立足中国实际解决最广大人民群众最关心最在意的问题;新时代新机遇团结全党全国各族人民勠力同心创造中国特色社会主义新篇章。

(二)中国古代民本思想是中国共产党人民至上思想的文化根源

中华大地五千年文明造就了源远流长的中国传统文化,千百年来这片土地孕育了数不尽的仁人志士,历朝历代的思想家们从实际出发致力于探寻国家繁荣昌盛、长治久安的真理,随着王朝兴衰不断更迭,最终提出了"民惟邦本,本固邦宁"的民本思想基本内涵。《尚书·五子之歌》有言:"民可近不可下,民惟邦本,本固邦宁。"鞭辟入里强调了人民的关键

---

① 纪轩言:《始终坚持人民至上》,《云南法制报》2022年10月18日。
② 《坚持人民至上的价值追求》,《人民日报》2022年10月16日。

作用:人民是国家的根本,只有人民群众丰衣足食安于一隅,统治者才能更好地治理国家以达到政通人和的目的。这是对中国古代民本思想最全面准确的论述,既富于哲理更是对历史经验教训的深刻总结,对后世影响深远。如果丧失国本,那么国家必定如同大厦将倾,政权岌岌可危,最终走向覆灭。秦朝励精图治是中国历史上第一个实现大一统的国家,却为何二世而亡?究其原因,秦始皇一统天下以后便以为关中之固,金城千里,是子孙帝王万世之业,就不再勤政爱民,只知享乐搜刮民脂民膏,动用大量人力、物力修建了覆压三百余里的阿房宫,使负栋之柱,多于南亩之农夫,苛捐杂税使百姓苦不堪言。到了秦二世变本加厉推行"繁刑严诛,吏治刻深;赏罚不当,赋敛无度",致使陈胜、吴广揭竿而起"一夫作难而七庙隳"。以史为鉴,秦朝统治者统治初期重视法度,关心耕织,得到人民的支持则秦朝兴盛;一旦统治者不再顺应历史潮流,轻民贱民,就会导致农不耕、兵不战从而失去人民的拥护,说到底卒秦者,秦也。①

对民本思想的继承与超越。《吕氏春秋》有言:"天下非一人之天下,天下之天下也",中国古代民本思想是中国共产党人民至上思想的历史根源,贞观盛世的缔造者唐太宗深谙国家的盛衰在于人心向背的道理,多次提出:"君,舟也;民,水也。水能载舟,亦能覆舟。""君依于国,国依于民。刻民以奉君……君富而国亡。"不断超越前人治国理政的经验策略把握历史主动,坚定人民主体地位,将当代民本思想与中国具体实际相结合,与新时代中国特色社会主义相结合,砥砺奋进不断谱写马克思主义中国化时代化新篇章。习近平总书记指出:"继续推进实践基础上的理论创新,首先要把握好新时代中国特色社会主义思想的世界观和方法论,坚

---

① 闫金红、张晴霁:《从党的二十大报告看人民至上思想的三重维度》,《学理论》2022 年第 12 期。

持好、运用好贯穿其中的立场观点方法。"①一切脱离人民的理论都是苍白无力的,一切不为人民造福的理论都是没有生命力的。其中"必须坚持人民至上"更是重中之重,居于"六个必须坚持"首要位置,实现中国式现代化离不开人民群众的伟大创造,要时刻想人民所想,忧人民所忧,筑牢实现中华民族伟大复兴这一宏伟目标的思想之基。

（三）历届领导集体的人民思想一脉相承

中国共产党将全心全意为人民服务作为宗旨,在任何时候都把群众利益放在第一位。毛泽东同志曾说:"共产党人的一切言论行动,必须以合乎最广大人民群众的最大利益,为最广大人民群众所拥护为最高标准。"②中国共产党始终将人民群众放在首要地位,认为一切赞成、拥护和参加社会主义建设事业的阶级、阶层和社会集团,都属于人民的范围,坚持把人民群众的利益作为一切工作的出发点。邓小平同志实行改革开放,通过解放和发展生产力发挥广大人民的创造力和积极性,不断丰富和满足人民群众的物质需求和精神需求,让人民的生活更加美好。正如邓小平同志所说:"我们一定要根据现在的有利条件加速发展生产力,使人民的物质生活好一些,使人民的文化生活、精神面貌好一些。"③江泽民同志站在新的历史高度提出"三个代表"重要思想,其中提到中国共产党始终代表最广大人民的根本利益,多次强调"全心全意为人民服务,立党为公,执政为民,是我们党同一切剥削阶级政党的根本区别"④。胡锦涛同志说:"站稳群众立场必须体现到实现好、维护好、发展好最广大人民

---

① 习近平:《高举中国特色社会主义伟大旗帜 为全面建设社会主义现代化国家而团结奋斗——在中国共产党第二十次全国代表大会上的报告》,人民出版社2022年版,第18—19页。
② 《毛泽东选集》第三卷,人民出版社1991年版,第1096页。
③ 《邓小平文选》第二卷,人民出版社1994年版,第128页。
④ 《江泽民文选》第三卷,人民出版社2006年版,第279页。

根本利益上来。"①科学发展观更是将"以人为本"作为核心,明确回答了为什么发展、发展依靠谁、发展为了谁的问题。党的十八大以来,以习近平同志为核心的党中央坚守人民至上的执政理念,时刻不忘"为中国人民谋幸福,为中华民族谋复兴"的初心使命,守正创新,自强不息,把人民对美好生活的向往作为奋斗的目标。习近平总书记提出:"人民对美好生活的向往,就是我们的奋斗目标。"②在这种理念的指引下,党带领人民经过不断的艰苦奋斗,中国人民的生活发生了翻天覆地的变化。截至 2021 年年底,我国居民人均可支配收入增加到 3.5 万元,中等收入群体持续扩大;义务教育入学率接近 100%,常住人口城镇化率超过 60%,基本医疗保障覆盖超过 13 亿人,基本养老保险覆盖超过 10 亿人。

三、中国共产党坚持人民至上的历史逻辑

一百年来,中国共产党人在革命、建设、改革时期和新时代,始终坚守人民立场,把人民放在心中最高地位,践行救国人民得解放、立国人民得独立、富国人民得小康、强国人民得幸福的根本宗旨,在中国共产党的坚强带领下、正确领导下,坚持人民至上理念不断发展成熟、日趋完善。

(一)新民主主义革命时期

这一时期,中国社会存在诸多矛盾,主要矛盾是帝国主义和中华民族的矛盾、封建主义和人民大众的矛盾。面对矛盾丛生、积贫积弱的旧中国,中国共产党一经诞生便肩负起反帝反封建的历史重担,解放劳苦大

---

① 《胡锦涛文选》第三卷,人民出版社 2016 年版,第 445 页。
② 《习近平谈治国理政》第一卷,外文出版社 2018 年版,第 424 页。

众,争取民族独立成为这一时期我们党坚持人民至上的主题。

以毛泽东同志为核心的党中央坚持唯物史观,深刻认识到社会主要矛盾的变化,提出并发展了"全心全意为人民服务"这个重大命题。毛泽东同志以长远的政治眼光、卓越的政治判断、高超的政治策略来擘画群众路线,率领中国共产党人和人民群众,通过建立武装革命根据地、建立革命统一战线、发动武装起义、同敌对势力进行斗争等方式,壮大党的革命武装力量,得到广大人民群众的衷心拥护和广泛支持。毛泽东同志多次强调,我们党要"全心全意地为人民服务,一刻也不脱离群众;一切从人民的利益出发"。在党的七大报告中,毛泽东同志进一步阐释了"全心全意为人民服务"的思想,他指出:"我们这个队伍完全是为着解放人民的,是彻底地为人民的利益工作的。""群众是真正的英雄",从此"全心全意为人民服务"这个重大命题被载入党章,被确立为中国共产党的根本宗旨。正是由于我们党坚持走群众路线,始终践行人民至上理念,充分相信群众、依靠群众,才取得了新民主主义革命的伟大胜利,最终带领人民翻身得解放。

(二)社会主义革命和建设时期

在这一时期,党面临的主要任务也从反帝反封建转变为进行社会主义革命、推进社会主义建设,实现了从新民主主义到社会主义的历史转变。党始终为人民独立而奋斗,让人民完全摆脱受剥削、受压迫、受奴役的历史惨状,真正成为社会主义的建设者,成为国家的主人。

1949 年以后,以毛泽东同志为核心的党中央依据国内外形势,作出新的研判,在困境中谋生存、求发展,确立社会主义制度,推进社会主义建设,领导人民群众消灭国民党残余势力,巩固新生政权,为保护人民生命安全不受侵犯提供了基本保障;通过发展生产力和变革生产关系,确立了以公有制为主体的经济体制,为保护人民经济利益不受剥削提供了基本保障;通过确立人民民主专政的国体和人民代表大会制度的政体,为保护人民行使民主权利不受干扰提供了基本保障。1954 年,全国人大第一次会议确立"中华人民共和国的一切权力属于人民",众人的事情由众人商量,把"百家心"拧成"一条心",使人民群众实现了真正意义上的翻身解放,这是让人民当家作主的生动体现。总之,我们党领导人民群众,经过在理论和实践上的艰辛探索,在满目疮痍、一穷二白的烂摊子上,为人民当家作主建立起基本的经济体制和政治制度,为党坚持人民至上提供了坚实的经济支撑和政治保障。在人民至上理念的引领下,我们党带领人民风雨无阻、勇毅前行,攻克了长期积累的突出矛盾和问题,建立了一个全体人民共同享有民主、独立、和平的新社会。没有中国共产党的领导,人民的主体地位、人民的幸福安康、人民的合法权利都无法得到保障。

(三)改革开放和社会主义现代化建设新时期

在这一时期,党的主要目标是改革开放和社会主义现代化建设。党始终坚守人民立场,不断解放和发展生产力,坚持尽力而为、量力而行,为提高人民生活水平,发挥人民主体作用提供坚实保障。党领导人民在政治、经济、文化、社会和生态等方面取得重大进展,人民群众从满足基本温饱向实现小康生活大踏步迈进,这些历史性成就的取得离不开我们党对人民至上理念的贯彻与落实。

党的十一届三中全会之后,以邓小平同志为主要代表的中国共产党人,深刻认识到改革开放的必要性,深刻认识到解放和发展生产力对社会主义现代化建设的重要意义,将党的工作重心转移到经济建设上来,坚持"一个中心,两个基本点",提出"先富"带动"后富"的时代命题,把"三个有利于"作为我们党工作的判断标准,这为世纪之交的共产党人能否真正做到"全心全意为人民服务"提供了价值判断和基本遵循。党对人民至上的坚持不仅仅停留在指导思想层面,更是落实到行动纲领上,共产党是真真切切地为人民而生、为人民着想、为人民服务的执政党,一切发展都是为了满足人民群众的切身利益,保障人民群众的生命安全不受侵犯。党的十三届四中全会之后,以江泽民同志为主要代表的中国共产党人继续推进改革开放基本国策不动摇,把人民群众急难愁盼的现实问题放在首要位置,提出"三个代表"重要思想,坚持立党为公、执政为民。党的十六大以后,以胡锦涛同志为主要代表的中国共产党人,依据国内外形势,作出新的研判,提出"以人为本"的科学发展观,基于数量、质量和时间等三个维度,既立足当今社会发展,满足当代人的需要,又为千秋万代的可持续发展留存充足的资源,保持良好的生存环境。

(四)中国特色社会主义新时代

党的十八大以来,中国特色社会主义进入新时代,我国社会主要矛盾转化为人民日益增长的美好生活需要和不平衡不充分的发展之间的矛盾,党的奋斗目标也转变为彻底消灭绝对贫困,满足人民对"美好生活"的向往与追求,推进全体人民共同富裕,为实现中华民族伟大复兴的宏伟目标接续奋斗。

"人民对美好生活的向往,就是我们的奋斗目标"①。坚持人民至上,在新时代就是要满足人民对美好生活的需要,提高人民的获得感、幸福感、安全感。党的十八大以来,以习近平同志为核心的党中央始终坚守人民立场,在经济、政治、文化、社会和生态等诸多方面,坚持为了人民、造福人民,切实从人民最关心、最直接、最现实的利益出发,提出

---

① 《习近平谈治国理政》第一卷,外文出版社 2018 年版,第 424 页。

了"以人民为中心的发展思想"①，积极回应了人民群众的利益诉求。在党的二十大报告中，习近平总书记进一步深化改革，从乡村振兴、教育、文化、收入、就业、社会保障、健康、人居环境和安全等诸多领域出发，提出了一系列惠民生、暖民心的重要举措，着力增进民生福祉，提高人民生活品质。

在乡村振兴方面，为巩固脱贫攻坚成果，让全体人民过上好日子，党的二十大报告特别指出，"全面推进乡村振兴"。在教育方面，报告强调，要"办好人民满意的教育"，体现了我党为提高教育质量、实现教育强国的强大决心。在文化方面，报告要求，"坚持以人民为中心的创作导向"，发展文化事业，繁荣文化产业，促进人民精神世界极大丰富。在收入方面，报告指出要规范收入分配秩序，鼓励勤劳致富，促进人人都能享有收入公平的机会。在就业方面，报告指出，"消除影响平等就业的不合理限制和就业歧视"，使全体人民共同享有平等就业机会，共同享有实现自我人生价值的机会。报告指出，要"健全社会保障体系"，体现了我党的奋斗目标就是为了更好地满足人民群众的根本利益诉求。为了给人民提供健康服务，报告指出，"把保障人民健康放在优先发展的战略位置"，尤其是在疫情防控期间，落实"人民至上、生命至上"的疫情防控总方针，在抗击疫情的道路上打赢了一个又一个总体战、阻击战。报告指出，在人居环境方面"深入推进环境污染防治"，促进人与自然和谐共生。在安全方面，报告要求"以人民安全为宗旨"，着力推进国家安全体系和能力现代化。②

---

① 《习近平著作选读》第一卷，人民出版社2023年版，第438页。
② 程兰华、曹大豪:《中国共产党坚持人民至上的四重逻辑》，《哈尔滨市委党校学报》2023年第2期。

四、坚持人民至上是中国共产党永葆青春活力的精神密码

中国共产党在中国特色社会主义的伟大实践中践行和发展马克思主义的人民观。新时代以来,中国共产党始终坚持把人民放在心中最高的位置,在团结带领全国各族人民实现中华民族伟大复兴的实践中,提出要坚持"人民至上",要"坚持为人民执政,靠人民执政,坚持发展为了人民,发展依靠人民,发展成果由人民共享",①在新时代创造性地发展了中国共产党的人民立场。

(一)坚持人民至上,始终站稳人民立场

中国共产党来自人民,"人民"一词在党的二十大报告中出现了 105次,人民立场是中国共产党的根本政治立场,是马克思主义政党区别于其他政党的显著标志。正如习近平总书记所说:"我们党来自人民、植根人民、服务人民,一旦脱离群众,就会失去生命力。"②因此,要站稳人民立场不动摇,始终和人民群众站在一起。步入新时代,我国在政治、经济、文化、社会和生态文明领域取得了非凡的成就,政治制度更加完善,经济发展稳步推进,文化自信进一步增强,社会建设取得显著成效,生态环境逐步改善。面对如此非凡的成就,中国共产党人不骄不躁,继续坚持人民立场,走群众路线,始终把人民性镌刻在灵魂深处、融入血液之中,始终秉持"全心全意为人民服务"的根本宗旨,牢记人民的喜怒哀乐,想群众所想、急群众所急,始终与人民同甘共苦、生死相依。2021 年夏季,面对来势汹

---

① 《中共中央关于党的百年奋斗重大成就和历史经验的决议》,人民出版社 2021 年版,第 66 页。

② 《习近平谈治国理政》第三卷,外文出版社 2020 年版,第 135 页。

汹的河南暴雨和洪涝灾害,广大党员不怕牺牲,舍己为民,无数逆行者在风雨中挺身而出,奋战一线,保卫了人民生命安全。在民生福祉方面,中国共产党"在幼有所育、学有所教、劳有所得、病有所医、老有所养、住有所居、弱有所扶上持续用力,人民生活全方位改善"①。中国共产党"一枝一叶总关情"的人民情怀,密切了同人民群众之间的血肉联系,增强了人民群众对党执政的信心,确保了党的事业拥有最广泛的群众基础和最坚实的执政根基。

(二)坚持人民至上,始终紧紧依靠人民

人民群众是中国共产党生命的源泉,党执政兴国需要人民支持,中华民族的伟大复兴也需要人民的参与。只有得到人民的支持,团结人民,带领人民一起奋斗,才能在新的征程中创造出一片崭新的天地。正如习近平总书记所说:"无论遇到任何困难和挑战,只要有人民支持和参与,就没有克服不了的困难,就没有越不过的坎。"②中国特色社会主义进入新时代以来,我国发展取得了惊人的成就,但同时也暴露出一些问题,在政治和经济社会发展上面临着诸多新挑战。面对新问题和新挑战,中国共产党紧紧依靠人民进行全面深化改革,习近平总书记多次同基层员工代表、民营企业家、专家学者等群体举行座谈,听取大家的意见和建议;多次深入城市、农村、高校、企业等基层倾听民声、问计于民,汇聚民力。面对源源不断的新挑战,中国共产党人必须紧紧依靠人民,将人民群众的伟大实践转化为新时代经济社会发展的强大动力,尊重人才,尊重创造,为人民群众的创造实践营造良好社会环境和氛围,让人民群众充分释放创造力,为中国特色社会主义事业增智赋能。

---

① 《习近平著作选读》第一卷,人民出版社 2023 年版,第 9 页。
② 《习近平著作选读》第一卷,人民出版社 2023 年版,第 186 页。

（三）坚持人民至上，始终践履造福人民

人民是我们党执政的最大底气，"为民造福是立党为公、执政为民的本质要求"①当前，面对我国社会主要矛盾变化带来的新特征、新要求，以习近平同志为核心的党中央牢记初心使命，把为民做事、为民造福作为党最重要的政绩，始终为人民利益而奋斗。当下，人民群众的需求已然从对基本的物质精神需求向对美好生活的需要转变，以习近平同志为核心的党中央提出追求更高质量的发展，为的就是要满足人民群众对美好生活的向往。在政治领域，中国共产党以习近平新时代中国特色社会主义思想为指导，不断完善相关制度建设，为造福人民提供了制度保障。在经济领域，党的十八大以来，"我国经济发展平衡性、协调性、可持续性明显增强，国内生产总值突破百万亿元大关，人均国内生产总值超过一万美元"，这一惊人的成就为造福人民提供了坚实的物质基础。在文化领域，党厚植文化自信，身体力行，发展社会主义文化，推动践行社会主义核心价值观，不断满足人民群众的精神需求。在社会领域，党从教育、就业等方面着力解决人民最关心的问题，特别是打赢了脱贫攻坚战，在现行标准下，"9899 万农村贫困人口全部脱贫，832 个贫困县全部摘帽，12.8 万个贫困村全部出列，区域性整体贫困得到解决，完成了消除绝对贫困的艰巨任务，创造了又一个彪炳史册的人间奇迹"②。在生态文明领域，中国共产党坚持绿色发展理念，紧抓大保护，不搞大开发，推动生态环境持续好转，为人民的健康提供了优质的环境保障。这一系列无与伦比的成就，极大地满足了人民群众对美好生活的需要，昭示了中国共产党践履造福人民的决心，助推中国共产党永葆执政的青春与活力。

---

① 习近平：《高举中国特色社会主义伟大旗帜　为全面建设社会主义现代化国家而团结奋斗——在中国共产党第二十次全国代表大会上的报告》，人民出版社 2022 年版，第 46 页。
② 《习近平谈治国理政》第四卷，外文出版社 2022 年版，第 125 页。

第三节　满足人民日益增长的美好生活需要是
中国式现代化的奋斗目标

自习近平总书记提出"人民对美好生活的向往，就是我们的奋斗目标"①以来，"美好生活"得到了广泛关注。2022 年 10 月，在党的二十大上，习近平总书记着重强调，要围绕我国社会主要矛盾推进各项工作，把"实现人民对美好生活的向往作为现代化建设的出发点和落脚点"②。

一、美好生活需要是马克思主义的最高命题

人的全面而自由发展是马克思主义的最高理想。然而，人民追求的美好生活，也即其善的观念，是分层次的。从物质利益之善，到兴趣爱好之善，再到理性自足之善，各种层次的善相互之间有可能会发生冲突。比如，我们在追求经济利益之善与优美环境之善的时候就可能出现冲突，但是这两种善（或者说两个目标）也可能会得到很好的协调，结果是既发展了经济，又保护了生态环境。一个现代社会中的成员，在追求美好生活目标的时候，离不开一些基本的物质保障和平等的发展机会。人的生存和发展离不开社会，就像财富的创造，既离不开生产要素的所有者与劳动者之间的合作，更离不开国家用强制力予以保障的诸如合法财产受到保护、订立的契约必须履行等制度条件。反过来，每个人对社会而言也是不可

---

① 《习近平谈治国理政》第一卷，外文出版社 2018 年版，第 424 页。
② 《习近平著作选读》第一卷，人民出版社 2023 年版，第 19 页。

或缺的,因为社会合作不可能缺少参加者。正是基于这样的原因,现代人作为社会的一分子,仅凭社会成员的身份,就有权利要求其基本的物质需要得到满足,并且获得平等的发展机会。无论是在发展中协调好各种善(也就是多种发展目标或者说不同的美好生活愿望)之间的冲突,还是为社会成员提供基本的物质保障和平等的发展机会,都要求国家积极作为。不过,虽然社会和国家有责任为人民实现美好生活需要提供保障,但这不是强调它们对个人选择进行干涉,甚至代替个人进行选择,而是强调对人权的法治保障。这种受保障的权利,不是存在于人性中的抽象的、自私的、不可剥夺的要求,而是得到国家承认的种种要求,即维护有利于实现美好生活的条件的种种要求。保障美好生活需要的条件与保障人权是统一的。

马克思主义经典作家还在另外两个层次上使用自由的概念,即"必然王国的自由"和"自由王国的自由"。所谓"必然王国的自由"是指人类在劳动实践中、在物质生产活动中、在对自然界的改造中获得的自由,这种自由的目的是创造物质财富,以维持人的生命,满足人的物质需要。这个层次上的自由对应着物质层次上的美好生活需要。根据马克思主义的实践观,"自然的必然性王国"即"人化自然",是随着人的需要的扩大、生产力的扩大而逐步扩大的。"这个自然必然性的王国会随着人的发展而扩大,因为需要会扩大;但是,满足这种需要的生产力同时也会扩大。这个领域内的自由只能是:社会化的人,联合起来的生产者,将合理地调节他们和自然之间的物质变换,把它置于他们的共同控制之下,而不让它作为一种盲目的力量来统治自己;靠消耗最小的力量,在最无愧于和最适合于他们的人类本性的条件下来进行这种物质变换。"①人类必定会以社会

---

① 《马克思恩格斯文集》第七卷,人民出版社 2009 年版,第 928—929 页。

的形式来改造"自在的自然",使之体现人的意志,变成"人化自然",人类在"必然王国"的自由就是在这个过程逐渐扩大的。就像现实的自然是"人化自然"一样,"必然王国的自由"是现实的自由。"自由王国的自由"是"必然王国"彼岸的自由,这种自由的目的是实现作为目的本身的人类能力的发展,因而是真正的自由王国。"自由王国的自由"不是物质生产领域(满足人的物质需要的实践活动)的自由,而是打破物质生产实践中奴役性的分工、从事自由而富有创造性的实践活动的自由,它意味着人的自由而全面的发展。这个层次上的自由是理想层次的自由,对应着更高层次上的美好生活需要。"但是,这个自由王国只有建立在必然王国的基础上,才能繁荣起来。工作日的缩短是根本条件。"①"自由王国的自由"的全面发展实现,只有在人类社会发展的最高阶段——共产主义阶段才有可能。共产主义的远大理想提醒我们,今天在争取第一层次的自由和政治社会中的自由时,也不要忘记既是远大目标,又是最高理想和最终目标的第二层次的自由。同时,也提醒我们要踏踏实实地推动发展、改善民生、维护公平正义,为理想层次的自由奠定坚实的物质基础,创造更加有利的各项条件。②

二、新时代人民美好生活需要的内涵要义

党的十九大强调,要解决好不平衡不充分发展问题,以"满足人民在经济、政治、文化、社会、生态等方面日益增长的需要"③。2021 年 11 月,在党的十九届六中全会上,习近平总书记指出:"人民美好生活需要日益

① 《马克思恩格斯文集》第七卷,人民出版社 2009 年版,第 929 页。
② 王涛:《新时代人民美好生活需要的理论意蕴》,《创新》2018 年第 6 期。
③ 《习近平著作选读》第二卷,人民出版社 2023 年版,第 10 页。

广泛,不仅对物质文化生活提出了更高要求,而且在民主、法治、公平、正义、安全、环境等方面的要求日益增长"①,并把"人民群众急难愁盼问题"②作为社会建设的紧迫任务。

(一)物质生活需要

物质需要是生存前提,也是进行一切活动的基础。恩格斯指出:"人们首先必须吃、喝、住、穿,然后才能从事政治、科学、艺术、宗教等等。"③改革开放以来,我国经济发展迅速,人们的物质生活水平得到极大提升。实现全面小康后,人民群众生活水平已经极大改善,人民群众对物质生活品质的要求与日俱增,从衣食住行到工业产品等都表现出对高品质物质产品显著升级的需要。

(二)政治生活需要

马克思主义认为,人是一种合群的、只有在社会中才能独立的动物,所以社会性是人的根本属性,人的生存和发展离不开社会。为了减少冲突、维持秩序,必然制定规则以约束人的行为,这便是政治生活。随着生产力的快速发展和社会的全面进步,人们的政治生活内容不断变化、日益丰富。从"天下有道,则庶人不议"的古代社会到"人民当家作主"的社会主义社会,中华儿女追求美好政治生活的脚步从未停息。进入新时代,随着经济社会发展,人民物质生活水平的不断提高,人民的政治诉求日益增长,人民对民主、法治、公平、正义等方面提出了更高要求。为了切实保障人民当家作主"最广泛、最真实、最管用",党的二

---

① 《习近平著作选读》第二卷,人民出版社2023年版,第9—10页。
② 《习近平著作选读》第一卷,人民出版社2023年版,第38页
③ 《马克思恩格斯选集》第三卷,人民出版社2012年版,第574页。

十大报告再次明确提出发展全过程人民民主,并把它作为中国式现代化的本质要求。

(三)文化生活需要

精神文化生活是塑造人、完善人的重要环节。精神文化生活需要是基于物质生活需要基础之上的更高层次需要,它源于人们所处的社会生产状况,与经济社会发展密切相关。随着时代的发展变化,人民的生活水平和精神境界不断提高,人民对美好文化生活的要求或需要也越来越高。人民不仅期待更完善的文化基础设施,更高质量的影视作品、文艺精品,还期待拥有更高的文化素养、坚定的信仰和良好的精神风貌,也追求人的全面均衡发展等。为了满足人民群众多样化、多层次、多方面、高品质的精神文化需求,党的十八大以来,党中央围绕人民的精神文化需求做了系列重要论述,积极开展一系列文化服务创新工作,持续加大基本公共文体活动场馆的建设、开放力度,从硬件和软件等层面保障人民群众更多地参与文体活动的机会,不断推动文化服务提质增效。

(四)社会生活需要

人是社会的一部分,人的生产和生活都是在社会中进行的。社会生活是人类所独有的存在方式,是人类社会的生活系统。社会生活需要是人类社会发展过程中不可或缺的重要内容,是人民美好生活需要的重要组成部分。进入新时代,人民对社会生活有了更多期待。在党的十九大报告中,习近平总书记对事关社会生活的主要内容进行了集中概括,即"幼有所育、学有所教、劳有所得、病有所医、老有所养、住有所居、弱有所扶"[1]。

———————————

[1]　《习近平谈治国理政》第三卷,外文出版社 2020 年版,第 18 页。

基于此,人民美好社会生活需要主要包括教育、就业、医疗、养老、社会保障等内容在内的需要。随着经济社会不断发展,人民美好社会生活需要也日益丰富,如健康中国、平安中国、体育强国、安全中国等新内容正逐渐成为人民美好生活需要的重要组成部分。

(五)生态生活需要

人的需要不仅丰富多样,也在不断发生变化。人与自然是一个生命共同体,人们期望达到人与自然和谐共生的境界。进入新时代,作为人民美好生活需要须臾不可离的组成部分,生态生活需要也构成了人民美好生活需要,它使人民美好生活需要更具全面性和完整性。新时代的人民美好生态生活需要是人民追求一种人与自然和谐相处、共生共荣的理想生活方式。当前,人民不仅期盼拥有蓝天、绿地、洁净水、清新空气等,也需要更多优质的生态产品、生态资源等。

三、新时代人民美好生活需要的实现路径

(一)满足人民日益增长的经济生活需要

人民群众在经济方面对美好生活的需要主要表现为:贫困地区农村居民对摆脱贫困的渴望以及生活水平提高后人们对追求更高品质生活的渴望。要实现这一目标,现阶段我国发展的不平衡不充分是其主要制约因素。

习近平总书记指出,我国经济已由高速增长阶段转向高质量发展阶段,正处在转变发展方式、优化经济结构、转换增长动力的攻关期[①]。具

---

① 习近平:《决胜全面建成小康社会 夺取新时代中国特色社会主义伟大胜利——在中国共产党第十九次全国代表大会上的报告》,人民出版社 2017 年版,第 30 页。

体来讲,要重点做好以下几点:一是大力发展实体经济。实体经济是中国经济发展的根基,要通过深化供给侧结构性改革,提高我国供给体系质量;要推动互联网、大数据、人工智能与实体经济的融合,壮大经济发展新动能;要进一步激发和保护企业家精神,营造脚踏实地、勤劳勇敢、实业致富的发展环境和社会氛围。二是实施乡村振兴战略。农业农村农民问题是关系国计民生的根本性问题。为此,要坚持农业农村优先发展总方针,建立健全城乡融合发展体制机制和政策体系;要切实解决"两不愁三保障"突出问题,找准病根,开准"药方"。三是实施区域协调发展战略。推进西部大开发,加快东北等老工业基地振兴,推动中部地区崛起,支持东部地区率先推动优化发展。

（二）满足人民日益增长的政治生活需要

习近平总书记指出,"民主不是装饰品,不是用来做摆设的,而是要用来解决人民要解决的问题的"。① 满足人民日益增长的民主法治方面的需求,就是要坚持党的领导、人民当家作主、依法治国三者的有机统一,以切实解决人民要解决的问题。具体来说,要做好以下几点:一是不断坚持和完善党的领导。人民群众在民主法治方面需求的满足,离不开党的领导,党的领导是实现人民当家作主和依法治国的根本保证。为此,我们不仅要坚持党总揽全局、协调各方的领导核心作用,而且要坚持和完善党的领导制度体系,通过改进党的领导方式和执政方式,不断提高党的执政能力,从而保证党领导人民有效治理国家。二是加强人民当家作主的制度保障。人民当家作主是社会主义民主政治的本质和核心。党的十九大报告强调:"发展社会主义民主政治就是要体

---

① 《习近平著作选读》第一卷,人民出版社2023年版,第273页。

现人民意志、保证人民权益、激发人民创造活力,用制度体系保证人民当家作主。"①可见,我们必须要长期坚持、不断完善人民代表大会制度,支持和保证人民通过各级人民代表大会行使国家权力,从而彰显人民的主体地位;要坚持和不断完善基层群众自治制度,发展基层民主,保障人民依法行使民主权利。三是深化依法治国实践。法治兴则国家兴,法治强则国家强。坚持不懈深化依法治国实践,要做到坚持依法治国、依法执政、依法行政共同推进,法治国家、法治政府、法治社会一体化建设;要积极推进科学立法、严格执法、公正司法、全民守法;要深化司法体制综合配套改革,全面落实司法责任制,努力让人民群众在每一个司法案件中都感受到公平正义;要加大普法力度,使全民树立起宪法法律至上、法律面前人人平等的法治理念。

（三）满足人民日益增长的精神文化生活需要

满足人民日益增长的精神文化生活需要,必须在推动我国经济高质量发展的基础上进一步繁荣发展社会主义文化,为人民提供更加丰富优质的精神食粮②。要坚定文化自信,大力推动社会主义文化的大繁荣大发展,激发全民族文化创新创造活力,建设社会主义文化强国。具体来讲,要做好以下几方面工作:一是加强党对文化发展的领导。党的宗旨是全心全意为人民服务,文化发展的宗旨也是为人民创作,两者是高度一致的,因此,党的领导是社会主义文化发展的根本保证,这也是正确处理党性与人民性、政治立场和创作自由之间关系的立足点。二是坚持以人民

---

① 习近平:《决胜全面建成小康社会 夺取新时代中国特色社会主义伟大胜利——在中国共产党第十九次全国代表大会上的报告》,人民出版社2017年版,第36页。

② 顾训宝、王爱玲:《人民美好生活需要的新时代内涵及实现路径》,《中共山西省委党校学报》2020年第1期。

为中心的文化发展方向。人民既是历史的"剧中人",也是历史的"剧作者",社会主义的文化是人民的文化。社会主义文化事业的发展要坚持以人民为中心的发展方向,把满足人民日益增长的精神文化需求作为一切文化工作的出发点和落脚点。同时,社会主义文化需要人民,人民又是文学艺术创作的源头活水,一旦离开人民,文化作品就会变成无根浮萍、无魂躯壳。因此,文化文艺工作者要虚心向人民群众学习,要扎根人民、扎根生活,从人民群众的实践和生活中不断汲取文学艺术创作的灵感和激情;要把提高质量作为文化作品的生命线,用心用情用功抒写伟大时代,不断推出讴歌党、讴歌祖国、讴歌人民、讴歌英雄的精品力作;要坚持人民在文化文艺审美活动中的主体地位,把人民作为文化审美的鉴赏家和评判者。三是坚持把社会效益放在首位。一部好的文化作品,应该是把社会效益放在首位。在社会主义市场经济环境中,文化文艺工作者不能为了迎合市场需求盲目追求票房、点击率、收视率,导致一些低俗庸俗媚俗的文化作品充斥市场。文化文艺的发展在任何时候都不能以牺牲社会效益为代价来获取经济效益,不能在市场经济大潮中迷失方向。"文艺人不能当市场的奴隶,不要沾满了铜臭气。"[1]

（四）满足人民日益增长的社会生活需要

人民日益增长的社会生活需要,主要指人民日益增长的公平、正义、安全、教育、就业、健康、社会保障等民生方面的需求。习近平总书记将其概括为解决"五难"、实现"七有"、提升"三感"。[2] 解决"五难",就是要解决群众在就业、教育、医疗、居住、养老等方面面临的难题;实现"七有",

————————

[1]　习近平:《在文艺工作座谈会上的讲话》,人民出版社 2015 年版,第 20 页。

[2]　郑功成:《习近平关于民生系列重要论述的思想内涵与外延》,《国家行政学院学报》2018 年第 5 期。

就是把增进民生福祉作为发展的根本目的,在发展中补齐民生短板、促进社会公平正义,实现幼有所育、学有所教、劳有所得、病有所医、老有所养、住有所居、弱有所扶;提升"三感",就是使人民拥有"更多、更直接、更实在的获得感、幸福感、安全感"。① 因此,新时代满足人民日益增长的社会生活方面需要,需要做好以下几点:

一是解决好人民最关心最直接最现实的利益问题。要统筹做好教育、就业、收入分配、社会保障、医疗卫生等方面工作,让群众看到变化、得到实惠。要优先发展教育事业,办好让人民满意的教育,努力使城乡每一个孩子都能享受到公平而有质量的教育;要努力实现更高质量和更充分就业,注重解决结构性就业矛盾,促进高校毕业生、农民工等群体多渠道就业,努力使每位劳动者体面劳动、全面发展;要促进收入分配更合理、更有序,扩大中等收入群体,增加低收入群体收入,调节过高收入,取缔非法收入,从而逐步缩小收入分配差距;要加强社会保障体系建设,全面建成覆盖全民、城乡统筹、权责清晰、保障适度、可持续的多层次社会保障体系,切实保障人民群众基本生活需求;要实施健康中国战略,深化医药卫生体制改革,加强医疗卫生制度建设,全面建立中国特色基本医疗卫生制度、医疗保障制度和优质高效的医疗卫生服务体系,加强基层医疗卫生服务体系和全科医生队伍建设。

二是尽力而为也要量力而行。民生工作是同老百姓直接见面的,来不得半点虚假,承诺了的就要兑现,必须积极而为、尽力而为、量力而行。面对人民在教育公平、收入稳定提升、优质医疗服务等方面日益增长的社会生活需要,要尽力而为,按照坚持守住底线、突出重点、完善制度、引导预期的工作思路,拿出实实在在的举措,一步一个脚印,积小胜为大胜,以

---

① 《习近平著作选读》第二卷,人民出版社 2023 年版,第 224 页。

钉钉子精神落实好党中央关于民生工作的战略部署。同时，又要清醒地认识到，民生改善有一个从低层次到高层次、从不均衡到均衡、从不完善到完善的过程，要从中国社会主义仍然处于并将长期处于社会主义初级阶段的国情出发，根据经济发展和财力状况逐步提高人们生活水平，不要好高骛远、寅吃卯粮、口惠而实不至。

三是不断促进社会公平正义。公平正义是中国特色社会主义的内在要求，相关部门要通过制度安排，依法保障人民权益，逐步建立权利公平、机会公平、规则公平为主要内容的社会公平保障体系。首先，要把"蛋糕"做大。我国现阶段仍然存在一些有违公平正义的现象，许多是由发展不平衡不充分而导致的，要通过制度安排、法律规范、政策支持加以解决。其次，在做大"蛋糕"的同时还要分好"蛋糕"。要深化收入分配制度改革，完善以税收、社会保障、转移支付为主要手段的再分配调节机制，解决好收入差距的问题。最后，要让人民群众在日常的生产生活中切实感受到公平正义。要通过完善公共服务体系，以基本公共服务均等化、社会政策托底、保护弱势群体等方式保障基本民生，让改革发展成果更多更公平惠及全体人民。

四是打造共建共治共享的社会治理格局。共建是基础，共治是关键，共享是目标，打造共建共治共享的现代社会治理格局就是要使社会充满活力又和谐有序，从而使社会治理的成效更多、更好、更公平地惠及全体人民，不断增加人民的获得感、幸福感、安全感。为此，要实现从单一治理主体向多元治理主体的转变，变政府部门主导的线性治理为多元合作共治的网状模式；要构建国家法律规范与社会自治规范的共治模式，形成两者功能互补、刚柔相济、协调融贯的运行机制；要加强对大数据、云计算、人工智能等信息技术手段的运用，提高社会治理智能化水平；要建立健全社会治理专门人才的培养、考评和激励机制，提高社会治理专业化水平。

（五）满足人民日益增长的优美生态环境需要

随着我国社会主要矛盾的转化，人民群众对优美生态环境的需求日益增长，人民群众已从过去的"盼温饱"到现在的"盼环保"，从过去的"求生存"到现在的"求生态"，期盼享有更加优美的生态环境。习近平总书记立足于人民的新期待，在党的十九大报告中指出，"我们要建设的现代化是人与自然和谐共生的现代化，既要创造更多物质财富和精神财富以满足人民日益增长的美好生活需要，也要提供更多优质生态产品以满足人民日益增长的优美生态环境需要"。① 影响人们对优美生态环境需要的最突出问题就是生态环境质量，特别是大气、水、土壤污染严重，这同时也是我国全面建成小康社会的突出短板。进入新时代以来，我国的生态环境保护取得了巨大成就。根据生态环境部发布的《2018 年全国生态环境质量简况》显示，2018 年我国的生态环境质量持续改善，全国 338 个地级及以上城市平均优良天数比例为 79.3%，同比上升 1.3 个百分点；细颗粒物（$PM_{2.5}$）浓度为 39 微克/立方米，同比下降 9.3%；全国地表水 I—Ⅲ类水质断面比例为 71.0%，同比上升 3.1 个百分点；劣 Ⅴ 类断面比例为6.7%，同比下降 1.6 个百分点。化学需氧量、氨氮、二氧化硫、氮氧化物排放量同比分别下降 3.1%、2.7%、6.7%、4.9%。② 但同时，我们也必须清醒地认识到，生态环境保护是一个长期的过程，目前我国生态环境依然脆弱，生态安全形势依然严峻。如部分城市的空气质量还未达标，一些地方饮水安全仍有风险，土壤污染治理仍需破题。

习近平总书记强调，良好生态环境是最普惠的民生福祉，要坚持生态惠民、生态利民、生态为民，重点解决损害群众健康的突出环境问题，不断

---

① 《习近平谈治国理政》第三卷，外文出版社 2020 年版，第 39 页。
② 环境部：《2018 全国生态环境质量简况》，2019 年 3 月 18 日，https://www.mee.gov.cn/xxgk2018/xxgk/xxgk15/201903/t20190318_696301.html。

满足人民日益增长的优美生态环境需要。① 实践中要突出做好以下几个方面工作：第一，要树立和践行绿水青山就是金山银山的理念。绿水青山就是金山银山的理念，实际上就是对生态环境保护和经济发展之间关系的科学把握，二者不是矛盾对立的，而是辩证统一的。要探索一条生态脱贫的新路子，使资源变成资产，让绿水青山变成金山银山。第二，要推动形成绿色发展方式和生活方式。要建立健全绿色生产和消费的法律制度，重点推进产业结构、空间结构、能源结构、消费方式的绿色转型；要倡导简约适度、绿色低碳的生活方式，反对奢侈浪费和不合理消费，使绿色消费成为每一个公民的责任。第二，要下大力气解决环境问题。要坚持全民共治、源头防治，持续实施大气污染防治行动，打赢蓝天保卫战；要加快水污染防治，确保人民群众生活饮用水安全；要强化土壤污染管控与修复，加强农业面源污染防治。

---

① 《习近平著作选读》第二卷，人民出版社 2023 年版，第 172 页。

第七章　构建人类命运共同体的现代化之路

习近平总书记提出构建人类命运共同体理念以来，构建人类命运共同体从理念转化为行动、从愿景转变为现实，为携手建设更加美好的世界凝聚广泛共识、汇聚强大力量，成为引领时代潮流和人类前进方向的鲜明旗帜。构建人类命运共同体理念是习近平外交思想的重要内容，也是中国特色大国外交的鲜明标识。党的二十大报告指出："中国始终坚持维护世界和平、促进共同发展的外交政策宗旨，致力于推动构建人类命运共同体。"①它科学回答了"世界怎么了、我们怎么办"的时代之问，指明了不同国家、不同民族、不同文明的共同奋斗方向，展现了胸怀天下、面向未来，大道之行、天下为公的宽阔胸襟，对中国和平发展、世界繁荣进步具有重大而深远的意义。

第一节　构建人类命运共同体的历史逻辑和时代背景

一、全球性相互依赖促使人类命运紧密相连

当今时代的一个主要特征就是高度相互依赖性。这种相互依赖性突

---

① 习近平：《高举中国特色社会主义伟大旗帜　为全面建设社会主义现代化国家而团结奋斗——在中国共产党第二十次全国代表大会上的报告》，人民出版社 2022 年版，第 60 页。

出体现在以下三个方面。

一是发展的相互依赖性。环顾世界,任何一个国家要想获得发展,就必须融入全球大的发展体系之中,奉行开放发展、包容增长的理念与政策,同时将本国的发展战略与他国的发展战略很好地对接,这样才能实现共同的、可持续的发展目标。可以说,当今世界各国发展机遇与愿景相互关联,没有一个国家能够脱离于世界而获得发展。因而,这种发展必然是一种互动的发展、合作的发展、多赢的发展、共同的发展。

二是风险与挑战的相互依存性。全球气候变化、生态环境恶化、恐怖主义、粮食安全、核危机、难民潮等一系列问题成为世界各国与地区共同面临的全球性挑战,需要全人类共同应对。可以说,风险与挑战的跨国性、联动性特点决定了没有哪个国家能够独自应对人类面临的各种挑战,也没有哪个国家能够退回到自我封闭的孤岛,在风险与挑战面前不允许有"旁观者""退缩者",更不能有"转嫁责任者""损公肥私者"。世界各国需要以负责任的精神同舟共济,共同面对挑战,合力应对危机,维护和促进世界和平与发展。

三是公共议题的相互交融性。当今世界,政治、经济、安全、社会、文化、科技等不同议题领域的边界已经远不如之前那样清晰可见,并且这些议题的相互交融性与交换性明显增强,从而极易引发"共振效应"。客观来说,这种议题领域的交互性特征使国家间关系变得更为复杂,从而要求各国必须以一种整体的、系统的视角与方法来加以应对与处理。总之,人类生活在同一个地球村,各国日益相互依存、命运与共,越来越成为你中有我、我中有你的命运共同体。

二、全球治理体系需要变革与发展

当前全球治理体系主要是基于第二次世界大战后在西方国家主导下

建立起来的一系列国际机制、规范、原则与模式。然而,随着时代的变迁,国际权力配置的变化以及全球性挑战的日益严峻,现有国际机制暴露出重大缺陷,亟须变革拓展全球治理体系。

联合国发布的《2010年世界经济与社会概览:重探全球发展之路》报告中坦承,"2008—2009年全球经济危机暴露了金融市场运作的体制性失效以及经济决策核心的严重缺陷,而且,经济危机和金融危机是紧随其他几场危机爆发的",粮食、能源、气候变化等"多重危机接踵而至,暴露了我们的全球治理机制在这些挑战面前,存在着严重弱点"。

当前全球治理体系面临诸多挑战,主要有两大表现:

一方面,现有全球治理体系无法反映国际政治经济发展的现实。世界多极化、经济全球化、社会信息化、文化多样化深入发展,新兴市场国家和广大发展中国家快速崛起,日益改变国际力量对比。仅以全球经济治理机制为例。目前,新兴市场国家和发展中国家对全球经济增长的贡献率已经达80%,成为名副其实的全球经济增长驱动器与主力军。据国际货币基金组织2018年4月发布的《世界经济展望》预测,2018年、2019年全球经济增长率皆为3.9%,而发达经济体的经济增长率分别为2.5%、2.2%,新兴经济体和发展中国家则为4.9%、5.1%。然而,在全球经济治理体系的架构中,新兴市场国家与发展中国家的代表性与发言权与它们对世界经济增长所作出的贡献率明显不相匹配。以国际货币基金组织的投票权为例。美国占有16.52%的投票权,在重大事项决议中拥有一票否决权。其他发达国家,如日本、德国、英国、法国的投票权分别为6.15%、5.32%、4.03%、4.03%。作为新兴经济体代表的中国的投票权也仅为6.09%。对于全球治理体系"包容性与代表性很不够"的问题,这一体系的主要建构者们却漠然置之,并以各种方式阻挠、迟滞对现有全球治理机制进行必要的、与时俱进的改革与调整,从而使这一治理体系的滞后性、失衡性更为凸显。

现有全球治理体系无法有效应对当前人类面临的共同挑战,全球治理失灵的现象屡屡发生。当前国际格局正处于深刻变化之中,矛盾性、复杂性与不可预期性凸显,主要体现在以下四个方面:一是大国战略博弈日趋激烈。大国既是国际体系变革的主导性力量,同时对国际体系的变化也十分敏感。大国重视国际体系的塑造,并将其作为占据国际政治、经济、文化等各领域制高点的有效途径。从历史上看,国际体系剧烈变化时期,主要因国际力量格局的再调整、再平衡所起,而这一过程往往伴随着战争与动荡。二是全球民粹主义抬头,逆全球化现象出现。国家间共同利益逐渐让位于竞争性利益,甚至排他性利益,国际关系"以邻为壑"的现象有可能重现。2008 年国际金融危机所引发的后续效应仍未消除,全球贸易和投资低迷,国际大宗商品价格持续波动,世界经济处于艰难复苏之中。三是地缘政治因素错综复杂,地区热点问题难以破解,安全困境日渐深化;恐怖主义、极端主义扩张,以及技术的进步所带来的复合影响;传统安全和非传统安全风险相互交织与叠加,这些都增加了未来世界发生冲突的危险。四是国际秩序存在失范的风险。在国际体系中占据主导地位的西方国家政策内顾倾向加重,保护主义抬头,甚至推卸、逃避国际责任,全球安全、繁荣等"公共产品"的供给有出现严重危机的风险。面对如此之多的问题,现有全球治理体系不仅无法从根本上作出解答,找到出路,甚至还使经济不平等、发展失衡、气候变化等问题进一步扩大化。鉴于此,国际社会迫切呼唤新的全球治理理念,构建新的更加公正合理的国际体系和秩序,开辟人类更加美好的发展前景。

三、中国有意愿也有能力为世界作出更大贡献

中国共产党人的使命担当。中国共产党是为中国人民谋幸福的政

党,也是为人类进步事业而奋斗的政党。中国共产党始终把为人类作出新的更大的贡献作为自己的使命。毛泽东同志曾经说过,"中国应当对于人类有较大的贡献"①。邓小平同志也反复强调这一点。1983 年 12 月1 日,他在会见美国客人时表示:"中国应对人类有较大的贡献。在古代我们做得不错,对人类有突出的贡献。"②习近平总书记在党的十九大报告中明确:"经过长期努力,中国特色社会主义进入了新时代,这是我国发展新的历史方位。"同时,他进一步指出,这个新时代,"是我国日益走近世界舞台中央、不断为人类作出更大贡献的时代"③。可见,正是由于中国共产党人始终秉持"对人类有较大贡献"的理念才使中国在发展自己的同时也将注意力聚焦到世界的发展以及人类社会的未来。

中华优秀传统文化以及马克思主义中国化时代化所赋予的文明的力量。构建人类命运共同体理念是对人类社会发展理念的新探索,也是对人类社会总体发展规律的宏观认识与整体把握。因而,如果没有深厚的文化积淀,没有充分的理论准备,没有科学的方法指导,这样宏大的思想体系根本无法构建起来。从文化角度来说,中华文明蕴含着博大精深的立身处世之道,如"己欲立而立人,己欲达而达人"的思想境界,"丈夫贵兼济,岂独善一身"的道德情怀,这些理念与基于人性本恶、物竞天择的西方政治哲学有着明显不同。这种文明的滋养早已"内化于心,外化于行",成就了中国国家行为与国际行为的自觉性。从理论准备与方法指导来说,构建人类命运共同体理念既是对马克思主义国际观的一种继承,更是对马克思、恩格斯社会共同体思想的创造性运用和发展。马克思、恩格斯曾多次使用"共同体"的表述,尤其是在《德意志意识形态》《资本

---

① 《毛泽东文集》第七卷,人民出版社 1999 年版,第 157 页。
② 《邓小平年谱(一九七五—一九九七)》下卷,中央文献出版社 2004 年版,第 947 页。
③ 《习近平著作选读》第二卷,人民出版社 2023 年版,第 8—9 页。

论》等著作中,如"自然形成的共同体""抽象的共同体""虚幻的共同体""虚假的共同体""真正的共同体"等。马克思、恩格斯主要从人的生存和发展的角度来阐释共同体,主张"只有在共同体中,个人才能获得全面发展其才能的手段,也就是说,只有在共同体中才可能有个人自由"①。构建人类命运共同体理念既着眼于社会中每个个体的生存与发展,更自觉站在人类整体的高度来审视与考察人类社会的未来发展,突破与超越了民族国家和意识形态等因素的禁锢与制约。因此,构建人类命运共同体理念既汲取了中华民族传统文化的精髓,又继承并创造性地发展了马克思主义。事实上,这也最终回答了为什么只有在中国共产党领导下的日益走近世界舞台中央的 21 世纪的中国才能提出这一宏大战略思想背后的深刻文化因素与理论积淀。②

第二节　人类命运共同体理念的时代意义

习近平总书记提出的人类命运共同体理念,随着"一带一路"倡议等全球合作理念与实践而不断丰富,逐渐为国际社会所认同,成为推动全球治理体系变革、构建新型国际关系和国际新秩序的共同价值规范。人类命运共同体理念是对中华优秀传统文化的创造性转化和创新性发展,是对马克思列宁主义的继承、创新和发展,是对新中国成立以来我国外交经验的科学总结和理论提升,蕴含着深厚的中国智慧。人类命运共同体理念为全球生态和谐、国际和平事业、变革全球治理体系、构建全球公平正义的新秩序贡献了中国智慧和中国方案。

---

① 《马克思恩格斯选集》第一卷,人民出版社 2012 年版,第 199 页。
② 陈积敏:《构建人类命运共同体理念的时代背景》,《学习时报》2018 年 7 月 2 日。

一、人类命运共同体理念的时代价值

党的二十大报告指出："我们党立志于中华民族千秋伟业,致力于人类和平与发展崇高事业,责任无比重大,使命无上光荣。"①这突出反映了中国发展与世界发展的高度统一,体现了我们党一以贯之的初心使命。随着实现中华民族伟大复兴的历史步伐,中国为推动构建人类命运共同体不断发挥更大作用。

第一,人类命运共同体理念为人与自然和谐贡献了中国方案和中国智慧。人类命运共同体,首先是生命共同体,生态共同体。日益严重的气候变暖和环境污染等问题警示我们,地球生态危机问题越来越严重,地球已达其能承受人类过度消费和浪费的极限,生态一旦崩溃任何国家都不能幸免。尽管中国承载着巨大的发展压力,但是仍主动承担责任,将"绿色"列为新发展理念的基本内容,作为经济社会发展的根本指南;同时推动经济结构转型升级、创新绿色科技,积极落实《巴黎协定》等国际合作项目。

第二,人类命运共同体理念为国际和平事业贡献了中国方案和中国智慧。作为世界人口最多的发展中国家,中国保持长期团结稳定、繁荣发展、社会进步,同时,妥善处理好周边关系,广泛参与区域合作和全事务。与奉行强权政治、霸权主义单边主义的西方强国通过入侵战争、策划政变、经济制裁等手段到处插手他国事务不同的是,中国是在奉行和平发展、合作共赢原则的基础上,通过对内改革、对外开放,主动参与国际合作,经过数十年努力奋斗实现自身强大之后,顺应世界格局演变的趋势,

① 习近平:《高举中国特色社会主义伟大旗帜　为全面建设社会主义现代化国家而团结奋斗——在中国共产党第二十次全国代表大会上的报告》,人民出版社2022年版,第1页。

应世界各国的强烈呼吁而积极参与国际事务,维护世界和平。当前,我们秉持和平、主权、普惠、共治原则,把深海、极地、外空、互联网等领域打造成各方合作的新疆域,而不是相互博弈的竞技场。人类命运共同体理念蕴含着中国维护生态和谐与世界和平的智慧,是变革全球治理体系应当遵守的基本价值规范。

第三,人类命运共同体理念为变革全球治理体系贡献了中国方案和中国智慧。"一花独放不是春,百花齐放春满园"①,习近平主席在金砖峰会等多个国际场合,以此表达同世界各国共赢共享构建人类命运共同体的博大胸怀和历史担当。共赢、共享不仅是中国对世界秩序的美好希冀,也是世界人民的共同愿望。当今世界,"和平发展的大势日益强劲,变革创新的步伐持续向前。各国之间的联系从来没有像今天这样紧密,世界人民对美好生活的向往从来没有像今天这样强烈,人类战胜困难的手段从来没有像今天这样丰富"②。因推行霸权主义而造成的难民问题,因推行新自由主义而造成的金融危机,均对作为始作俑者的西方强国造成严重的影响。因此,已经在经济全球化中获益而率先发展起来的发达国家,更应该担负起帮扶落后国家的责任。中国早就意识到,"中国的发展离不开世界,世界的繁荣也需要中国"③。因此,中国积极推动"一带一路"倡议、派出维和部队、支持非洲建设,将共赢共享理念贯彻到实践中去。塔吉克斯坦驻华大使达夫拉特佐达曾称赞道:"中国在其他国家兴办企业、大力投资,这促进了当地的就业、增加了当地政府的税收。这些都表

①　《习近平谈治国理政》第一卷,外文出版社 2018 年版,第 337 页。

②　习近平:《携手推进"一带一路"建设——在"一带一路"国际合作高峰论坛开幕式上的演讲》,人民出版社 2017 年版,第 4 页。

③　《习近平著作选读》第二卷,人民出版社 2023 年版,第 228 页。

明,全世界都能够共享中国的发展成果。"①建设新型国际关系,变革全球治理体系,大国是关键。"国家之间要构建对话不对抗、结伴不结盟的伙伴关系。大国要尊重彼此核心利益和重大关切,管控矛盾分歧,努力构建不冲突不对抗、相互尊重、合作共赢的新型关系。"②

第四,人类命运共同体理念为构建全球公平正义的新秩序贡献了中国方案和中国智慧。国家只有大小之别,没有高下之分;文明只有特色之别,没有优劣之分。构建全球公平正义的新秩序,必须秉持共商共建的发展新理念。习近平主席在多个国际场合的讲话中,已经系统地阐述了推动构建全球公平正义新秩序的方案。在经济方面,要引导经济全球化健康发展,反对逆全球化的保守主义倾向,避免不公正的贸易战争,"需要加强协调、完善治理,推动建设一个开放、包容、普惠、平衡、共赢的经济全球化,既要做大'蛋糕',更要分好'蛋糕',着力解决公平公正问题"③。在政治方面,着力解决恐怖主义、难民问题、武装冲突等急切而棘手的重大问题,"当事各方要通过协商谈判,其他各方应该积极劝和促谈,尊重联合国发挥斡旋主渠道作用"④。在文化方面,海纳百川,有容乃大,不同文明要平等交流、共同进步,"让文明交流互鉴成为推动人类社会进步的动力、维护世界和平的纽带"⑤。

总之,构建人类命运共同体理念,就是创新、协调、绿色、开放、共享新发展理念的国际版,是国内发展理念在国际战略中的反映,这表明人类命

---

① 《专访塔吉克斯坦大使:中国是解决全球关键问题不可或缺的力量》,2017 年 3 月 1日,新华网,http://news.xinhuanet.com/world/2017-03/01/c_129498626.htm。

② 《习近平著作选读》第一卷,人民出版社 2023 年版,第 565 页。

③ 《习近平著作选读》第一卷,人民出版社 2023 年版,第 567 页。

④ 《习近平著作选读》第一卷,人民出版社 2023 年版,第 566 页。

⑤ 《习近平著作选读》第一卷,人民出版社 2023 年版,第 568 页。

运共同体理念为构建全球公平正义的新秩序提供了中国方案和中国智慧。①

二、人类命运共同体理念的理论意义

第一，习近平主席提出的人类命运共同体理念是中国国际关系理论的重大创新。长期以来，西方占据着国际舞台的中心，主导着国际关系，第三世界国家扮演着看客和旁观者的角色，甚至沦落到任人宰割的境地。"威斯特伐利亚体系"建立以来，世界热点地区发生了几次转移：从东欧平原到巴尔干半岛，从中东地区到阿富汗，现在又转移到中国南海和朝鲜半岛。世界"心脏地带"的转移，表明国际政治的"玩家"增多了，也证明了世界多极化的发展。中国和一系列新兴市场国家崛起之后冲击着西方的中心地位，多极格局形成的背景下一些不和谐的声音也随之响起。西方国际关系理论如现实主义、自由主义、建构主义等从单纯实力地位出发，坚持丛林法则，抛出狭隘的利益观、强买强卖的合作观、机械的交往观，把持国际话语权，混淆人们的视听，误导国际社会。更有甚者，提出带有种族主义色彩的"文明冲突论"。习近平总书记在2016年新年贺词中指出："世界那么大，问题那么多，国际社会期待听到中国声音、看到中国方案，中国不能缺席。"②人类命运共同体理念就是中国国际治理所贡献的智慧。这一思想回答了世界是个什么样的世界、怎样建设这个世界、最终目标是什么、秉持什么样的价值观、中国的责任和担当是什么等一系列问题。它是对毛泽东同志三个世界

---

① 冯颜利、唐庆：《习近平人类命运共同体理念的深刻内涵与时代价值》，《当代世界》2017年第11期。

② 《习近平主席新年贺词(2014—2018)》，人民出版社2018年版，第13页。

划分理论、邓小平同志建立国际新秩序思想、江泽民同志共同发展思想、胡锦涛同志和谐世界思想的继承和发展,又有所超越。这一思想坚持正确义观、可持续发展观、共赢共享合作观、新型安全观,有力驳斥了"中国威胁论",回应了国际社会对中国发展走向的关切,得到国际社会的广泛认同。习近平总书记强调"真诚希望,国际社会携起手来,秉持人类命运共同体的理念,把我们这个星球建设得更加和平、更加繁荣"①。

第二,人类命运共同体理念丰富了科学社会主义理论。马克思主义的社会主义学说是关于资本主义必然灭亡、社会主义必然胜利的学说,因剩余价值和唯物史观两大发现,使社会主义从空想变成了科学。列宁主义是社会主义可以在一国首先取得胜利的学说,极大地鼓舞了被压迫民族实现民族解放、国家独立的信心和勇气。毛泽东思想是东方殖民地半殖民人民获得解放的学说。第二次世界大战后社会主义同时在多个国家获得胜利,社会主义实践由一国扩展到多国。苏联解体后,社会主义运动陷入了低潮。但是中国特色社会主义却一枝独秀,关键在于中国人民在中国共产党领导下,走出了一条适合中国国情的道路。这条道路从中华文明中汲取智慧,博采东西方各家之长,坚守但不僵化,借鉴但不照搬,具有永久生命力。经过改革开放 40 多年的发展,中国特色社会主义的国际影响力与日俱增。人类命运共同体理念可以看作全球化时代世界人民实现共赢共享的科学社会主义理论。社会主义从空想到科学、从理论到实践、从一国胜利到多国胜利、从继续革命到构建人类命运共同体,凝聚了一又一代马克思主义者为实现全人类幸福而勇敢担当的心血和智慧。

---

① 《习近平主席新年贺词(2014—2018)》,人民出版社 2018 年版,第 9 页。

三、人类命运共同体理念的现实意义

（一）国内方面

一方面,人类命运共同体理念必将开创中国外交实践新局面。在人类命运共同体理念引领下,中国外交风生水起、红红火火。中国早在改革开放之初就把建立伙伴关系确定为国家间交往的指导原则,截至 2020 年 10 月底,中国已同 180 个国家建立外交关系。同 112 个国家和国际组织建立不同形式的伙伴关系。①努力构建总体稳定、均衡发展的大国关系框架,积极同美国发展新型大国关系,同俄罗斯发展全面战略协作伙伴关系,同欧洲发展和平、增长、改革、文明伙伴关系,同金砖国家发展团结合作的伙伴关系。中国按照"亲诚惠容"理念同周边国家深化互利合作,秉持"真实亲诚"对非政策理念同非洲国家共谋发展,推动中拉全面合作伙伴关系实现新发展。中国将进一步联结遍布全球的朋友圈。

另一方面,人类命运共同体理念为中国梦的实现指明了前进方向。实现中华民族伟大复兴的中国梦是近代以来所有中国人的梦想。梦想所指就是"两个一百年"奋斗目标,这为实现中国梦提供了理论指导和行动指南,为中国梦营造了良好的舆论环境和实践环境。中国命运和世界命运紧密相连。人类命运共同体是中国的"世界梦","世界梦"实现之时就是中国腾飞之日。

（二）国际方面

一方面,人类命运共同体理念是国际治理的中国方案,将构建相互

---

① 《180 个建交国、112 对伙伴关系:中国的朋友圈遍天下》,新华社,2020 年 10 月 9 日。

尊重、公平正义、合作共赢的新型国际关系。习近平总书记强调，联合国应该在全球治理中发挥核心作用。成为各国共同维护普遍安全、共同分享、共同掌握世界命运的核心平台。① 中国坚定支持联合国事业，继续做联合国坚定的合作伙伴。国际政治秩序应该维护联合国权威，以《联合国宪章》的宗旨和原则作为国际关系基本准则，国家之间要构建对话不对抗、结伴不结盟的伙伴关系。大国对小国要平等相待，不搞唯我独尊、强买强卖的霸道。要推进国际关系民主化，不能搞"一国独霸"或"各方共治"，世界命运应该由各国共同掌握，国际规则应该由各国共同书写，全球事务应该由各国共同治理，发展成果应该由各国共同分享。国际经济秩序应该维护世界贸易组织规则，支持开放、透明、包容、非歧视性的多边贸易体制，构建开放型世界经济。当前，应该以"一带一路"倡议为契机，融入经济发展的大潮。人类命运共同体理念为国际秩序描绘了总体蓝图，而"一带一路"倡议为构建人类命运共同体提供了依托。这一倡议坚持海陆统筹，物流、信息流、人员流并举，利用交通、通信设施把整个欧亚大陆连成了一体，并辐射全球，世界实现共赢共享。

另一方面，人类命运共同体的提出能够增强中国特色社会主义的国际影响力。中国特色社会主义坚持社会主义原则，又拥有道路、制度、理论、文化方面的中国特色。人类命运共同体理念是既植根中华传统文化又借鉴西方思想资源而开出的智慧之花。推动构建人类命运共同体的伟大进程，要以维护中国特色社会主义制度为目标，以外交为手段，以文化为支撑，彰显中国道路的感染力和强大生命力。在国外，认同社会主义制度的人

---

① 《习近平出席第七十六届联合国大会一般性辩论并发表重要讲话　提出全球发展倡议，强调携手应对全球性威胁和挑战，推动构建人类命运共同体》，《人民日报》2021 年 9 月 22 日。

不是少了，而是更多了，人们渴望建设一个更加美好的世界，渴望更加幸福。①

第三节　人类命运共同体的理念内涵

习近平总书记提出的"人类命运共同体"理念作为一个全新的发展理念，有着自身独特的内涵，其核心就是党的十九大报告所指出的，"建设持久和平、普遍安全、共同繁荣、开放包容、清洁美丽的世界"。② 这充分说明，我们要着重从政治、安全、经济、文化、生态五个方面推动构建人类命运共同体。

一、在政治上：要互相尊重、平等协商，坚决摒弃冷战思维和强权政治，走对话而不对抗、结伴而不结盟的国与国交往新路

习近平总书记明确指出，构建"人类命运共同体"，就是希望各国都要"建立平等相待、互商互谅的伙伴关系"③，能够基于自愿自觉形成一种自然聚合。中国主张"结伴而不结盟"，在发展与别国的双边关系时，主张建立具有中国外交特色的以合作共赢为核心的新型国际关系。在这种新型交往观念的指导下，我国已经同诸多国家和地区组织建立了不同形式的伙伴关系，基本形成覆盖全球的伙伴关系网络。中国的发展是和平的发展，不搞唯我独尊、恃强凌弱的霸道，不会成为国际冲突的制造者。

---

① 张战：《习近平"人类命运共同体"战略思想析论》，《高校马克思主义理论研究》2017年第1期。

② 习近平：《决胜全面建成小康社会　夺取新时代中国特色社会主义伟大胜利——在中国共产党第十九次全国代表大会上的报告》，人民出版社2017年版，第58—59页。

③ 习近平：《论坚持推动构建人类命运共同体》，中央文献出版社2018年版，第254页。

二、在安全上：要坚持对话解决争端、以协商化解分歧，统筹应对传统和非传统安全威胁，反对一切形式的恐怖主义

习近平主席早在博鳌亚洲论坛 2013 年年会上的主旨演讲中指出："国家无论大小、强弱、贫富，都应该做和平的维护者和促进者……国际社会应该倡导综合安全、共同安全、合作安全的理念，使我们的地球村成为共谋发展的大舞台，而不是相互角力的竞技场，更不能为一己之私把一个地区乃至世界搞乱。"① 他还在《俄罗斯报》发表的署名文章《铭记历史，开创未来》中指出："第二次世界大战的惨痛教训告诉人们，弱肉强食、丛林法则不是人类共存之道，穷兵黩武、强权独霸不是人类和平之策。赢者通吃、零和博弈不是人类发展之路。和平而不是战争，合作而不是对抗，共赢而不是零和，才是人类社会和平、进步、发展的永恒主题。② 要恪守尊重主权、独立和领土完整、互不干涉内政等国际关系基本准则，统筹维护传统和非传统安全。各国都有平等参与地区安全事务的权利，也都有维护地区安全的责任，要以对话协商、互利合作的方式解决安全问题"。③

三、在经济上：同舟共济，促进贸易和投资自由化便利化，推动经济全球化朝着更加开放、包容、普惠、平衡、共赢的方向发展

中国同一大批国家联动发展，使全球经济发展更加平衡。中国不仅

---

① 《习近平谈治国理政》第一卷，外文出版社 2018 年版，第 331 页。
② 《习近平在俄罗斯媒体发表署名文章》新华网，2015 年 5 月 7 日，http://www.xinhuanet.com//world/2015-05/07/c_1115208956.htm。
③ 杨洁篪：《推动构建人类命运共同体》，《人民日报》2022 年 11 月 2 日。

以推动"一带一路"倡议赢得了国际社会对中国"大国责任与担当"的积极响应,还作为东道国分别成功举办了 APEC 峰会、G20 峰会、金砖国家峰会这样的大型多边合作会议。此外,中国在 2014 年成功挂牌"丝路基金",2015 年参与筹建的"金砖国家新开发银行"开业,2016 年主持"亚洲基础设施投资银行"开业,这些都是中国在推动世界经济发展、拉动全球及区域合作方面交出的优质答卷。2017 年年底,"中国共产党与世界政党高层对话会"开幕式上,习近平主席在党的十九大后举办的首场主场多边外交活动中向世界各国政党表明:将通过推动中国发展给世界创造更多机遇。[①] 习近平在 2022 年世界经济论坛视频会议上指出,世界各国要坚持真正的多边主义,推动构建开放型世界经济,推动经济全球化朝着更加开放、包容、普惠、平衡、共赢的方向发展。[②] 各国要共同维护世界和平,以和平促进发展,以发展巩固和平。许多国家都是国际生产链中的一个环节,是生产、贸易、金融、互联网密切相接的一部分。一个国家的订单影响着另一个国家的就业,一个国家的投资促进着另一个国家的基础设施建设的发展,而一个国家的经济出问题也会形成连锁反应,很难有国家能独善其身。自扫门前雪、不管他人瓦上霜的做法最后会误人误己,只有同舟共济,才能共克时艰。要加强全球经济治理,解决南北之间和地区内部发展失衡问题,让发展成果更多惠及全体人民,为世界经济全面可持续增长提供新动力。

---

① 《习近平在中国共产党与世界政党高层对话上的主旨讲话》,新华社,2017 年 12 月 1 日,https://www.gov.cn/govweb/xinwen/2017-12/01/content-5243852.htm。

② 《习近平在 2022 年世界经济论坛视频会议的演讲》,新华网,2022 年 1 月 18 日,www.cppcc.gov.cn/zxww/2022/01/18/ARTI1642466667176109.shtml? from=timeline。

四、在文化上:要尊重世界文明多样性,以文明交流超越文明隔阂、文明互鉴超越文明冲突、文明共存超越文明优越

中国人的思维方式是一种包含、包容、融化的思维方式,西方人则是超越、取代、取消的思维方式。中华文化博大精深的奥妙之一就是宽容与融合,具有海纳百川的气魄。充分尊重世界文化的多样性,以"海纳百川、有容乃大、和而不同、兼容并蓄"的理念加强文明对话,促进文化和谐。"万物并育而不相害,道并行而不相悖。"尊重文明多样性,推动不同文明交流对话、和平共处、和谐共生、不唯我独尊、贬低其他文明和民族。人类文明的多样性是世界的基本特征,也是人类进步的源泉,多样带来交流,交流孕育融合,融合产生进步。不同文明凝聚着不同民族的智慧和贡献,没有高低之别,更无优劣之分。文明差异不应该成为世界冲突的根源,而应该成为人类文明进步的动力。要促进和而不同,兼收并蓄的文明交流对话,在竞争比较中取长补短,在交流互鉴中共同发展,使文明交流互鉴成为增进各国人民友谊的桥梁、推动人类社会进步的动力。

五、在生态上:要坚持环境友好,合作应对气候变化,保护好人类赖以生存的地球家园

建设生态文明关乎人类未来。要解决好工业文明带来的矛盾,以人与自然和谐相处为目的,实现世界的可持续发展和人的全面发展。要牢固树立尊重自然、顺应自然、保护自然的意识。要坚持走绿色、低碳、循环、可持续发展之路,平衡推进2030年可持续发展议程,采取行动应对气候变化等新挑战,不断开拓生产发展、生活富裕、生态良好的文明发展道

路,构筑尊崇自然、绿色发展的全球生态体系。[①]

第四节　人类命运共同体的丰富实践

党的二十大报告强调:"世界又一次站在历史的十字路口,何去何从取决于各国人民的抉择。"[②]在疫情的催化下,和平赤字、安全赤字、信任赤字、发展赤字与治理赤字加重,世界陷入更加危险的境地。在此背景下,中国坚定不移地通过对话协商、共建共享、合作共赢的方式建设美好世界,构建人类命运共同体。

一、以"一带一路"倡议为载体,通过共商共建共享原则构建互联互通的发展共同体

共建"一带一路"围绕互联互通,以基础设施"硬联通"为重要方向,以规则标准"软联通"为重要支撑,以共建国家人民"心联通"为重要基础,不断拓展合作领域,成为当今世界范围最广、规模最大的国际合作平台。[③] 截至 2023 年,中国已与 152 个国家和 32 个国际组织签署 200 多份合作文件,相关合作理念和主张写入联合国、二十国集团、亚太经合组织、上海合作组织重要成果文件,为维护全球自由贸易体系和开放型世界经

---

① 王立培:《习近平"人类命运共同体"思想的内涵及新时代意义》,《中华魂》2019 年第 1 期。

② 习近平:《高举中国特色社会主义伟大旗帜　为全面建设社会主义现代化国家而团结奋斗——在中国共产党第二十次全国代表大会上的报告》,人民出版社 2022 年版,第 60 页。

③ 《共建"一带一路":构建人类命运共同体的重大实践》,国务院新闻办公室,2023 年 10 月 10 日。

济增添新动能。过去十年,共建"一带一路"倡议秉持开放、绿色、廉洁理念,以构建人类命运共同体为最高目标,并为实现这一目标搭建了实践平台、提供了实现路径,沿着高质量发展方向不断前进,政策沟通不断深化、设施联通不断加强、贸易畅通不断提升、资金融通不断扩大、民心相通不断促进。党的二十大明确以中国式现代化全面推进中华民族伟大复兴的任务和路径,绘就中国未来发展宏伟蓝图,强调推动共建"一带一路"高质量发展。在构建新的全球价值链、供应链,推动全球经济治理、社会治理过程中,"一带一路"和中国式现代化将帮助更多发展中国家在现代化道路上找到新的模式、新的样本和新的合作伙伴,为世界创造更多机会。

二、以全球安全倡议为引领,通过对话协商构建持久和平的安全共同体

实现各国共同安全,是构建人类命运共同体的题中应有之义。安全问题是事关人类前途命运的重大问题,如果解决不好,人类和平与发展的崇高事业就难以顺利推进。在前所未有的世界未有之大变局中,新一轮科技革命和产业变革深入发展,国际力量对比深刻调整,新兴国家群体性崛起并发挥日益重要作用。但是,国际政治领域中的霸权主义、强权政治和冷战思维仍然存在,严重威胁世界和平和国际合作。2022 年 4 月,习近平主席在博鳌亚洲论坛 2022 年年会开幕式上发表题为《携手迎接挑战,合作开创未来》的主旨演讲,首次提出全球安全倡议,阐述了共同、综合、合作、可持续的安全观①。全球安全观是新时代中国对国际安全与全

---

① 习近平:《携手迎接挑战　合作开创未来——在博鳌亚洲论坛 2022 年年会开幕式上的主旨演讲》,人民出版社 2022 年版,第 4 页。

球安全治理的核心理念,源自内外兼修的总体国家安全观中的国际与共同安全,有效回应了国际社会的安全焦虑,对于推动全球安全治理体系改革,为弥补全球安全赤字、破解国际安全困境提供了极富价值的行动指南和实践路径。

中国是全球安全倡议的提出者,更是落实这一重大倡议的行动派,集中体现在《全球安全倡议概念文件》提出的二十项重点合作方向以及各项安全合作平台与机制中,特别强调了大国在维护国际和平与安全上承担特殊重要责任,倡导大国带头讲平等、讲诚信、讲合作、讲法治,带头遵守《联合国宪章》和国际法,指引各国走出一条对话而不对抗、结伴而不结盟、共赢而非零和的新型安全之路,共同维护世界和平安宁。

三、以全球发展倡议为动力,通过合作共赢的理念构建普遍繁荣的共同体

经济全球化是全球经济持续发展的重要动力,全球商品的自由流动以及自由贸易是现代经济全球化的重要特征。经济全球化的快速发展,让各地区可以根据自身禀赋承担全球原料、加工、消费和设计职能,从而在全球产业链供应链价值链中扮演相应的角色。虽然各个区域通过经济连接,形成了实质性的全球生产网络共同体,但是全球化也进一步加剧了各国发展水平的差异化。特别是近年来数字经济的快速发展,成为经济增长的重要助力,南北科技创新上重大差距带来的数字鸿沟,进一步扩大了南北差距。全球不均衡复苏正导致南北差距明显增大,各类风险发生的概率增加。

基于中国发展经验提出的全球发展倡议,主要是为了解决全球发展不平衡的问题,促进全球共同发展,构建普遍繁荣的命运共同体。发展水平较低的国家是全球发展倡议的重要对象。全球发展的本质是全球各地

区共同发展,而不应在任何情况下让任何国家任何区域掉队。现阶段,由于南北差距的增大,有必要对全球发展逐渐出现的盲区进行"查漏补缺"。全球发展倡议关注全球发展盲区,致力于推动全球的共同发展,促进合作共赢。面对全球需要帮助的国家,应该授人以渔,通过项目帮助这些国家提高解决问题的能力,推动其发展水平与能力的提升。在帮助他国发展的同时,促进自身发展,进而实现共赢。以人民为中心是全球发展倡议的重要导向,全球发展倡议关注的项目是对全球人民切实有益的项目,包括减少贫困、保障粮食供应以及发展筹资等直接关系世界人民切身感受的项目,从根本上提升人民的生活水平。

四、以全球文明倡议为支撑,通过交流互鉴构建开放包容的共同体

文明是人类社会发展进步状态的集中体现,承载着人类对美好生活的向往与合理价值的追求。现代化进程与文明的历程并驾齐驱,文明交流互鉴与人类命运息息相关。当今世界不同国家、不同地区各具特色的现代化道路,植根于丰富多样、源远流长的文明传承。在全球化的推动下,不同文明之间的相互碰撞、相互融合前所未有,既带来了不同文明之间的相互了解,也带来了大量的摩擦。无论是国家之间还是国家内部,不同文明之间的摩擦都成为不稳定的因素之一。国际形势越是错综复杂,加强不同文明之间交流互鉴的工作就越是迫切。

面对人类社会现代化进程又一次来到历史的十字路口,增进不同文明之间的交流与合作,以交流互鉴取代隔阂冲突,成为现阶段构建人类命运共同体的关键任务。2023 年 3 月 15 日,习近平总书记在中国共产党与世界政党高层对话会上发表题为《携手同行现代化之路》的主旨讲话,

首次提出了以"共同倡导尊重世界文明多样性""共同倡导弘扬全人类共同价值""共同倡导重视文明传承和创新""共同倡导加强国际人文交流合作"为主要内容的全球文明倡议,表达了 21 世纪人类文明进步的新需求,反映了新时代中国鲜明的全球治理观。全球文明倡议坚持文明交流互鉴,凝聚精神共识,强调了人类文明的多样性、共通性、发展性与包容性,进一步丰富了人类命运共同体的理论内涵,为推动人类社会发展进程夯实了文化根基,为推动构建人类命运共同体开辟了新的文化路径。

第五节 人类命运共同体的现代化之路

一、合作共赢的共同发展之路

胸怀天下是中华民族一脉相承的文化基因,也是中国共产党始终坚守的政治追求。源远流长的中华文化孕育了中国人独特的"天下观",讲究"修身齐家治国平天下",追求"大道之行,天下为公"。中国共产党始终以世界眼光关注人类前途命运,从人类发展大潮流、世界变化大格局、中国发展大历史正确认识和处理同外部世界的关系,成功开辟出一条既发展自身又造福世界的现代化道路。中国式现代化秉持"世界好,中国才能好;中国好,世界才更好"的共同发展理念,不断以现代化的成就造福自己同时惠及世界。

二、文明互鉴的和平发展之路

中华民族历来是爱好和平的民族,和平、和睦、和谐是中华民族一直追求和传承的理念。中国庄严承诺永远不称霸、不搞扩张、不谋求势力范围，在坚定维护世界和平与发展中谋求自身发展，又以自身发展更好维护世界和平与发展。当前，百年未有之大变局和世纪疫情交织叠加，世界进入新的动荡变革期，只有各国和睦相处、合作共赢，繁荣才能持久，安全才有保障，这更加凸显了走和平发展道路的中国式现代化的时代意义。中国主张弘扬和平、发展、公平、正义、民主、自由的全人类共同价值，促进各国人民相知相亲，尊重世界文明多样性，以文明交流超越文明隔阂、文明互鉴超越文明冲突、文明共存超越文明优越，共同应对各种全球性挑战。

三、协调推进的全面发展之路

西方式现代化归根到底是资本推动的现代化，这一过程必然导致诸多问题。中国式现代化摒弃了西方现代化以资本为中心的逻辑，坚持以人民为中心的发展思想，以人的自由全面发展和全人类解放为根本价值追求，从而铸就了鲜明的"人民底色"。中国式现代化建立在统筹推进"五位一体"总体布局、协调推进"四个全面"战略布局的基础之上，坚持物质文明和精神文明"两手抓、两手都要硬"，为人的现代化和全面发展开辟了全新道路，为创造人类文明新形态开辟了广阔空间。

四、兼收并蓄的自主发展之路

纵观人类历史，没有一个民族、一个国家可以通过依赖外部力量、照搬外国模式实现国家富强和民族振兴。历史一再证明，世界上既不存在定于一尊的现代化模式，也不存在放之四海而皆准的现代化标准。鞋子合不合适，只有自己穿过才知道。中国共产党之所以能团结带领人民不断创造新的辉煌,就在于始终立足中国国情,坚持独立自主,以兼收并蓄姿态吸收人类文明一切有益成果。中国式现代化开辟了独立自主的现代化道路,拓展了发展中国家走向现代化的新途径。

中国式现代化为人类实现现代化提供了新的选择,为推动构建人类命运共同体提供了不竭动力,开辟了广阔道路。[①] 展望未来,中国共产党和中国人民将为解决人类面临的共同问题提供更多更好的中国智慧、中国方案、中国力量,推动落实"全球发展倡议""全球安全倡议""全球文明倡议",为人类和平与发展崇高事业作出新的更大的贡献。

---

① 傅小强:《推动构建人类命运共同体是中国式现代化的本质要求和不懈追求》,《光明日报》2023 年 1 月 31 日。

参 考 文 献

1. 鲍宗豪:《城市现代化:走向科学理性的追求》,《毛泽东邓小平理论研究》2003 年第 4 期。

2. [美]波普诺:《社会学》,李强等译,中国人民大学出版社 1999 年版。

3. 曹百瑛:《马克思人的本质及人的全面发展理论再省思》,《理论探讨》2012 年第 5 期。

4. 曾文婷:《马克思主义人的全面发展思想探微》,《江西社会科学》2000 年第 9 期。

5. 陈刚:《马克思人的自由全面发展观新探》,《学海》2006 年第 1 期。

6. 陈积敏:《构建人类命运共同体思想的时代背景》,《学习时报》2018 年 7 月 2 日。

7. 陈杰:《我国已建立"五位一体"现代科技馆体系》,《科普时报》2022 年 6 月 24 日。

8. 陈柳钦:《城市现代化及其指标体系新框架》,《中国市场》2010 年第 37 期。

9. 程兰华、曹大豪:《中国共产党坚持人民至上的四重逻辑》,《哈尔滨市委党校学报》2023 年第 2 期。

10.《邓小平文选》第二卷,人民出版社 1994 年版。

11. 丁学良:《马克思论共产主义的目的就是为了人的全面自由的发展》,《马克思主义研究》1985 年第 2 期。

12. 费孝通:《文化与文化自觉》,群言出版社 2005 年版。

13. 冯颜利、唐庆:《习近平人类命运共同体思想的深刻内涵与时代价值》,《当代世界》2017 年第 11 期。

14. 傅小强:《推动构建人类命运共同体是中国式现代化的本质要求和不懈追求》,《光明日报》2023 年 1 月 31 日。

15. 高布权、王梦瑶:《中国共产党现代化思想的百年实践、重大成就和历史经验》,《福建江夏学院学报》2022 年第 3 期。

16. 巩克菊、刘敏敏:《人的自由全面发展:网络文明建设的价值旨归》,《宁夏党校学报》2022 年第 6 期。

17. 顾朝林、黄春晓、吴骏莲:《江苏省城市现代化水平评价及预测》,《城市规划汇刊》2000 年第 6 期。

18. 顾新宇、吴虹利:《后疫情时代中国电影产业的金融投资解码》,《电影评介》2022 年第 2 期。

19. 顾训宝、王爱玲:《人民美好生活需要的新时代内涵及实现路径》,《中共山西省委党校学报》2020 年第 1 期。

20. 韩保江、李志斌:《中国式现代化:特征、挑战与路径》,《管理世界》2022 年第 11 期。

21. 韩士元:《刍议城市现代化的内涵和评价标准》,《理论与现代化》2004 年第 4 期。

22. 何传启:《现代化科学——国家发达的科学原理》,科学出版社 2010 年版。

23. 何传启:《现代化研究的十种理论》,《理论与现代化》2016 年第 1 期。

24. 何传启:《中国现代化报告2017:健康现代化研究》,北京大学出版社2017年版。

25. 何传启:《中国现代化报告2020:世界现代化的度量衡》,北京大学出版社2020年版。

26. 何传启:《中国现代化报告2013:城市现代化研究》,北京大学出版社2014年版。

27. 贺新元:《中华民族伟大复兴主题的百年历程与逻辑进路》,《马克思主义研究》2021年第10期。

28. 黑格尔:《精神现象学》上册,商务印书馆1979年版。

29. 侯衍社:《从三重维度看"人民至上"的科学内涵》,《江海学刊》2022年第4期。

30. 胡潇:《文化的意识与逻辑:基于唯物史观的解释》,中国社会科学出版社2015年版。

31. 扈中平:《"人的全面发展"内涵新析》,《教育研究》2005年第5期。

32. 黄乃文:《城市现代化:基本内涵与指标体系》,《暨南学报(哲学社会科学版)》2001年第4期。

33. 纪轩言:《始终坚持人民至上》,《云南法制报》2022年10月18日。

34. [英]吉登斯:《社会学》,赵旭东等译,北京大学出版社2003年版。

35. 寇江泽、杨彦帆、常钦等:《建设人与自然和谐共生的现代化》,《人民日报》2022年10月19日。

36. 黎莉:《试论人的发展的本质内涵及其内在关系》,《中共福建省委党校学报》2011年第10期。

37. 李明:《新时代"人的全面发展"的哲学逻辑》,《光明日报》2019年2月11日。

38. 林进平:《中国式现代化是推进中华民族伟大复兴的必由之路》,《中山大学学报(社会科学版)》2022年第3期。

39. 刘戒骄、方莹莹、王文娜:《科技创新新型举国体制:实践逻辑与关键要义》,《北京工业大学学报(社会科学版)》2021年第5期。

40. 刘伊然:《人的自由全面发展的丰富内涵、实现条件和当代启示》,《长治学院学报》2022年第4期。

41. 刘永红:《人的全面发展与思想教育》,《四川师范学院学报(哲学社会科学版)》1996年第4期。

42. 刘勇、章钊铭:《中国式现代化的特点、优势及进路》,《新疆师范大学学报(哲学社会科学版)》2022年第6期。

43. 刘志明:《更加自觉地坚持党的领导》,《马克思主义研究》2018年第10期。

44. 刘宗涛:《推进中国式现代化的价值遵循与现实依托》,《科学社会主义》2022年第5期。

45. 罗佳:《加强党的全面领导的逻辑解读——学习党的十九届六中全会精神》,《中共太原市委党校学报》2022年第4期。

46. 罗荣渠:《现代化新论:世界与中国的现代化进程》,商务印书馆2004年版。

47. [美]罗伯逊:《社会学》,黄香馥译,商务印书馆1990年版。

48. 吕瑶:《中国式现代化的出场逻辑、历史进程及价值意蕴——兼论中国共产党对民族复兴道路的探索》,《理论月刊》2022年第4期。

49.《马克思恩格斯文集》,人民出版社2009年版。

50. [法]孟德拉斯:《农民的终结》,李培林译,中国社会科学出版社

1991 年版。

51. 秦书生、李瑞芳:《新时代中国共产党人以人民为中心思想的逻辑理路——基于"不忘初心、牢记使命"视角的分析》,《湖南大学学报(社会科学版)》2021 年第 4 期。

52. 秦宣:《中国式现代化是中国共产党领导的社会主义现代化》,《教学与研究》2022 年第 10 期。

53. 任志江、林超、汤希:《从新民主主义工业化道路到中国式现代化新道路——中国共产党对现代化道路的百年探索》,《经济问题》2022 年第 2 期。

54. [日]山鹿城次:《城市地理学》,朱德泽,湖北教育出版社 1986年版。

55. 沈现斌、曾家华:《马克思关于人的自由全面发展思想及实践启示》,《理论视野》2022 年第 9 期。

56. 盛玉雷:《现代化的本质是人的现代化》,《人民日报》2022 年 10月 16 日。

57. 史志钦:《构建人类命运共同体:时代背景、中国贡献与深化路径》,《人民论坛》2022 年第 24 期。

58. 孙立平:《社会现代化》,华夏出版社 1988 年版。

59. 王杰:《以文明交流互鉴推动构建人类命运共同体》,《人民日报》2022 年 7 月 25 日第 13 版。

60. 王立峰:《中国共产党党内法规体系的百年实践与法治经验》,《中共天津市委党校学报》2021 年第 5 期。

61. 王立培:《习近平"人类命运共同体"思想的内涵及新时代意义》,《中华魂》2019 年第 1 期。

62. 王绍光:《人民至上:"人民""为人民""人民共和国"》,《中央社会主义学院学报》2021 年第 2 期。

63. 王水莲:《以文化建设推动区域经济发展的思考》,《未来与发展》2008 年第 9 期。

64. 王涛:《新时代人民美好生活需要的理论意蕴》,《创新》2018 年第 6 期。

65. 王锡森:《中国共产党与中国现代化:历史脉络、特质内涵及时代价值》,《辽宁行政学院学报》2021 年第 5 期。

66. 王友洛:《不能以"人的全面发展"替代"个人全面而自由的发展"》,《哲学研究》1993 年第 8 期。

67. 吴君、贾丰丰、王鉴欣:《城在碧水青山间　乐享绿色好生态》,《人民日报》2022 年 5 月 20 日。

68. 吴永保:《城市现代化及其指标体系的构建与应用》,《城市发展研究》2001 年第 1 期。

69. 习近平:《把抓落实作为推进改革工作的重点真抓实干蹄疾步稳务求实效》,《人民日报》2014 年 3 月 1 日。

70. 习近平:《高举中国特色社会主义伟大旗帜　为全面建设社会主义现代化国家而团结奋斗——在中国共产党第二十次全国代表大会上的报告》,人民出版社 2022 年版。

71. 习近平:《共同构建人类命运共同体——在联合国日内瓦总部的演讲》,《人民日报》2017 年 1 月 20 日。

72. 习近平:《决胜全面建成小康社会　夺取新时代中国特色社会主义伟大胜利——在中国共产党第十九次全国代表大会上的报告》,《理论学习》2017 年第 12 期。

73. 习近平:《论坚持全面依法治国》,中央文献出版社 2020 年版。

74. 习近平:《论坚持推动构建人类命运共同体》,中央文献出版社

2018 年版。

75. 习近平:《携手推进"一带一路"建设——在"一带一路"国际合作高峰论坛开幕式上的演讲》,人民出版社 2017 年版。

76. 习近平:《携手迎接挑战,合作开创未来——在博鳌亚洲论坛 2022 年年会开幕式上的主旨演讲》,《人民日报》2022 年 4 月 22 日。

77. 习近平:《中国的发展离不开世界,世界的繁荣也离不开中国》,《人民日报》2020 年 11 月 10 日。

78. 习近平:《民族文化血脉中开拓前进——在纪念孔子诞辰 2565 周年国际学术研讨会暨国际儒联第五届会员大会开幕会上的讲话》,《孔子研究》2014 年第 5 期。

79. 习近平:《在敦煌研究院座谈时的讲话》,《人民日报》2020 年 2 月 1 日。

80. 习近平:《在庆祝改革开放 40 周年大会上的讲话》,《人民日报》2018 年 12 月 18 日。

81. 习近平:《在哲学社会科学工作座谈会上的讲话》,《人民日报》2016 年 5 月 19 日。

82. 夏琪:《网络文学行业发起最大规模反盗版倡议》,《中华读书报》2022 年 6 月 1 日。

83. 夏有才:《城市现代化的内涵和外延目标》,《现代城市研究》1998 年第 3 期。

84. 肖军、陈鹏:《国家安全视野下好莱坞电影对我国文化安全影响的反思:基于 2012—2021 年的样本分析》,《电影文学》2022 年第 8 期。

85. 谢文蕙:《城市现代化趋势与评价指标初探》,《城市发展研究》1995 年第 3 期。

86. 辛向阳:《中国式现代化何以能够推进中华民族伟大复兴》,《世界社会主义研究》2022 年第 8 期。

87.新华社评论员:《牢牢把握以中国式现代化推进中华民族伟大复兴的使命任务》,《新华每日电讯》2022 年 10 月 21 日。

88.徐瑾、江畅、徐弢:《中国文化发展报告(2021)》,社会科学文献出版社 2021 年版。

89.徐先艳、王义军:《马克思主义人的自由全面发展理论与新时代青年发展》,《中国青年研究》2018 年第 8 期。

90.许永璋、于兆兴:《从世界历史看先进文化的特点》,《郑州大学学报(哲学社会科学版)》2003 年第 3 期。

91.闫金红、张晴昇:《从党的二十大报告看人民至上思想的三重维度》,《学理论》2022 年第 12 期。

92.阎小培、翁计传:《代化与城市现代化理论问题探讨》,《现代城市研究》2002 年第 1 期。

93.姚士谋、朱英明、茂林等:《城市现代化基本概念与指标体系》,《地域研究与开发》1999 年第 3 期。

94.叶青等:《面向 2050:全球城市现代化战略》,中国经济出版社2022 年版。

95.于学强、延玥:《中国式现代化进程与中国共产党的历史贡献》,《中共宁波市委党校学报》2022 年第 5 期。

96.袁贵仁:《对人的哲学理解》,河南人民出版社 1994 年版。

97.袁银传、范海燕:《理解马克思人的自由全面发展思想的三重维度》,《马克思主义哲学研究》2020 年第 2 期。

98.张佳雨:《党的十九大以来关于"中国式现代化"的研究述评》,《中共成都市委党校学报》2023 年第 3 期。

99.张谨:《我国区域间文化发展不平衡的四种表现及其对策现及其

对策》,《中华文化论坛》2013 年第 12 期。

100. 张怡恬、吴丹、殷鹏:《以中国式现代化推进中华民族伟大复兴》,《人民日报》2022 年 9 月 8 日。

101. 张玮:《中国特色社会主义与人的自由全面发展》,《江南社会学院学报》2021 年第 4 期。

102. 张炜、王良:《实施科教兴国战略强化中国式现代化建设科技支撑和人才保障》,《北京教育(高教)》2023 年第 1 期。

103. 张文显:《论中国式法治现代化新道路》,《中国法学》2022 年第 1 期。

104. 张潇涵、李春梅:《坚持人民至上:中国共产党百年成功的密码》,《学习月刊》2023 年第 1 期。

105. 张毅:《分裂的美国》,《美国研究》2017 年第 3 期。

106. 张占斌、王学凯:《中国式现代化:特征、优势、难点及对策》,《新疆师范大学学报(哲学社会科学版)》2022 年第 6 期。

107. 张战:《习近平"人类命运共同体"战略思想析论》,《高校马克思主义理论研究》2017 年第 1 期。

108. 赵秀玲、孙晓涛、张保林:《论文化核心竞争力》,《中州学刊》2008 年第 3 期。

109. 郑功成:《习近平关于民生系列重要论述的思想内涵与外延》,《国家行政学院学报》2018 年第 5 期。

110. 中共中央党史和文献研究院:《习近平关于"不忘初心、牢记使命"论述摘编》,中央文献出版社、党建读物出版社 2019 年版。

111. 中共中央党史和文献研究院:《习近平关于注重家庭家教家风建设论述摘编》,中央文献出版社 2021 年版。

112. 中共中央马克思恩格斯列宁斯大林著作编译局:《马克思恩格

斯文集》第二卷,人民出版社 2009 年版。

113. 中共中央宣传部:《习近平总书记在文艺工作座谈会上的重要讲话学习读本》,学习出版社 2015 年版。

114. 中国现代化战略研究课题组、中国科学院中国现代化研究中心:《中国现代化报告 2007:生态现代化研究》,北京大学出版社 2007 年版。

115. 中国现代化战略研究课题组:《中国现代化报告 2006:社会现代化研究》,北京大学出版社 2006 年版。

116. 中国现代化战略研究课题组:《中国现代化报告 2009:文化现代化研究》,北京大学出版社 2009 年版。

117. 仲音:《坚持人民至上的价值追求》,《人民日报》2022 年 10 月 16 日。

118. 周蓓、梁建新:《深刻理解文化影响力的四重维度》,《湘潭大学学报(哲学社会科学版)》2021 年第 7 期。

119. 周作芳:《从现代化视角看中国共产党为什么"能"》,《华北电力大学学报(社会科学版)》2021 年第 3 期。

120. 朱铁臻:《城市现代化发展中的几个理论问题》,《当代贵州》2003 年第 3 期。

121. 朱新玲、朱喜安:《城市现代化指标体系及综合评价方法研究》,《郑州航空工业管理学院学报》2003 年第 1 期。

122. 朱鹏华:《新型城镇化高质量发展机制建设》,《中国社会科学报》2022 年 3 月 24 日。

123. 祝和军:《如何辩证看待中国传统文化》,《前线》2017 年第 1 期。

124.《胡锦涛文选》第三卷,人民出版社 2016 年版。

125.《坚持人民至上的价值追求》,《人民日报》2022 年 10 月 16 日。

126.《坚持以人民为中心的发展思想》,《人民日报》2021 年 3 月

11 日。

127.《江泽民文选》第三卷,人民出版社 2006 年版。

128.《决胜全面建成小康社会　夺取新时代中国特色社会主义伟大胜利——在中国共产党第十九次全国代表大会上的报告》,《人民日报》2017 年 10 月 28 日。

129.《开创美丽中国建设新局面——习近平总书记在全国生态环境保护大会上的重要讲话引起热烈反响》,《人民日报》2018 年 5 月 20 日。

130.《毛泽东文集》第 8 卷,人民出版社 1999 年版。

131.《毛泽东选集》第 3 卷,人民出版社 1991 年版。

132.《十八大以来重要文献选编》(上),中央文献出版社 2014 年版。

133.《习近平出席第七十六届联合国大会一般性辩论并发表重要讲话提出全球发展倡议,强调携手应对全球性威胁和挑战,推动构建人类命运共同体》,《人民日报》2021 年 9 月 22 日。

134.《习近平出席中国共产党与世界政党高层对话会开幕式并发表主旨讲话》,《人民日报》2017 年 12 月 2 日。

135.《习近平关于全面深化改革论述摘编》,中央文献出版社 2014 年版。

136.《习近平谈治国理政》第一卷,外文出版社 2018 年版。

137.《习近平谈治国理政》第三卷,外文出版社 2020 年版。

138.《习近平谈治国理政》第四卷,外文出版社 2022 年版。

139.《习近平外交演讲集》第一卷,中央文献出版社 2022 年版。

140.《习近平在省部级主要领导干部"学习习近平总书记重要讲话精神,迎接党的二十大"专题研讨班上发表重要讲话强调:高举中国特色社会主义伟大旗帜　奋力谱写全面建设社会主义现代化国家崭新篇章》,《人民日报》2022 年 7 月 28 日。

141.《习近平主席新年贺词(2014—2018)》,人民出版社2018年版。

142.《习近平著作选读》第一卷,人民出版社2023年版。

143.《习近平著作选读》第二卷,人民出版社2023年版。

144.《在纪念马克思诞辰200周年大会上的讲话》,人民出版社2018年版。

145.《中共中央关于党的百年奋斗重大成就和历史经验的决议》,人民出版社2021年版。

146.《中国共产党中央委员会向第八次全国代表大会的政治报告(一九五六年九月十五日)》,《人民日报》1956年9月17日。

147. Au, Chun-Chung, Henderson, Vernon J., "Are Chinese Cities too Small", *Review of Economic Studies*, No.73, 2006.

148. Backman M., Nilsson P., "The Role of Cultural Heritage in Attracting Skilled Individuals", *Journal of Cultural Economics*, Vol.42, No.1, 2018.

149. Beck U., Giddens A, Lash S., *Reflexive Modernization*, California: Stanford University Press, 1994.

150. Beck U., Risk Society, *Toward a New Modernity*, London: Sage, 1992.

151. Black C.E., *The Dynamics of Modernization: A Study in Comparative History*, New York, Evanston, and London: Harper&Row, Pbulishers, 1966.

152. Blaney D.L., "Inayatullah N., Neo-modernization? IR and the Inner Life of Modernization Theory", *European Journal of International Relations*, Vol.8, No.1, 2002.

153. Clark Colin G., "Urban population Densities", *Journal of the Royal Statistical Society*, *Series A (General)*, Vol.114, No.4, 1951.

154. Crook S., Pakulski. J, Waters M., *Post − Modernization : Change in Advanced Society*, London : Sage, 1992.

155. EC, *A New European Agenda for Culture*, *Communication from the Commission to the European Parliament*, the European Council, the European Economic and Social Committee and the Committee of the Regions, European Commission, 2018.

156. Edward Burnett Tylor, *The Origins of Culture*, New York : Harper and Row, 1958.

157. Eisenstadt S.N., *Comparative Civilizations and Multiple Modernities*, Leiden : Brill, 2003.

158. Fancourt, D., S.Finn, *What Is the Evidence on the Role of the Arts in Improving Health and Well − being? A Scoping Review*, World Health Organization, Geneva, 2019.

159. Fujiwara D., Campbell R., *Valuation Techniques for Social Cost Benefit Analysis : Stated Preference, Revealed Preference and Subjective Well−being Approaches*, London : HM Treasury, 2011.

160. Gallup, 2018 *Global Law and Order report*, Washington : Gallup, 2018.

161. Gianni B., Lemmi A., *Analysis of Socio − Economic Conditions*, London : Routledge, 2021.

162. Glatzer W., Camfield L., et.al., *Global Handbook of Quality of Life*, New York : Springer, 2015.

163. Huber J., *Die Regenbogengesellschaft*, *Okologie und Sozialpolitik (The Rainbow Society : Ecology and Social Politics)*, Frankfurt am Main : Fisher Verlag, 1985.

164. Huber J., Die *Verlorene Unschuld der Ökologie*, *Neue Technologien und Superindustrielle Entwicklung* (*The Lost Innocence of Ecology*: *New Technologies and Superindustrialized Development*), Frankfurt am Main: Fisher Verlag, 1982.

165. IIPA, 2021 *Special 301 Report on Copyright Protection and Enforcement*, Washington, D.C.: International Intellectual Property Alliance, 2022.

166. ILO, *World Employment and Social Outlook*, Geneva: ILO, 2021.

167. Inglehart R., *Modernization and Postmodernization*: *Cultural, Economic and Political Change in 43 Societies*, Princeton: Princeton University Press, 1997.

168. Jenkins M., "The Social Construction of Official Statistics: The Case of the UK 'Measuring National Well-being' Programme", *Soc Indic Res*, Vol.143, 2019.

169. Levy M.J., *Modernization and the Structure of Societies*, Princeton University Press, 1966.

170. Mol A. P. J., Spaargaren G., "Ecological Modernization and Consumption: A Reply", *Society and Natural Resources*, Vol.17, No.2, 2004.

171. Mol A. P. J., *Globalization and Environmental Reform*: *The Ecological Modernization of the Global Economy*, Cambridge: MIT Press, 2001.

172. Muhajarine N., Labonte R., FCAHS, et al., "The Canadian Index of Wellbeing: Key Findings from the Healthy Populations Domain", *Canadian Journal of Public Health*, Vol.103, No.5, 2013.

173. OECD, *How is life* 2020, Paris: OECD Publishing, 2020.

174. Robert S., Jéssica D., *Copyright Industries in the U.S. Economy*,

Washington, D.C.: International Intellectual Property Alliance, 2020.

175. Salvaris M., "Measuring the Kind of Australia We Want: The Australian National Development Index, the Gross Domestic Product and the Global Movement to Redefine Progress", *Australian Economic Review*, Vol.46, No.1, 2013.

176. Teachman. J., Tedrow, L. M., Crowder, K. D., "The Changing Demography of America's Families", *Journal of Marriage and Family*, Vol.62, 2000.

177. UN, *World Population Prospects* 2022: *Summary of Results*, New York: United Nations Publication, 2022.

178. UNDP, *Human Development Report* 2021 – 2022, New York: AGS, 2022.

179. UNDP, *Human Development Report* 1990, New York: Oxford University Press, 1990.

180. Vorobyeva E S. "The Experience of Culture Modernization in Russia and Japan", *Vestnik Tomskogo Gosudarstvennogo Universiteta – Kulturologiya I Iskusstvovedenie – Tomsk State University Journal of Cultural Studies and Art History*, Vol.24, No.4, 2016.

181. Wirth Louis, "Urbanism as a Way of Life", *American Journal of Sociology*, Vol.44, No.1, 1938.

182. Xu Feng Ming, JUN O.S., Si – Cong Liu, "On the Inheritance and Development of Shehuo in the Process of Modernization: Take Shehuo in Shanxi Province as an Example", *Chinese Studies*, 2020.

183. Zapf W., Modernisierung, Wohlfahrtsentwicklung und Transformation, Berlin: Sigma, 1999.

后　记

当前,世界百年未有之大变局加速演进,世界格局"东升西降"的趋势仍将延续。同时,新一轮科技革命和产业变革深入发展,推进以和平发展、互利合作、共同繁荣为特征的世界现代化成为重要议题。在此背景下,中国科学院中国现代化研究中心以问题为导向,对加速推进中国式现代化展开深入研究。

概括提出并深入阐述中国式现代化理论,是党的二十大的一个重大理论创新,是科学社会主义的最新重大成果,为全面建成社会主义现代化强国、实现中华民族伟大复兴指明了一条康庄大道。本书结合中国式现代化的五个特色,准确把握中国式现代化的内涵本质,深入剖析我国当前社会发展阶段和特点,系统分析现代化进程的关键问题,提出实现中国式现代化的具体路径,为将中国特色变为成功实践,把鲜明特色变成独特优势提供可行性建议。

全书由梁昊光统一组织编写,负责制定研究框架、调研指导、专题讨论等工作。具体分工如下:序言:梁昊光;第一章:梁昊光、张钦;第二章:赵西君;第三章:靳京;第四章:李力;第五章:叶青;第六章:张钦;第七章:李扬;第八章:张钦、薛海丽、梁昊光。各位编写人员为本书出版付出了诸多辛苦,在此一并表示感谢。

鉴于研究水平、工作经验和编写时间有限,难免存在疏漏与不足之处。为此，我们殷切地希望各界人士对本书提出宝贵意见和建议。现代化研究是中国科学院中国现代化研究中心工作的核心，希望能为实现中国式现代化作出贡献。

策划编辑：郑海燕

封面设计：牛成成

责任校对：周晓东

图书在版编目（CIP）数据

推进中国式现代化研究/梁昊光等 著. —北京： 人民出版社,2024.5

ISBN 978－7－01－026456－1

Ⅰ.①推⋯ Ⅱ.①梁⋯ Ⅲ.①现代化建设-研究-中国 Ⅳ.①D616

中国国家版本馆 CIP 数据核字（2024）第 068005 号

推进中国式现代化研究

TUIJIN ZHONGGUOSHI XIANDAIHUA YANJIU

梁昊光 等 著

人民出版社 出版发行

（100706 北京市东城区隆福寺街 99 号）

中煤（北京）印务有限公司印刷 新华书店经销

2024 年 5 月第 1 版 2024 年 5 月北京第 1 次印刷

开本：710 毫米×1000 毫米 1/16 印张：17.25

字数：220 千字

ISBN 978－7－01－026456－1 定价：88.00 元

邮购地址 100706 北京市东城区隆福寺街 99 号

人民东方图书销售中心 电话（010）65250042 65289539